播音与主持艺术专业
"十四五"规划教材·实训系列

主持艺术原理

吴洪林 董冰玉 著

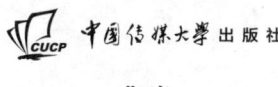
中国传媒大学出版社
·北京·

幸存者木原野

著 鳥地忠

目　　录

序　言 ……………………………………………………………………… 001

前　言　融媒体时代的转移、转型与转化 ……………………………… 001

第一章　主持理念 ………………………………………………………… 011

　第一节　"电视节目主持人"解析 ……………………………………… 011
　第二节　什么是电视节目主持人 ……………………………………… 016
　第三节　什么是电视节目主持艺术 …………………………………… 022
　第四节　主持艺术的表现方法与规律 ………………………………… 027

第二章　主持创作 ………………………………………………………… 033

　第一节　创作流程之一：主持意识 …………………………………… 033
　第二节　创作流程之二：节目形态 …………………………………… 044
　第三节　创作流程之三：演播状态 …………………………………… 066
　第四节　创作流程之四：整体形象 …………………………………… 088

第三章　主持要素 ………………………………………………………… 117

　第一节　人事叙述要素与演练 ………………………………………… 117
　第二节　情理议论要素与演练 ………………………………………… 119
　第三节　场面娱乐要素与演练 ………………………………………… 120
　第四节　物件运用要素与演练 ………………………………………… 122
　第五节　语体风格要素与演练 ………………………………………… 123
　第六节　语境选释要素与演练 ………………………………………… 124
　第七节　节奏掌控要素与演练 ………………………………………… 125
　第八节　镜头感觉要素与演练 ………………………………………… 127

第九节　态势语言要素与演练 ………………………………… 129
　　第十节　空间处理要素与演练 ………………………………… 130

第四章　主持行为 ……………………………………………… 133
　　第一节　现场驾驭与串能激活 ………………………………… 133
　　第二节　现场驾驭与语用转型 ………………………………… 137
　　第三节　现场演播与传必求通 ………………………………… 143
　　第四节　现场演播与功为胜道 ………………………………… 145

第五章　主持能力 ……………………………………………… 152
　　第一节　节目主持与"双专"能力 …………………………… 153
　　第二节　主持能力与现场驾驭 ………………………………… 160
　　第三节　主持能力与现场演播 ………………………………… 168
　　第四节　主持艺术与主持传播 ………………………………… 174

第六章　主持人格 ……………………………………………… 177
　　第一节　节目主持人的情感 …………………………………… 178
　　第二节　节目主持人的情操 …………………………………… 179
　　第三节　节目主持人的情绪 …………………………………… 179
　　第四节　节目主持人的意志 …………………………………… 180
　　第五节　节目主持人的自我 …………………………………… 181
　　第六节　主持人格与主持理想 ………………………………… 183

第七章　主持课程 ……………………………………………… 188
　　第一节　专业课程与教学流程 ………………………………… 188
　　第二节　主持艺术与五个"一"工程 ………………………… 193

结　语　守正创新　讲好中国故事 …………………………… 199

参考文献 ………………………………………………………… 209

序　言

张仲年

吴洪林教授这本主持艺术教材经历20多年的创建与完善，再次以崭新面貌问世，值得称道。因为它在时间的考验面前依然特色独具，为众多学校的师生首肯与欢迎。

教材的编写服从于办学理念。在前无来者的主持教学开始之时，我们面临诸多根本性问题。中国节目主持人出现在1982年，主持能独立成为一门专业吗？主持称得上是一种艺术吗？

那就必须搞清楚，主持人究竟是做什么的？

美国学者约翰·费斯克等说，具有"个性的主持人"在"制度性公共机构"也即"大众媒介"中"充当中介"的角色。"他们对大众媒介的价值与公共身份予以个性化处理，给观众提供借以识别的熟悉面孔和个性特征"，以"向受众传输社会知识与文化价值"。①

显然，主持人是"制度性公共机构"的一种工作岗位，是一种职业。

那职业和专业又是什么关系呢？

约翰·费斯克等又明确指出："'一种专业不是一种职业，而是控制职业的一种方法。'换言之，专业关乎权力。""专业知识与实践，首先是用于确保从业者与顾客之间不平等的权力关系，同时也为从业者所宣称的自主与报酬提供一个重要的根据。"

它具备以下的特征：

"1.基于理论化的、非常识性知识的专门技巧；

2.这些技巧是通过全面的、往往是深入的教育而获得的；

3.这种教育使得常以'专业'名义对职业准入的控制成为可能；

4.它也通过伦理符码对从业者的行为进行控制；

5.它更强调与个人利益相对的公共服务。"②

这跟我们开办主持专业时所想的毫无二致。正是有了这样的认识，我们在制定培养方案时，决定不按理论知识逻辑而是依照主持人职业流程和素质保证来进行设计。在训练方法上吸取戏剧教育的部分经验，更重要的是教学内容要随时总结当前节目主持人创

---

① 费斯克,等.关键概念:传播与文化研究辞典:第2版[M].李彬,译注.北京:新华出版社,2004:161.
② 费斯克,等.关键概念:传播与文化研究辞典:第2版[M].李彬,译注.北京:新华出版社,2004:224-225.

作现实的需要进行提炼与总结,一定要有用且要有效。节目主持教学既是技巧性的训练,更是创造思维的培养。

主持的本质是传播,是大众传播和人际传播相结合的一种表达。传必求通,具有个性的主持人作为传播和受众两者之间的中介,就是要使两者"沟通",达到传播效果的最大化。为此,主持人必须寻找到最优的方式方法与技术技巧。经过反复思考和验证,我们确定它可以用两个字来体现,那就是——"演播"。

"播"不是播音而是播讲。"演"是指一种有变化、有发挥、有过程的动态。同时,"演"也包含某种"社会表演"以及"多才多艺"的演艺在内。主持能力的高低取决于演播方法与技巧是否娴熟,主持水平的优劣表现在演播艺术的掌握和运用是否高超。

上海戏剧学院(简称"上戏")主持教学的主要内容都是环绕着这个核心理念——传播/表达/演播——来设置的。从学理上讲,它是传播学和社会表演学的有机结合。从技巧上讲,它是语言(主要为口语)表达技巧和某些戏剧电影表演方法的融合。在比较合理地把主持艺术五大特性——政治性、新闻性、艺术性、修养性和边缘性——融为一体的同时,对合格主持人的专业标准做出正确而科学的阐释。

这样我们就回答了三个基本问题:第一,主持教育是新闻教育还是艺术教育?第二,主持教育是播音教学还是演播教学?第三,主持教育是以理论为主还是以实践为主?我们的答案是:主持教育是艺术教育,是演播教学,是以实践为主的教学。

办学理念确定下来之后,教材编写就有了清晰的方向。于是,边教学边发展边充实。现在放在我们面前的这本主持艺术教材,把中国电视主持艺术40年来发展的成果做了较为系统全面的学术总结,对主持教育的规律进行了深入细致的研究归纳,提出了具有鲜明特色的、循序渐进可操作的、比较科学完整的、经实践证明能够培养出合格专业主持人的教学理念与训练技巧。

我相信,新版主持艺术教材一定能在今后的主持人培养中发挥出更大的作用。特此对中国传媒大学出版社致以诚挚的感谢。

是为序。

(张仲年,上海戏剧学院原副院长,教授、博士生导师)

前 言

融媒体时代的转移、转型与转化

一、一个小故事

上海人民广播电台一位名叫秦畅的资深节目主持人在2015年《区长对对谈》的特别节目中,把日常工作的小演播室换置到大型多功能演播厅。

——她请来了100位现场观众。

——她架起了五部摄像机,一部对着主持人,一部对着区长,一部对着观众,一部用于全景,一部作为游机。

——她与区长对话,请区长回答听众的提问,又让区长与现场100位观众面对面交流。

主持人可谓一举三得:

首先,她完成了12点到13点时段的常态直播节目;

其次,她与她的小伙伴把这1个小时的现场素材,剪辑成一个又一个3分钟的富有现场氛围的短视频,于晚上《新闻联播》节目以后上网传播;

最后,她指导团队于21点再用现场照片,配上文字,上网进行有背景、有花絮的全过程图文推送。

一举三得,一曲多唱。"音视图文"的全媒体传播提高了收听率、收视率,收到了前所未有的收听收看效果。

——秦畅的故事讲得很广、讲得特深、讲得更美。

二、三个大数据

有这样三个大数据:

第一个大数据——把2010年到2019年算为一个十年时段。2010年,北京地区的电视机开机率为70%,而到了2013年则降到了30%。当时有人曾提出这样一句口号:要将网民再拉回到电视机前。

第二个大数据——到了2018年,北、上、广、深这四大城市的电视开机率已经降到21%左右,而这部分受众之所以存在,是因为中国已经步入了"具有4亿人口"的老年社会。在2013—2018的时间里,网民不仅没有被拉回到电视机前,反而其队伍在不断壮大。

第三个大数据——截至2018年年底,中国的网民已达8亿,中国的手机用户14亿左右,而每周手机被打开的数量达到了10亿部,加之"华为"的到来,"手机族"的队伍将会不断壮大(数据引自2019年1月26日《人民日报》)。

面对着这组大数据,我们曾看到这样的现象,也听到这样的声音:

曾几何时,有家电视台效仿国外一个达人秀节目,把主持人放置于大幕旁边进行串联主持,引得多家电视台纷纷仿效,于是乎,便听到一种声音:主持人要被"边缘化"。

曾几何时,有家电视台按照国外公司的制作"宝典",让串联节目的"主持人群"全部换成音乐界的四位"导师","导师"坐在摇椅上轮番点评,于是乎,又一个话题出现在报端:让节目"去主持人化"。

君不见,中央广播电视总台董卿主持的《朗读者》和江苏卫视孟非主持的《非诚勿扰》雄踞榜首,节目期期精彩,这样的节目能"去主持人化"吗?能把这两位主持人"边缘化"吗?

君不见,马东在中央电视台主持的《挑战主持人》火,走到网上主持的《奇葩说》还是火!湖南卫视汪涵主持的《天天向上》火,走到网上主持照样火!这样的节目能"去主持人化",能把这两位主持人"边缘化"吗?

君不见,白岩松的《新闻周刊》在传统媒体上做了十多年,仍然有口皆碑,上海电视台何婕在《这就是中国》节目中一亮相,收视率就居高不下,这样的节目能"去主持人化"吗?能把主持人"边缘化"吗?

——主持人"边缘化"是个伪话题,"去主持人化"是个伪命题。

先进的总要替代落后的,光明的总要替代黑暗的,优秀的总归是优秀的,这是毋庸置疑的。但为什么当今的观众会毫无痛感地看着主持人纷纷离去呢?是因为太多的主持人拿不出手。

如何拿得出手?当今的主持人就应该是"多面手"。

面对秦畅的小故事,面对三个大数据,面对主持人要成为"多面手",我们就要响亮地发出这样的声音:

"互联网+主持人化"——融媒体时代的转移、转型与转化。

"互联网+主持人化"是一个整体概念。概念中的文字由"互联网"、符号"+"及"主持人化"组合而成。符号"+"为加号,代表着添加与联合。

只有创新才能让这个"+"真正有价值,才能让"互联网+主持人化"这一新思维模式在主持艺术的提质、升级、增效的创新实践中具有战略意义。

三、三组新观念

有这样三组新观念:

第一组新观念——
线上与线下、台前与幕后;
大屏、中屏与小屏;
微信、微博、微电视。
关键词:转移·互联网

回望传播史,随着传媒技术的变迁,新闻业态也在不断重塑着。

"终端随人走,信息为人转",是移动互联时代传播的新特征。

全媒体时代是个大趋势,媒体融合发展是篇大文章。

习近平总书记 2019 年 1 月 25 日在十九届中央政治局第十二次集体学习时强调:"要坚持移动优先策略,让主流媒体借助移动传播,牢牢占据舆论引导、思想引领、文化传承、服务人民的传播制高点。"

这就是大势所趋,势在必行。这就是因势而谋、顺势而为——主力军要向用户终端转移。

"用户终端"对于节目主持人而言,不外乎"三屏"与"三微"。三屏:大屏为电视,中屏为电脑,小屏为手机。三微:微信、微博、微电视。

这"三屏"与"三微"不外乎运用线上与线下、台前与幕后。

放眼全球,当今人们的信息接收渠道与知识阅读习惯都在往手机终端走。坦率地讲,向用户终端转移就是向"低头族"的手机屏转移——这就是"势"。

察势者智,驭智者赢。

要转移就要有准备,要准备就要有转移意识。

"互联网+"的应用手段是通过互联网与传统产业联合和深入融合的方式进行的。

"互联网+"的目的在于充分发挥互联网的优势,优化生产要素,更新业务体系,完成转型,以达升级。

台网并重,就是要重守主阵地、重用互联网、重推新节目、重视短视频,把网络信息前沿技术运用于新闻传播实践,要让正能量节目成为"网红"。

移动优先,就是要摆脱传统电视节目制作的模板,如今的短视频已被定义为"新型主流媒体"。短视频是一种特殊的传播方式,不是把电视节目剪成 3 分钟放到网上就是短视频,短视频有自己的话语体系、剪辑方式和传播规律,而不能简单地把线下内容与身份线上化。

一线的主持人要懂,在校的准主持人要学,因此要开设"网络新闻传播"课程、培训"数字媒体技术"专业,加强融媒体理念教育。

移动意识的高度决定着融合发展的深度,从相加到相融而"融为一体,合二为一"。这是一场由技术飞跃带来的深刻变革,谁掌握了互联网,谁就掌握了时代的主动权。这是一场在党中央战略谋划下实现的创新发展。

——唯创新者进,唯创新者强,唯创新者胜。

第二组新观念——

会说善问能评

会看善动能走

会抓善控能放

会写善编能创

关键词:转型·主持人化

说了互联网,说了"互联网+",再说这"互联网+"加什么——加"主持人化"。

为什么主持人后面加个"化"?"化"从字面来解释就是转变成某种性质或状态。

"主持人化"就是面对融媒体时代而推出的一个新概念——"主持人化"采用的是一个专业的、垂直的、新媒体产品的品牌工作室模式。

主持人化的品牌工作室是一个综合性的、集体性的实体机制。

融媒体融合的关键在于人的融合。

主持人化的品牌工作室机制,就是鼓励主持人、记者、编辑按兴趣自由组合,按项目组织生产,推出新媒体产品。

主持人化的品牌工作室,将建立行之有效的创作方式,整合创作群体的整体创作力,从而激励一档档精品节目与一个个精英主持人应运而生。

"主持人化"的涵盖范围体现在三大方面:

第一,要与线下编创团队融合,让驾驭的整体流程创新化;

第二,要与节目整体形象融合,让主持人风格突显个性化;

第三,要与线上小伙伴们融合,让网上的全程推出智能化;

"互联网+主持人化",加的是有利于重塑创新的体系,加的是有利于激发创新活力的模式。而"主持人化"的这种体系、这种模式,更加强化主持人的"眼力、脑力、笔力、手力、脚力与嘴力",非但力所能及,更应力力从心。

回顾教育史,新闻与传播教育是从美国起步并以其为国际潮流的。1908年,世界上第一个专门的新闻传播学系——密苏里哥伦比亚大学新闻系在美国成立。

经过近90年的发展,到了1996年,美国有近500所学校开设了新闻与传播学院,这些学院的培养目标已从"新闻专业"转向"传播通才"的教育。

时至今日,在互联网时代,"知识"在人手一部智能手机上,"知识"是基本配置的,"知识"是应有尽有的,"知识"是尽现在眼前的。

习近平总书记在党的十九大报告中提出,注重培养专业能力、专业精神,增强干部队伍适应新时代中国特色社会主义发展要求的能力。

干部要,我们主持人同样要。中央戏剧学院徐翔教授在上海戏剧学院70周年院庆上响亮提出:大学本科教育的根本应该是能力的教育。

面对融媒体时代,一线主持人在主持艺术的创作思维中要正向移动传播转移。

面对互联网时代,培养准主持人更应让"知识传授"向"能力塑造"转型。

这种转型是价值观念的转型,这种转型是文化形态的转型。

众所周知,多少年来,播音与主持艺术专业教育,一直贯穿着五个字:采、编、播合一。而今,国家对播音与主持艺术专业教育的能力标准强调七个字:采、写、编、摄、说、评、播。面对七字能力"国标"的提出,面对"主持人化"的新方向,我们需亮出四项能力表现:

话筒前——会说善问能评;

镜头前——会看善动能走;

节目中——会抓善控能放;

出镜前——会写善编能创。

话筒前的语言表达能力,镜头前的状态表现能力,节目中的驾驭掌控能力,出镜前的功课准备能力,"国标"七字能力贯穿、融会于这四个方面。

互联网超大,主持人则更强。

传播学者芭芭拉·马图索在《美国电视明星》一书中介绍美国哥伦比亚广播公司负责人威廉·伦纳德对电视节目主持人应具备哪些素质时,提出了一个让人震撼的条件:"假如交给你一个班子,你能玩得转吗?"

重塑专业水准,赢回专业尊严。

知识就是力量,知识变成能力则更有力量。

节目主持人要想拿得出手,就应该是具有综合能力的能手。

主持人秦畅是优秀的,正因为秦畅的优秀,她在迎接数字时代的主持创作中先行一步,"主持人化"更需要能力高强的主持人。

"互联网+主持人化",主持人就要向"能力塑造"转型。

如果要让"互联网+主持人化"取得 1+1>2 的效果，我们必须再跟进一组观念，这就是：

第三组新观念——
形象、形体、嗓音、语音
语流、语感、敏捷、敏锐
文笔、文采、多才、多艺
关键词：转化·生源新标高

回首招生史，播音与主持艺术专业的招生条件，早期阶段一般都以一副好嗓子为主要标准，后来有了电视主持便开始注重形象，而近几年又开始注重文化分，并以分数线的逐年增高来证明每次艺考招生的成功。

要知道艺术教育是天赋的教育。

要知道教育不是万能的，五分靠招，四分靠教，一分靠运道。

形象、形体、嗓音、语音、语流、语感、敏捷、敏锐、文笔、文采、多才、多艺，这 24 个字的组合是完整的，是有内在逻辑链条的，也是递进的。

具有多年招生经验的上海戏剧学院原副院长张仲年教授曾颇有感触地说："当然，以上素质全部拥有的学生凤毛麟角，但若有半数以上的素质达到优良和优秀的人将能比较好、比较快地被培养成才，才有可能在荧屏上光彩照人。"

这 24 个字、12 个词的素质所指，有一半以上都属于天生的，或是在中学时期就已拥有的。比如，"形象""形体""嗓音"都是父母给的；"语流"恰是从小在家听父母讲故事所养成的，这种从小的积累便是以后在班上爱讲话、敢讲话、特有讲话欲的"敏捷"；至于"文笔"与"文采"基本是在长期备战高考作文中习得的，更不用说这"多才""多艺"又是在幼儿园、小学、中学众多回合的节庆活动比赛中熟能生巧地锻炼出来的。

这些素质、这些基础有利于学生在今后的学习中有所提升，而"语音"面貌、"语感"拥有和"敏锐"呈现这三者，则不光在学习中习得，尤其是"敏锐"与"语感"这两大基本功更要勤学苦练，需要贯穿大学四年的教学实践。

在"语感"的认知上，一直存在着误区。很多人认为，"语感"是表达语言的情感。正确的解释应该是指语言的敏感，是说话人遣词造句和词语搭配的敏感度。

"语感"是一个动态的、创造性的言语行为过程，对现场言语的生成有着重要的实践意义。

叶圣陶说过："文学语言的训练，我以为最紧要的是语感训练，也就是对语文的敏锐感觉。"

吕叔湘说过："培养学生语感能力，是语文教学的首要任务。"

钱谷融说过,传统的语言学对语言学家施加了一个重要的限制,无论如何不要涉入语感的沼泽,因为语感是捉摸不透的。其实,正是语感的这种捉摸不透的特性,才使言语活动更为活跃、丰富,才使言语活动取得了文学的质地。①

悉数白岩松、撒贝宁、孟非、何婕这些主持人一路成名、成长、成功的经历,他们除了具备一定的文化知识和一腔流利口齿之外,他们的过人之处全靠特有的"敏锐语感"来引领自己、来支持自己。

转化是一种过程:让简化全、让弱化强、让多化精,这种高标准的定位将会推进生源高质量的增效,这样符合规律的招生将不会导致日后的"营养不良"。

这 24 个字、12 个词的素质涵盖,正是考生在考场上的目标要求,也是今后学生在课堂上得以全面提升的追求。

"敏锐的语感",让你敢脱口而出。

"敏锐的语感",让你能出口成章。

抓住主持艺术教育内在的规律,用心发掘潜力,潜心培育能力。要知道,播音与主持艺术专业招生是选苗而不是选秀。

朽木不可雕,快马配好鞍,匠心肯攀登,功到自然成。

面对"互联网+主持人化",高素质的准主持人们才能迎接数字化,拥抱数字化。

面对"互联网+主持人化",再跟进素质提升的主持人,这 1+1 肯定大于 2。

四、三句大实话

守正创新,有"融"乃强。

——这是一句务实致用的话,这是一句明理致远的话。

所谓"正",正确合理、正本清源。

所谓"守",遵守、把守、守住、守成。

——只有守正,才能创新。

三个大数据、三组新观念之后,再送上三句大实话。

第一句大实话:主持的艺术要艺术地主持。

有这样一种现象:明明我们的专业名称叫"播音与主持艺术",明明在教育部专业目录上"播音与主持艺术"是在艺术学学科门类中,是在一级学科戏剧与影视学下的独立二级学科,明明专业合格后的文化高考都是根据艺术类的分数线来录取,并且考生都要参加"艺考",然而,面对"播音与主持艺术"中的"艺术"这两个字,有的人压根不愿意讲,有

---

① 钱谷融.文艺心理学[M].上海:华东师范大学出版社,1991:276.

的人不敢名正言顺地讲,更多人是在嘴上轻描淡写地讲,而不是脚踏实地地去讲去做。

有人说,用声音有效传播有价值的新闻,这里的"用声音"变成"有效传播"、变成"有价值",就是主持人把"技术"变成"艺术"的过程。

有人讲,融媒体时代要推出新媒体产品,把产品变成作品,再把作品变成精品,这就是节目主持人更高的艺术追求。

艺术的本质是实践的。

艺术的共性就是为了让作品产生吸引力、感染力和征服力。

我们要有"做节目"的意识,要会"大戏剧"的思维,要用"当下即兴"的触发力,要让"静态知识"动起来。

守正创新,有"融"乃强。面对"互联网+主持人化"的新模式、新体式,我们的主持人要心悦诚服地再用"艺术"来解放自己。

第二句大实话:主持人面对独特的新闻性,要让特有的艺术性为特定的传播性产生特别的沟通性。

大家都知道,主持艺术的属性应该是多质性的,但大家又必须搞清楚的是,在这多质性中什么是根本属性,它们相互之间的关系又是什么。

——主持艺术的根本属性是传播性,而传播性的本质在于沟通。

复旦大学叶昌前在《节目主持人:专门化≠专业化》一文中指出,主持艺术是一种专门行为,主持人的专门化体现为一种传播行为,为传播而主持。[①]

《人民日报》高级记者艾丰曾撰文指出:"节目主持人的优势并不只在于有广博的知识,更确切地说,这些知识对于节目主持人来说,主要是起沟通工具的作用。"[②]

主持艺术多质性的相互关系是:新闻是用来传播的,传播是需要手段的,而艺术让手段更富有魅力,这样的传播才能达到沟通的目的。

为传播而主持,主持让传播更"沟通";为沟通而主持,主持让沟通更大化。

主持是一种传播的行为,艺术是主持人的一双翅膀。翅膀张得开,信息传播就广;翅膀飞得高,沟通传播就深。

守正创新,有"融"乃强。面对"互联网+主持人化"的新理念、新观点,我们的主持人要再添上一双艺术的翅膀,让传播最大化,让沟通最优化。

第三句大实话:主持人要想让节目与文化同步进行,就要找到一种属于艺术的姿态。

文化学者余秋雨在一次会议上说过这样一段话:"优秀节目受欢迎的原因很多,从根本上说,是由于观众看到了一种真正的电视文化,电视文化从某种意义上来说就是主持

---

① 叶昌前.节目主持人:专门化≠专业化[J].电视研究,1999(12):51.
② 全国电视学研究委员会编.话说电视节目主持人[M].北京:文化艺术出版社,1989.

人文化。"

主持人是节目文本样态的现场的驾驭者,也是在演播中呈现出串能激活和传必求通的创作者。

这里面有三个核心内容:"节目文本样态""现场驾驭与现场演播""串能激活和传必求通"。

其一,文本是个等级结构。主持人在节目中的文本样态不外乎是:有文本样态的背稿创作、半文本样态的腹稿创作、无文本样态的即兴创作。这三种节目文本样态,主持人都要全部拥有吗?——主持节目需要这种"创作"。

其二,现场驾驭与现场演播。这是主持人在主持节目中的两大行为表现的专业底线,主持人能支撑得起来吗?——主持节目需要这种"创作"。

其三,现场驾驭的任务就是串能激活——活灵巧现;现场演播的目的就是传必求通——通慧言智。

这是主持人在节目主持中的创作标高,主持人能呈现得出来吗?——主持节目要有这种"创作"。

主持人就是涵盖这三层能力的节目创作者。

——主持人是节目的创作者,这创作者具有一种属于艺术的姿态。

——主持人有了一种属于艺术的姿态,便可获得主持中的自由状态。

守正创新,有"融"乃强。面对"互联网+主持人化"的新团队、新平台,我们的主持人要自觉自信地拥有这种属于艺术的姿态。

主力军进入主战场。

主流媒体要加强传播手段和话语方式的创新,以内容为王,以形态为大,以语智为上。

主流媒体要推出更多有思想、有温度、有品质的融媒体精品力作,让大屏小屏同屏共振的融合传播更具引领力、控制力、影响力。

1942年,毛泽东同志在延安文艺座谈会上提出了金光闪闪的四个大字——喜闻乐见。

2014年习近平同志在北京文艺座谈会上同样提出了闪闪金光的四个大字——喜闻乐见。

面对这"喜闻乐见",此刻我们又想到了一段经典的对话:

问:没有主持人的节目好看不好看?

答:好看!

问:既然没有主持人的节目是好看的,那么要主持人干什么呢?

答：就是要让节目更好看、更有吸引力。

主持人一开口,大家就觉得好听、爱听;

主持人一出场,大家就觉得好看、爱看。

好听就是喜闻,爱看就是乐见。

节目做得好看、爱听,这是节目主持人的追求;节目让人爱看、爱听,这是节目受众的诉求。

好看爱听,这是节目主持人成功的表现;好看爱听,这是节目主持艺术的展现。

让老百姓"喜闻",这是主持人永久的生命力;让老百姓"乐见",这是主持人永恒的传播力。

"互联网+主持人化"要让新媒体产品线上线下都喜闻乐见。

"以人民为中心,把人民放心中"的中国主持人要在新时代、新作为的金光大道上再探求,再出发。

用心传播中国声音。

用爱讲述中国故事。

第一章

主持理念

我们的传播正进入一个多屏时代,有大屏电视、中屏电脑和微屏手机。

我们的节目主持人有电视节目主持人、电台节目主持人,有移动电视节目主持人,有网络节目主持人。

从学科层面来说,"播音与主持艺术"是艺术学门类中的一门独立学科。

从实践层面来讲,移动电视主持、网络主持属于电视主持的一个衍生样态。

所以本书着重以传统的电视节目和网络平台的长视频节目为文本案例,并以经典的现象级节目、引起争议的节目为研究对象,从职业、专业、行业这三个维度来研究"主持艺术原理"这一课题。

第一节 "电视节目主持人"解析

"电视节目主持人"这个称谓,我们常讲常说,但如果我们仔细品味这一称谓,也许能获得一种更新的感觉、一种更深的感悟。

我们依照"电视—节目—主持—人"来读解,具体从"电视的特性""节目的特征""主持的特点""人的特质"这四个方面来分析。

一、电视的特性

电视,是英文 television 的译名,tele 表示"远",指"远距离",vision 是"视",指"视力""视觉",电视即可见远距离的景物。[1]

谁"看见"？当然是人。人,总有一种天性,他们不满足于听到什么,他们更想要看到什么。所谓耳听为虚、眼见为实。让老百姓的心理得到一种身临其境的现场感觉,获得一种视觉上的直接满足,这就是电视的图像画面给观众带来的"现场感"。

---

[1] 壮春雨.电视节目学概要[M].杭州:浙江大学出版社,2001:1.

水均益站在快艇上,进行中国运动员乘国产飞机穿越大桥桥孔的现场报道:"500米,100米,穿越桥孔成功啦!"电视机前的观众与现场观众、现场主持人同时目睹成功的瞬间。倪萍在中央电视台演播大厅直播主持"申奥晚会",当萨马兰奇宣布是"北京"时,倪萍与嘉宾忘情地拥抱,电视机前的观众与家人动情地欢跳。主持人和现场嘉宾、电视机前的观众是同步看到答案揭晓的。

尽管观众知道自己不在直播现场,但是,他们知道自己所看到的一切都是发生在此时此刻的。快捷、全面的现场直播使电视机前的观众获得一种心理上和视觉上的同步满足。这就是电视的现场直播给观众带来的"现时性"。

现场感与现时性就是指空间的临场感和时间的同步性。①

电视特性中的直观性,是让电视观众不仅能听到,而且还能用自己的眼睛直接看到事情发生、发展的过程。和过去电视媒介一统天下不同的是,由于摆脱了时间和空间的束缚,更多的受众可以在移动终端更加方便、快捷地接收即时信息,这既顺应了观众天性中的直观性,又让老百姓在看电视时能直接产生一种空间临场感和时间同步感,进而获得天性的满足和审美的愉悦。这就是电视的特性——强烈的现场感与视觉的直观性。

二、节目的特征

当你去问主持人什么是最好的节目时,也许你会得到这样一个答案:我们的观众喜爱看的节目,那就是最好的节目。当你去问普通观众什么是最好的节目时,也许你将得到这样一种回答:我们能准时坐在沙发上看的节目、能熬夜看的节目,就是最好的节目。可见,最好的节目就是观众的"期盼"与"期望",期期都在盼、期期都在望的节目。节目的"节"既指"段落",又指各段之间相连的地方。节目的"目"既作眼睛,又指观看,还有大项中分小项的含义。节目就是以一定的时段来表现一定内容的那种形式。② 让观众期盼与期望的节目,让观众能够关注的节目恰恰成功地激起了观众最大的心理欲望和行为参与。

马歇尔·麦克卢汉在《传播工具新论》中明确指出:"最有影响力的电视节目应该是那些包含了须由观众完成的过程的状况。"③这种"须由观众完成的过程的状况",就是要让观众产生心理上参与的"状况",就是要让观众从行为上参与到节目中来的"状况"。这样,才能产生"最有影响力的电视节目"。

节目具有参与性特征,那么如何让观众从心理上、行为上参与起来呢?这就产生了

---

① 郑可壮,楼世芳.叶惠贤主持艺术论集[M].上海:上海三联书店,1992:67.
② 壮春雨.电视节目学概要[M].杭州:浙江大学出版社,2001:6.
③ 麦克卢汉.传播工具新论[M].叶明德,译.台北:巨流图书公司,1978:252.

与"参与性"相对应的节目"形态感"。

有节目主持人就有主持人节目。在当今的电视节目中,大多数节目都属于主持人节目(当然还有纪录片节目以及影视剧节目等)。作为主持人节目的内容,其每次播的选题一般是不重复的;作为主持人节目的形式,每次播的形态却是相对不变的。"形式也是内容",这就成了主持人节目的鲜明特征,而这种特征更展现出节目形态的独特性和相对稳定性。

不同类型的节目,有着不同的节目形态。相同类型的节目,节目形态又各有不同。以少儿为对象的《大风车》和以青年为对象的《奇葩说》各有各的形态,各开各的车。中央广播电视总台的《朗读者》与江苏卫视的《小镇故事》同是文化节目,形态各不一样,南腔北调,各自弹唱。

节目形态决定着节目的形象,节目形态支撑着节目的成活率。

即便再优秀的主持人也可能在一个糟糕的节目中有出色的表现,而一个具有独特形态感的节目往往会托起一个主持新秀。具有形态感的节目,才能使主持人节目千姿百态;具有参与性的节目,才能让主持人节目充满活力。让节目一段段、一节节地吸引着观众,让观众一周周、一期期地盼望着节目,这形态感就是属于主持人节目的必需,这参与性就是属于主持人节目的必然。构思奇特,意境独到,求异创新,稳中求变,这是构建节目形态的最高追求;要让观众在节目中有一定量的行为参与,要让观众对节目激发起最大量的心理参与,这便是构建观众参与性的最美体现。

这就是节目的特征——独特的形态感与观众的参与性。

三、主持的特点

我们的观众常常会问起:节目中要一个主持人干什么?我们的主持人也常常会问起:自己是干主持的,那我究竟在主持什么?

《现代汉语词典》上讲,主持就是①负责掌握或处理。②主张;维护。③负责掌管、处理某项活动的人。①

我国第一位电视节目主持人沈力在《谈主持人的个性形成》中指出:"主持人的最高任务是驾驭节目,要做到能把节目掌握在自己手里,胸有成竹,运用自如,真正起到'主宰'和'灵魂'的作用。"②综艺节目主持人叶惠贤在《叶惠贤主持艺术论集》中说:"主持人是在主持时要渲染主题、调节气氛、主宰节奏、代表观众愿望的人。"③显而易见,主持人的

---

① 中国社会科学院语言研究所词典编辑室.现代汉语词典:第7版[M].北京:商务印书馆,2016:1710.
② 全国电视学研究委员会.话说电视节目主持人[M].北京:文化艺术出版社,1989:4.
③ 郑可壮,楼世芳.叶惠贤主持艺术论集[M].上海:上海三联书店,1992:130.

最大作用就是驾驭节目。

由此可见，主持就是要会驾驭，就是要懂得一整套驾驭节目的技能技法。

正如张锦力在《解密中国电视》中所强调的："合格的主持人对节目的作用不是简单的连接，而是对节目本身的一种协调、引导和加工。主持人要能把节目中的转折、高潮、冲突、变化有机地串成一根线，主持人知道在节目的什么时候起承转合、什么时候承上启下、什么时候发问、什么时候提醒、什么时候设计高潮、什么时候展现矛盾和冲突。总之，主持人的最主要作用是要给节目发展进行铺垫，要制造一种非常吸引人看的氛围。作为一名主持人，其最本质的要求就是在节目中必须有创造性的表现和发挥，应该驾驭节目而不是被节目驾驭，否则，何来'主持'之说？"①

因此，驾驭性就成了主持的一大特点。如果说主持人是驾驭节目的人，那么电视节目主持人就是定性在"电视"这一定类上而定位操作的人。这里的"电视"，既包含大小屏幕，也指摄像机前面的镜头。

电视节目主持，不仅要面对摄像机，而且要面对现场的嘉宾观众，更要面对大小屏前的广大观众。于是，这种"面对"就使节目主持具有"当众性"的特点。主持是个职业。任何具有"当众性"的职业，都有属于自己的职业状态；任何生活中的原生态都不能替代具有当众性的职业状态。比如，空中小姐在客机上彬彬有礼、笑容可掬；护旗战士在升旗时威武挺立、雄姿英发；生活中的主持人，他们尽可坐卧说笑、吹拉弹唱，而面对摄像机时，面对嘉宾时，面对大小屏前的观众时，主持人就必须有属于这个职业的状态。

从沈力的《为您服务》到王小骞的《为您服务》，从崔永元的《实话实说》到马东的《奇葩说》，他们能得到不同时期观众的认同和喜爱，主持人的职业状态是获得成功的一个重要而有力的支撑点。所以，状态感，就成了主持的又一大特点。

驾驭节目与主持状态，是主持人在工作中必需的职业要求和职业规范。一个电视节目主持人在主持节目时，要寻找到属于这个节目的最佳整体状态去驾驭这档节目，这将更好地体现"主持"的操持作用与职业魅力。

这就是主持的特点——职业的状态感与操持的驾驭性。

四、人的特质

也许你会从观众那里听过这样一种议论："没有主持人的节目照样好看，有些主持人特没劲。"也许你从主持人处又听过这样一种声音："主持人，重点在后边那个'人'字。"那么，属于主持人的这个"人"的特质究竟是什么呢？

---

① 张锦力.解密中国电视[M].北京：中国城市出版社,1999:159.

"人"的含义不单单是指能制造并使用工具进行劳动的高等动物,"人"又有一种人才的含义,像领导人、经理人、发言人、公关人等,这些人是一种人才,这样的人必须具有属于他们的责任和能力。

"没有主持人的节目照样好看",这话是对的。许多纪实类节目,观众特喜欢看。那么,要主持人干什么?要的就是让主持人来吸引更多观众而使节目更好看!

那么,这个"人"靠什么吸引观众?不靠脸蛋,不靠发型,不靠服饰,就靠主持人的一张嘴:把话说好、把话说深、把话说妙。

由于电视的直观性,观众特别看重这个"人"的表达能力:出众地说、出色地说、出彩地说;由于电视的现场感,观众特别看重这个"人"的现场发挥能力:即兴地说、应变地说、当下地说。开场白介绍,主持人要说;一对一采访,主持人要说;一事一议,主持人要说;当众对话,主持人要说;结束语总结,主持人要说。主持人是用自己的话语与观众面对面、心贴心地直接叙述的;主持人是通过直接与观众沟通交流来表述思想和表达情感的;主持人是通过直接感受现场语言环境、遣词造句、妙语生辉而对观众产生吸引力的。主持人的个性风格、个性形象,都是通过这个"人"在节目的沟通交流中说出来、问出来、议出来的。

说话,是思想的一种外化;说话,是智慧的一种外延。一个主持人能把话说好、说深、说妙,其实是这个"人"的修养展现与人格流露。曾经的节目主持人倪萍说:"艺术家之间最后拼的是什么?拼的是道德,拼的是文化。"相声演员马季也曾说:"艺术最后的竞争一定是人格的竞争。"人格,人的性格、气质、能力等特征的总和。人格,也就是个人行为特质表现相对统一与固定的组合形式。真诚说话,真诚待人,属于个人行为特质范畴。真诚说话,不是今天说了,明天就不说了;真诚待人,不是今年真诚待人,明年就不真诚待人了。个人行为的特征上升为人格特征,就必须有统一性和固定性。

威尔伯·施拉姆、威廉·波特在《传播学概论》中说:"所有的电视都是教育的电视,唯一的差别是它在教什么。"①作为主持的这个"人",一旦建立起人格感,那么,在传播中,他就会表现出对人们的关怀、对人生的关注、对人性的弘扬,并因此给予观众生活的愉悦、生存的思考、生命的感悟。这样的"人"在传播中将展现出性格、气质、能力多方面综合形象的人格特征。

干了几十年的电视人赵忠祥颇有感触地说:"主持人最能博得观众喜爱的就是人格上的魅力。"这就是作为"人"的又一特质——健全的人格感。

直叙性给了干主持的这个"人"把话说好的最大沟通空间,人格境界的提升又将支撑着这个"人"在把话说好的最大沟通空间中显现出更大的人格魅力。这就是干主持的这

---

① 施拉姆,波特.传播学概论[M].何道宽,译.北京:中国人民大学出版社,2010:225.

个"人"的特质——健全的人格感与沟通的直叙性。

总而言之,把"电视节目主持人"这七个字铺陈开来,追本溯源可以总结为:

"电视"的特性是强烈的现场感与视觉的直观性;

"节目"的特征是独特的形态感与观众的参与性;

"主持"的特点是职业的状态感与操持的驾驭性;

"人"的特质是健全的人格感与沟通的直叙性。

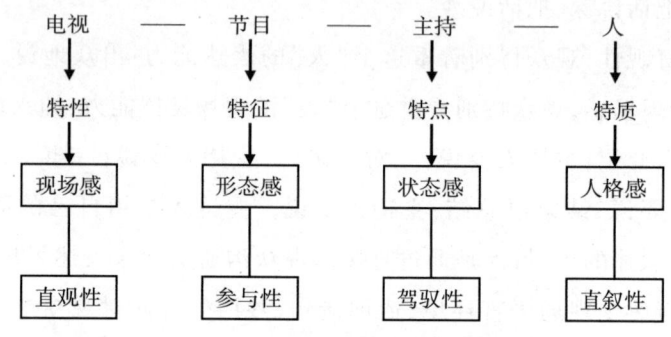

图 1-1 "电视节目主持人"图解

第二节 什么是电视节目主持人

进入 21 世纪后,随着科技的进步、媒介边界的融合、公众话语意识的增强,主持人这个行业呈现出技术壁垒低、职业门槛低、政治敏感低的"三低"趋势。正因如此,我们就更应对电视节目主持人的概念来个界定——电视节目主持人理应有属于电视的职业特征与专业特性。

要说清楚什么是电视节目主持人,让我们先来看看以下通俗而又形象的描述,也许能给我们一个直观的感受,进而带来理性的思考——

节目是一座多层的房子,主持人是这座房子的主人,观众是被主人隔三岔五邀来做客的朋友;电视是把房子的四壁打造成透明的玻璃墙,让更多的人投来关注的目光……多么有意味的描述,多么让人回味的描述。

主人带着做客的朋友,顺着楼梯一层一层地螺旋而上,把自己精心布置的书房、健身房、起居室、阳台,让客人们欣赏、评点;客人们拿本书翻一翻、跑步机上走一走、沙发上坐一坐,再给盆景浇浇水。在这融洽的交流中,主人和客人还不时地向房外围观的人笑一笑,招招手……

主人在这座房子里住久了,为了赏心悦目,他请了设计师、装修工一起来商量、翻翻花样。布局老套了,就做一次调整;家具磨损了,就换上新的沙发、新的茶几。因为,有一套好的房型不容易,主人要在这多层的空间里生活下去,五年、十年,甚至一辈子。他要让这独特的房子一直保持晶莹剔透的光彩,吸引更多的人投来更多关注的目光。装扮一新的房外,围观的人更多了;应邀相约,又一批客人朋友前来;主人又进行一番新的交流……多么让人遐想,多么叫人深思。

一、什么是电视节目主持人

电视节目主持人是以"我"的方式出现在镜头与话筒前,为受众群准备并驾驭一档固定节目的演播主人。

(一)第一个层面:以"我"的方式

这个"我",之所以打上双引号,有两层含义。

"我",是"小我"与"大我"的统一,是人际传播中的"真我"与大众传播中的"非我"的统一。这个"我",使得主持人一改往日的正襟危坐、不苟言笑、神情肃然,而变得开怀畅叙、亲切随和、神态自然,在视觉和听觉上都给受众耳目一新的感受;这个"我",通过对人际传播中的有声语言和态势语的恰当处理,使大众传播摆脱了媒介机器的冷漠与单调,赋予了大众传播一定程度上人际传播的亲和力和感染性。

这个第一人称的"我",用"我"的称谓、"我"的态度、"我"的经历、"我"的见闻进行叙述和议论;这个第一人称的"我",以直接的方式与受众谈话、交流、问答、沟通,最大限度地缩短了节目与受众的心理距离,使受众在接收节目提供的信息时,感觉到面对的主持人是活生生的人,体会到一种"自己人"的效果;这个第一人称的"我",使得主持人在叙述与议论中具有人性化和人情味,这样的传播不仅给受众一种平等感和亲切感,而且还感同身受、深有启发。

强调一下,是以"我"的方式,而不是以我的身份。

(二)第二个层面:出现在镜头与话筒前

这里的"出现在",是主持人应该有头有尾、善始善终地出现在镜头与话筒前,即出现在大小屏幕上。在话筒前,出吐字归音、出遣词造句、出妙语生花;在镜头前,出形象状态、出肢体动态、出运动形态。

电视主持人必须在镜头与话筒前进行言语组织表达,进行空间处理运动。

(三)第三个层面:为受众群

这里的"为受众群",既指为大小屏前的受众,也指现场参与的嘉宾和观众。受众是指接收并接受信息的人,是大众传播的对象,是观众和听众的总称。受众群就是指接收并接受信息的相对稳定的传播对象群体。

这里的"为受众群",也指主持人"为什么人播"的节目定向。不同的节目有着不同的受众对象,主持人总是以某一特定的受众群作为对象而主持节目。为少年儿童的受众对象就播出相应内容的少儿节目,为爱好音乐的受众对象就播出相应内容的音乐节目,这便是"为受众群"的内涵所指。

进行对象化传播是电视节目主持人的一个显著特征。

(四) 第四个层面:准备

准备,是指主持人的文化准备和节目准备。

文化准备是主持人综合素质的积淀和储备。电视、网络是文化信息的载体,主持人实质上是文化的代言人,主持人要有思想、有知识、有阅历、有智慧,有对生活的理解力和感悟力,有对人的读解力和沟通力。文化准备不仅要看主持人已经有了多少,更要看主持人是否每天在积累、在储备。

节目准备是主持人在每次播出前的工作准备。主持人要想高质量地完成每次播出任务,就要参与选题的讨论,就要有话题背景的准备、人物资料的准备、提问大纲的准备,包括如何在有限的时间提出有价值的问题,如何在节目中把握好时间的长度,如何在对人对事的问题上有自己的观点和见解。

一档节目做得好不好,就看主持人有没有用足够的时间去做好节目的准备。文化的准备是长准备,节目的准备是短准备;文化的准备是知识的准备,节目的准备是业务的准备;文化的准备是基础的准备,节目的准备是应用的准备。

凡事预则立。准备,是节目主持人前期的工作;准备,是节目主持人合规律的程序;准备,是节目主持人在出镜前必须做的功课。

(五) 第五个层面:驾驭

驾驭,是主持人在现场中的贯穿、衔接、沟通和主宰;驾驭,是主持人直接展现在受众面前的节目操作流程。如何渲染主题,如何营造氛围,如何把握节奏,如何控制场面,这将体现主持人驾驭能力的强弱,并直接影响节目的好坏;如何起承转合,如何操控有度,如何把握重点,如何游刃有余,这将体现主持人驾驭能力的高低,并直接关系到节目的成败。

驾驭是主持人在节目的流程中进行承上启下的有机组织,是主持人在操持节目中的重要能力表现。

准备是驾驭的内涵,驾驭是准备的外化。有文化的准备,才有文化的驾驭,有节目的准备,才有节目的主宰。

（六）第六个层面：一档固定节目

这里的"固定"二字，既指节目固定，又指主持人固定。如果节目不固定，主持人不固定，就不能产生和形成真正意义上的节目主持人。只有固定的主持人，在固定的节目中，在固定的时间段播出，才能产生和形成相对稳定的受众群；反之，若没有形成相对稳定的受众群，节目主持人便失去了存在的意义。

这里的"一档"二字，还指一个节目的类型。主持人节目有新闻类、社教类、娱乐类等类型，主持人应该找准适合自己的一档类型节目来主持。具体地讲，就是主持人只做一个节目。广义地讲，主持人也可做一至两个同类型的节目，这是对有知名度、有经验的主持人而言的。主持不是以做节目多少为荣，而是以做节目长久为胜。因为，主持人在"一档固定节目"中，有利于个性的展现，有利于风格的形成，更有利于受众群的产生和扩大。

节目仰仗主持人在受众中形成一种稳定形象，主持人又依靠节目在屏幕上稳定自己的受众群。

（七）第七个层面：演播主人

演播，是电视节目主持人特定的专业术语。这里的"演"，不是表演，是指一种动态过程，一种状态呈现。这里的"播"，是指当众地播讲（主持人是播讲，而播音员对应的是播报）。

电视节目主持人是在镜头和话筒前进行演播的人，在镜头前要有一种当众的创作状态，在话筒前则是进行一种有变化、有发挥过程的播讲。演播，就是电视节目主持人富有动态过程的、有变化、有发挥的当众播讲。

要弄清"主人"的含义，我们先来看看节目主持人的源起。"节目主持人"一词源自西方，在美国，人们用 Moderator、Host 和 Anchor 来表示。

Moderator 原意为缓和、调节的人，也就是仲裁人或协调人，最初用于对游戏、竞赛类节目中主持人的称谓，之后随着讨论类节目和辩论类节目的出现，它们也开始使用这一称谓。在这些节目中，Moderator 主要起调节、客串和仲裁作用。Host 原意是主人，是面对客人的主人，多用来指综艺节目和明星访谈节目中的主持人，他们以主人的身份出现在节目中，主要起调节控制节目的节奏、气氛和流程进展的作用。Anchor 原意是接力赛跑中最后一棒的运动员，也就是跑得最快、最具有冲刺力的人。这个词最早是由美国哥伦比亚广播公司《60 分钟》节目创始人兼制作人唐·休伊特于 1952 年提出的，意为"新闻主播"，并首次使用在美国总统大选的报道中，主要是针对当时电视新闻报道通常表现出的呆板而零散的状况而提出的，其目的是强调组织、串联、能够承上启下衔接各方的作用，有能力把来自各种渠道的新闻稿件组织、串联为一个有机的整体。

尽管 Moderator 的称谓是用在游戏、竞赛类节目与讨论类、辩论类节目中，Host 的称谓是用在综艺类节目与明星访谈类节目中，Anchor 的称谓是用在新闻报道类节目中，但是从 Moderator、Host、Anchor 三个词的选择、使用和表述中，我们可以清晰地看到人们对节目主持人内涵的释义。这三个单词明确表明了主持人在节目演播中的地位——是节目流程的主持者，是节目节奏的主控者，是节目沟通的主宰者。总之，是节目中最棒的关键人物。

2005 年 2 月 25 日至 26 日，"2005 国际电视主持人论坛暨年度颁奖盛典"在上海举行。美国《60 分钟》节目制作人、从事新闻业长达 60 年、当时已 83 岁高龄的唐·休伊特到会并发表演讲。

有记者问："唐·休伊特先生，您能否告诉我 Anchor 这个词的确切含义？这个词怎么来描述您的职业，这个词与 Host 又有什么区别呢？"

唐·休伊特回答："没有区别。Anchor 这个词不过是意译过来的一个词，与我们所知道的'船的锚'没有任何关联。大约在 40 年前，我们在芝加哥聚会，报道一个政治会议，当时有 4 个记者，我对他们说，你们中的负责人可叫作主播。大家知道田径赛上有一项比赛叫接力赛，跑最后一棒的总是能力最强的人。这就是主播的来历。这个词可用来指接力赛中跑最后一棒的那个人，人们称那个人是最棒的，那个人就叫作 Anchor。在这里 Anchor 和 Presenter（演讲者）、Host（主角），是一个意思，这个词后来在电视界被广泛应用。"

最后一棒是最有力的一棒，跑最后一棒的人是能力最强的。之所以称节目主持人为"演播主人"，是因为主持人每次做节目的过程都是一次邀友做客的过程，都是以主人的身份和态度来接待朋友和招待客人的过程。也就是说，主持人在每一次演播中，要像主人招待客人那样来接待演播室的嘉宾和电视机前的观众。

演播主人面对嘉宾客人和观众朋友时，尽管是面对面、心贴心地讲他们身边的事、说他们身边的话，但是，主人在演播中形成一种主导地位，起到主宰作用和主控效果，以利于彼此在沟通话题时兴致勃勃、心心相印，使演播主人把问答组织得趣味盎然、引人入胜，嘉宾把议论评点得丝丝入扣、深入人心，这样才能表现得最有力、表现得最棒。这也是演播主人在创作中的任务和作用。

演播主人在驾驭节目中演播，驾驭节目演播的主持人就是演播主人，从这个意义上讲，驾驭节目演播的主人就是节目主持人。演播主人就是主持人在操持节目中的创作身份，这是一个特定的称谓，也是一个专业的术语，更是一个重要的理念。

二、电视节目主持人定义的对标应用

我们用中国电视节目主持人的几多故事和几多现象，按照电视节目主持人定义的七个层面排序进行对应阐述。

中央电视台节目主持人姜丰曾在她主持的《文化视点》节目中邀请了赵忠祥、倪萍、水均益、鞠萍等十多位主持人。他们一字排开、入席而坐。有的手伏在桌子上,有的背靠在椅子上。当谈到倪萍在主持中煽情流泪究竟有多少次时,一排主持人笑得前仰后合,一改他们在各自节目中给观众留下的固有印象。因为,他们今天不是以"我"的方式出现,而是以嘉宾的身份,以"本我"的形象出现。

在一次问卷调查中,当被问及赵忠祥作为电视节目主持人,他的代表作是什么节目时,许多观众都不约而同地写出了《动物世界》。作为一位电视工作者,《动物世界》节目可算作赵忠祥的代表作;而作为一名电视节目主持人,《动物世界》则不能算是主持人节目,因为赵忠祥在《动物世界》节目中只是一名画外配音,电视节目主持人必须善始善终地出现在镜头前、话筒前,呈现在屏幕上。

中央电视台在1979年开办了《为您服务》。该栏目起初很受欢迎,后来由于播出时间不固定,在相当长一段时间内很不景气。直到1983年,《为您服务》调整了节目内容,特别是固定了播出时间,固定了专职主持人,不到一年的时间,《为您服务》就收到了4万多封热情洋溢的观众来信,沈力成为中国第一位固定电视节目主持人,并以端庄、亲切、大方的主持风格,在中国电视节目主持人发展史上创造了一个"沈力大姐"形象。可见,主持人节目是长期性的、周期性的、固定性的播放,没有"固定"就没有真正意义上的电视节目主持人。

中央电视台在1987年推出了一档120分钟的《九州方圆》栏目,这一栏目包括了当时专题部6个节目的全部内容。一年后,因节目内容庞杂、各自为政,彼此缺少整合而提前告别兴趣各异的观众。由此可见,电视节目主持人是属于一种对象化的传播,为哪些受众群播,必须要精准定位。

1996年3月,中央电视台的《实话实说》开播。在这档节目中,主持人既要幽默机智,又不能表述出格;既要自然真诚,又要善于引导。可以说,没有崔永元就没有当年的《实话实说》。哪一个话题他不参与?哪一个嘉宾他不了解?在现场,每一位观众他都点评到位,每一个场面他都控纵自如。可以说,没有崔永元的文化准备和文化驾驭,就没有每一期《实话实说》的成功。由此可见,准备与驾驭是节目流程中两个重要的组成部分,准备的深与浅、驾驭的强与弱,直接影响着电视节目主持人的成与败。

在曾经铺天盖地的益智类答题节目中,《幸运52》一炮走红,一路领先,主持人李咏获得了2000年"最受观众喜爱的游戏类节目主持人"奖项。他的状态热情奔放,他的语言生动鲜明,他的演播让现场的男男女女参与热情高涨,他的主持让电视机前的老老少少都成了《幸运52》的朋友。节奏由他控制,氛围由他营造,高潮由他推动;观众上下自如,主持动静相宜,节目前后流畅。李咏像一个交响乐队的指挥人,成了《幸运52》节目中真正的演播主人。李咏又以"综艺一哥"的美称,凭借在《非常6+1》节目中的出色表现,获得了2004"年度最佳男主持"奖。

所以,电视节目主持人是在当众播讲的动态过程中主持一档节目,既要照章说理,又要现场发挥。主持人只有明确了演播主人这一创作身份,才能自觉地、更棒地驾驭节目演播的任务。

这几多故事的讲述,这几多现象的描述,将有助于我们对认知什么是电视节目主持人,产生一种更新更多的对应思索与对位思考。

第三节　什么是电视节目主持艺术

在上一节中我们说过,电视的特性是强烈的现场感与视觉的直观性,节目的特征是独特的形态感与观众的参与性,由此我们可以清楚地看到电视节目以民为本。主持的特点是职业状态感与操持的驾驭性,"人"的特质是健全的人格感与沟通的直叙性,可见,主持人是以"人"为本的。

我们界定了电视节目主持人,接下来我们对电视节目主持艺术下个定义。

一、何谓电视节目主持艺术

电视节目主持艺术的特征是什么?或者说,它是一种具有什么特点的艺术?这似乎是个已经清楚而三言两语又说不清楚的问题。

不是在任何行当的后面加上"艺术"两个字,艺术就理所当然地存在了。时代需要精细化。相声是艺术,演讲是艺术,教学是艺术,朗诵是艺术,这些艺术都不是用"语言艺术"这样一个笼统的答案就能回答清楚的。

面对着节目以民为本,主持人以"人"为本,我们就从节目与主持人相互依存的关系、相辅相成的细节去思考、去寻找。以民为本是电视节目的内容与形式,以"人"为本是主持人的素质能力。

以民为本和以"人"为本的合力,就是"讲述老百姓自己的故事,讲述平常人的不平常事"。这是电视节目主持人取之不尽、用之不竭的创作源泉,是电视节目受众群看之不厌、听之不烦的精神美餐。

电视节目主持人就是要在一档属于自己的节目中寻悟到"讲述老百姓自己的故事,讲述平常人的不平常事"的形式和内容,来参与,来驾驭,来操持,来主控。

电视节目主持人就是要在完成每次主持任务的过程中,显现出"讲述老百姓自己的故事,讲述平常人的不平常事"的素质和能力,来叙事,来议论,来提问,来评述。这是贴近实际、贴近生活、贴近群众,也是新时期对新闻工作者的新要求。这是一种人与人之间的文化沟通,也是一种民族与民族之间的文化理解。

白岩松一脸思考状,一身书卷气,在有限的节目时长中尽显东方人的智慧,在《东方时空》《新闻周刊》《新闻1+1》节目中特有分量,特放光彩,善于思考,善于议论,遇到时事、大事,观众就盼着白岩松的主持与采访,老百姓就是爱看爱听。

孟非一双小眼睛,一副大光头,一走进《非诚勿扰》便独行天下。尽管"相亲"节目纷至沓来,《非诚勿扰》一路领先,荣居榜首,平民的心态,平民的话题,"月下老人"一做就是十多年,老百姓就是爱听爱看。

《快乐大本营》节目的主持人,换了一茬又一茬,要算做得最长、影响最大、印象最深的当数何炅。他有声有色的表达,他有张有弛的控场,机智灵巧,挥洒自如,让观众在愉悦中参与,在笑声中观赏。

好看,这是"叙事"的张力;爱听,这是"说话"的魅力。节目做得好看、好听,这是电视节目主持人的追求;节目让人爱看、爱听,这是电视节目受众群的希冀。"好看""爱听",这是电视节目主持人成功的表现,"好看""爱听",这是电视节目主持人艺术的展现。

电视、网络是传播的媒体,节目是声像的形态,主持是规范的职业,人是心智的表现。

其一,我们可以看到:节目是声像的形态,声音和图像是通过电视、网络这些介质传播放送的;主持是应对节目而存在的,主持节目就应有职业的要求和规范;要把电视节目主持好,就必须通过干主持的这个"人"去体现,这个"人"要有体现的最大能力,就是能说、会说、善说,能问、会问、善问。然而,电视的现场感和现时性又要求这个"会说""善问"的人,能带着一种心智现场发挥地说与问,更多的是带着一种风格现时即兴地说与问。

《非诚勿扰》好,是幽默风趣的孟非说出来的;《东方时空》吸引人,是富有思想、富有哲理的白岩松问出来的;《快乐大本营》让人爱看,是妙语横生、脱口出趣的何炅说出来的。

应该说,他们的说是与众不同的,他们既要深入浅出,更要"浅入深出";他们既要直指人心,更要深入人心;他们既要口吐华章,更要让人心服口服。

因为,主持人会说善问,这需要一种创作。

——说得好,说得深,说得妙,这就是艺术,是一种表达的艺术。

其二,我们可以感觉到:一提到孟非,就想到他主持的《非诚勿扰》节目;一提到白岩松,就想到他主持的《东方时空》节目;一提到何炅,就想到他主持的《快乐大本营》节目。他们代表着各自节目的一种"形象"。

在走进节目之前,白岩松在忙碌地办电视小报,孟非潜心地做着电视编辑,何炅专心做他的"大拇哥",他们都有着属于自己原先的一种"形象"。

然而,当白岩松、孟非、何炅来到各自主持的《东方时空》《非诚勿扰》《快乐大本营》节目之后,尽管人还是原来的人,脸还是原本的模样,但是,观众所认同的更是他们本人与节目在主持中的一种融合的形象。

人,融合了节目;节目,又融进了人。主持人的"形象"是一种融合后的新形象。不是说,一当上主持人,就会产生这种"形象";也不是说,一走进节目中,就会产生这种"形象"。应该说,他们的这种形象是鲜明独特的。他们既要找准节目的类型,更要找准自我的定位;他们既要有效地整合,更要快捷地磨合;他们既要与节目融合得妥帖得体,更要长期地赢得观众的广泛认同。因为,主持人的形象融合,同样需要一种创造。

——形象准、形象新、形象美,这就是艺术,是一种表现的艺术。

从以上两个方面中,我们可以领会到:融合的形象是主持人与节目建立关系的一种创造;演播的语言是主持人在镜头前与话筒前产生关系的一种创作。

从两大关系中,我们更能领悟到:创造融合的形象是整体目标,创作演播的语言是具体手段;创造融合的形象是属于战略的,创作演播的语言是属于战术的,创造融合的形象将引领着演播语言的创作,创作演播的语言将呈现出融合形象的创造。这融合形象的创造是表现出来的,是千姿百态的;这演播语言的创作是表达出来的,是多姿多彩的。

要让观众爱听你的节目,要让观众爱看你的节目,就要用你创作演播的语言去吸引观众,这是艺术的表达;就要用你创造融合的形象去感染观众,这是艺术的表现。

至此,我们对"什么是电视节目主持艺术"便可以得出这样一个结论:电视节目主持艺术,是主持人与节目创造融合的形象表现艺术,是在镜头与话筒前创作演播的语言表达艺术。

用一句话来概括:电视节目主持艺术是一门创造出主持人与节目整体融合的个性演播形象的艺术。

二、电视节目主持艺术的论证

我们来看一下什么是"艺术"。

所谓艺术,大致有四种含义:

英国的科林伍德在《艺术原理》中指出,从"艺术"一词的演化来看,英语中"艺术"一词是 art,来源于拉丁文 art。古拉丁语中的 art 类似于希腊语中的"技艺",指的是诸如木工、铁匠、外科手术之类的技艺或专门形式的技能,是指能够巧妙地解决任何困难课题的特殊熟练技术。[①] 正如苏联美学家格·尼·波斯彼洛夫在《论美和艺术》中所说:"艺术在最广义上,是指任何技艺。这就是巧妙、精细、熟练地完成人们在生产、组织、意识形态等各种活动中提出的任务。"[②]艺术在本源意义上就是指技艺。这是其一。

托尔斯泰曾说:"在自己心里唤起曾经一度体验过的情感,在唤起这种情感之后,用动作、线条、色彩、音响和语言所表达的形象来传达出这种感情,使别人也能体验到这同样的感情,这就是艺术活动。艺术是这样一项人类活动:一个人用某些外在的符号有意

---

① 科林伍德.艺术原理[M].王至元,陈华中,译.北京:中国社会科学出版社,1985:6.
② 波斯彼洛夫.论美和艺术[M].刘宾雁,译.上海:上海译文出版社,1981:143.

识地把自己体验过的感情传达给别人,而别人为这些感情所感染,也体验到这些感情。"①这是指富有创造性的工作方式和方法,如领导艺术、管理艺术、谈话艺术,正如美学家克罗齐在《美学原理 美学纲要》中所指出的:"成功的表现,就是艺术,就是美。"②这是其二。

《简明社会科学词典》中指出:"艺术是用语言、动作、线条、色彩、音响等不同手段构成形象以反映社会生活,并表达作家、艺术家的思想感情的一种社会意识形态。"③也就是说,艺术常常是以形象反映社会生活的,是通过形象化手段来表达作者思想感情的。语言艺术是以语言为工具来塑造形象的,造型艺术是运用线条、色彩等手段来塑造可以直接感触的视觉形象的,表演艺术是通过人的演唱、演奏、表演来塑造形象的,综合艺术则综合运用了各种艺术手段和材料来塑造形象。这是其三。

罗丹说"艺术就是感情",艺术总是以情感人的,艺术都是直接、间接或曲折地表现人的命运感情、内心世界和人与人之间的关系的。"艺术的最高目的就是为了使人的知识、感情和意志和谐地发展,使人们的感觉和情感成为合乎理性的,使理性、道德的认识成为体现在感觉和情感中的东西。"④这是其四。

对照上述艺术一词含义的四种认知,我们清楚地看到,电视节目主持人在主持节目中同样具有对应的四个操作要求:既要求主持人具有职业的技艺与技能,又要求主持人在没有一定之规和没有程式可套的工作中进行富有创造性的操持与驾驭,还要求主持人运用语言、动作、图像、音响等不同手段塑造节目主持人形象,更要求主持人在讲述老百姓自己的故事时与观众建立情感交流的纽带而达到情感的愉悦、升华与净化。

依照艺术的四种含义和节目主持人的四个操作要求,我们可清晰地发现电视节目主持艺术的四大突出特点:形象性、情感性、技能性和创造性。

形象性是艺术的基本特征,任何艺术形式都离不开形象的描绘和塑造。形象性一是指直接实现的形象实体,二是指服务于形象实体的形象化手段。节目主持人应建立起个性形象且语言表达采用形象化的手段,形象是艺术反映现实生活的一种特殊形式。

情感性是艺术的血液,没有情感的艺术是苍白无力的。主持人对身边的人与事必须有态度——贬什么、褒什么、爱什么、憎什么,态度决定情感。主持人必须以情打动人,以情感染人,来讲述老百姓自己的故事,来完成每次节目主持任务。

技能性是艺术的表现手段,主持人叙述与议论的播讲、提问与回答的对话、交流与沟通的把握、热场与控场的操持,都是主持人娴熟运用主持技能、技巧的表现,都是主持人体现演播个性而独具特色的艺术创造活动。

---

① 托尔斯泰.列夫·托尔斯泰文集:第 14 卷[M].陈燊,等译.北京:人民文学出版社,2013:174.
② 克罗齐.美学原理 美学纲要[M].朱光潜,等译.北京:人民文学出版社,1983:88.
③ 简明社会科学词典[M].上海:上海辞书出版社,1982:83.
④ 上海音乐学院马列主义教研室,上海戏剧学院马列主义教研室,浙江美术学院理论教研室.艺术中的哲学(例选)[M].福州:福建人民出版社,1983:292.

创造性是艺术的生命，艺术贵在创造，主持人是在长期、固定、反复的节目中与稳定的受众群见面交流沟通的人，为防止节目老化，为杜绝心理厌倦，主持人必须以好奇心和新鲜感去完成每一期的主持任务，只有创造、创新，主持人的艺术生命之树才能常青。

形象性、情感性、技能性、创造性四者是不可或缺、融为一体的。

按照电视节目主持艺术所应有的四大突出特点，我们更明确了电视节目主持人理应达到的成熟艺术形象所呈现的四个层次美。

电视节目主持艺术是主持人与节目创造融合的形象表现艺术，这是最终实现的形象实体；电视节目主持艺术是主持人在镜头与话筒前创作演播的语言表达艺术，这是最本质地服务于形象实体的形象化手段。

中国古代艺术论强调从人与物、主观与客观的交融关系上来论述艺术创作的起始和极致，并主张最理想的创造是出自艺术家"心与物化"的创作状态，呈现为"你中有我，我中有你"的境界。

电视节目主持艺术的"融合的形象"，是主持人与节目"你中有我，我中有你"的融合。这种融合的形象是属于整体的。电视节目主持艺术既是表现的艺术，又是表达的艺术，或者说是整体表现表达的艺术。这种整体形象的融合是富有生气的，形象的表现要富有生气，语言的表达要富有生气，或者说富有生气的语言表达呈现出富有生气的形象表现。

这种"整体"与"生气"就是性格。正如黑格尔所说："性格本身是整体的，因而是具有生气的。"[1]这个"整体"就是完整的个性、丰满的个性、许多性格特征的充满生气的总和。个性是主持人魅力的核心，语言是主持人个性展露最重要的手段，整体形象的表现是靠主持人个性化的演播状态来体现的。形象就是性格，性格就是个性。

所以说电视节目主持艺术是一门创造出主持人与节目整体融合的个性演播形象的艺术。这种"整体融合的个性演播形象"是整体的形象，是成熟的形象。

"历来谈论和研究成熟的艺术形象不外两个方面，一是内在的成熟，一是外部的成熟。如，白居易在《画记》中曾指出形真而圆、神和而全这两个标准。所谓形真而圆，就是形象真实饱满，没有刻划痕迹；所谓神和而全，就是说不仅传神，而且所传之神是充分的、完美的。"[2]

这种成熟的个性演播形象同样具有四个层次的美：具有形象表现与语言表达融合一体的"浑然美"，具有绚烂之极、归于平淡、以功力造平淡的"平淡美"，具有最大普遍性的人文关怀意义和人格魅力的"典型美"，具有不论文化高低、人人都能理解、都感兴趣的"雅俗美"。

这"浑然美""平淡美""典型美""雅俗美"的成熟形象，李咏在《幸运52》中体现了，

---

[1] 黑格尔.小逻辑[M].贺麟,译.北京：商务印书馆,2004:291.
[2] 朱国庆.艺术原理[M].杭州：中国美术学院出版社,1994:196.

曹可凡在《可凡倾听》中体现了，王小丫在《开心辞典》中体现了，叶蓉在《财富人生》中体现了，元元在《第七日》中体现了……

值得肯定的是，能够受到大众欢迎的主持人，以至不可替代的电视节目主持人，便是最棒的、最有能力的，便是其电视节目主持艺术最形象的成熟体现。一旦这些主持人离开节目，一旦这些成熟的个性演播形象消失，节目便黯然失色，甚至节目的艺术生命亦随之消亡。

这就是电视节目主持人创造融合的成熟艺术形象的哲学。

为什么干主持的很多，受欢迎的却很少？人，有小人、君子、仁人、圣人之等；主持，有主持庸人、主持智人、主持高人、主持大家之分。

一个电视台或网络平台不可能人人都是"主持大家"，但一个成熟的电视台、网络平台必须有领军的"主持大家"。电视节目主持人需领悟节目主持艺术的真谛，去追求终极目标。

综上所述，艺术的四种含义、主持人在节目中对应的四个要求、电视节目主持艺术所应具有的四大突出特点及其成熟艺术形象所呈现的四个层次美之间相互关联。

电视节目主持艺术是主持人与节目创造融合的形象表现艺术，是在镜头与话筒前创作演播的语言表达，是一门创造出主持人与节目整体融合的个性演播形象的艺术。

第四节　主持艺术的表现方法与规律

就像研究表演的人常提到"什么是演员""什么是表演艺术"的话题一样，"人与艺术"是个大课题。任何艺术都是作为创作主体的一种合规律的审美观照。电视节目主持艺术是通过电视节目主持人这个创作主体的表现来实现的。

瓦·康定斯基在他的《论艺术的精神》中指出："各门艺术同出一源。因此，凡艺术都大同小异。……其差别产生于每一门特定的艺术的方法，即表现方法。"[①]

一、主持艺术表现方法

我们已给电视节目主持人下了定义：以"我"的方式出现在镜头与话筒前，为受众群准备并驾驭一档固定节目的演播主人。这"演播主人"是电视节目主持人创作身份的定性，前面的定语成分是其职业性质的定位。

我们已给电视节目主持艺术下了定义：是主持人与节目创造融合的形象表现艺术，是主持人在镜头与话筒前创作演播的语言表达艺术。用一句话来概括，就是一门创造出

---

① 康定斯基.论艺术的精神[M].查立,译.北京：中国社会科学出版社,1987:95.

主持人与节目整体融合的个性演播形象的艺术。

"整体融合的个性演播形象"是电视节目主持艺术的终极任务,电视节目主持人要体现电视节目主持艺术,就必然要塑造演播主人走进整体融合的个性演播形象。

我们知道,主持人是关键的一棒,是冲刺的一棒,是夺取成功的一棒。在此之前,有制片人、编导、摄像、灯光、音响、化妆等工种的接力棒传递。

如果我们把电视作为一项可以进行工业化操作的文化产业的话,那么,电视节目主持人在做好出镜前的准备后所要做的工作,就是完成整个流水线生产中最为重要的一道工序。这道工序与前面的诸道工序有着密不可分的关联,这道工序又恰是最重要的一道工序。因为,电视节目主持人直接面对镜头,直接面对观众,能否使半成品变为合格成品,完全取决于主持人最后一棒的优劣。操持节目的过程就是节目产生的过程,主持人是节目的表现者,主持人的表现就集中在整个流水线最后一棒的现场。

演播主人要走进整体融合的个性演播形象,在现场特定的表现方法是:面对主观与客观的"未知",用讲述与对话的方式,在有机与有序的铺排中,进行驾驭演播的主持创作。

由此可见,演播主人要走进整体融合的个性演播形象,就必须有一个驾驭演播的主持创作过程,这种创作是属于主持艺术所特有的表现方法。

二、主持艺术表现方法的三对特性

（一）主观未知性与客观未知性

在驾驭演播创作时,主持人必须表现出特定的主观未知与客观未知。

所谓主观未知,就是指主持人在主观上把已知的当成未知的。

主持人面对话题的叙述与议论,面对嘉宾的采访与提问,面对观众的交流与沟通,往往都是未知的,是不熟悉的,甚至是陌生的。主持人必须在出场前将这些未知变为已知,搜集话题的相关知识,掌握背景的相关资料。但是,主持人一旦出镜又必须在主观上把这些已知当成未知来进行叙述、提问、议论。

因为,把已知当成未知,这就有了艺术的质地——要构思铺排,要设置悬念,要烘托高潮,要有目的、有计划地进行表现;把已知当成未知,就是尽管前期准备工作都已经烂熟于心,一旦走进现场,走到镜头前,主持人就要把大纲、主持词等表现得像是当场边思边想的一样,这种表现就是一种主持创作。没有这种表现,不进行这一驾驭演播的主持创作,主持人的叙述就平淡无味,提问就平铺直叙,议论就平庸无奇。主持人的主观未知能在节目操持中产生一种现场感,带给大小屏前的受众一种吸引力。

所谓客观未知,是指主持人主观上不知道的,是真的未知。

主持人在现场操持中面临的情况是千变万化的,不管是在大型晚会上,还是在谈话节目中，特别是在直播节目中，经常会碰到突如其来、难以预料的情况，比如，有些嘉宾在回答主持人的提问时，答非所问，随意跑题，呈无序状态，这就是客观未知。

在节目生产过程中，客观未知是客观存在的，存在的面是广的、量是大的，是主持人节目中的常有现象，节目主持人必须面对客观未知而进行主持创作。在驾驭演播的主持创作中，客观未知是必然面对的，主观未知是必须掌握的。

（二）叙事与议论的讲述性和提问与答问的对话性

这种主持创作必须表现出特有的讲述性和对话性。所谓讲述性，就是指在叙事中要有议论，被称为叙事与议论的讲述性；所谓对话性，就是指在对话交流中进行提问，被称为提问与答问的对话性。

主持人在节目中的"说"不外乎由讲述与对话这两类方式构成，或单一讲述，或单一对话，或讲述与对话相结合。

中央广播电视总台《焦点访谈》《对话中国品牌》《影响力人物》等节目，经久不衰，深受观众喜爱，成功的原因之一是，主持人不是记者型的单一提问，而是在谈中有问，寓问于谈，对话性的方式使语言流动了起来。

讲述性与对话性这两种方式是驾驭演播的主持创作中的表现特征。

（三）从有备到有机性与从无序到有序性

新闻是"抢"来的，节目是做出来的。"做"对于主持人来讲就是驾驭演播的主持创作。

面对常态的主观未知，主持人要表现出有机的创作；面对无序的客观未知，主持人要表现出有序的创作。

所谓有机，就是指相互关联地表现出自然、协调而不可分的统一性。所谓有序，就是在整体框架中表现出不混乱且有条理的流程主持。

主持人面对常态的主观未知，要表现出此时此刻正在产生的一种新鲜感，就像"第一次"一样；主持人面对无序的客观未知要胸有成竹地把无轨电车纳入有轨车道，表现出处变不惊、从容不迫，并想出巧妙的办法来补救、去熨平。做节目，就是把有备变为有机，把无序变成有序。

三、什么是电视主持艺术规律

主持人既可以指一种职业，又可以指干这个职业的人。

所谓职业，是指个人在社会中所从事的作为主要生活来源的工作。主持人是从事节目主持的工作人员，在生活中与其他职业的工作人员一样，吃饭、睡觉、散步、游玩等。但是，一走进节目演播现场，一走到镜头前和话筒前，主持人就要以"演播主人"的创作身份出现。白岩松是主持人，他来到《新闻1+1》的演播室，坐到镜头前，就是演播主人。

身份，原指人在社会上或法律上的地位。演播主人是一个特定的创作身份，也就是说，主持人在节目中的创作地位是演播主人。从严格意义上讲，主持人不完全等同于演播主人。主持人是一个职业的具体行当，演播主人是一个艺术的创作身份，这种创作身份具有固定性。作为创作身份的演播主人，必须要建立主持意识，要拥有演播状态；作为创作身份的演播主人，必须要有主导节目流程、主控节目话题的创作欲望。

主持人是以"小我"与"大我"相交融的方式出现在荧屏上的，主持人是观众常见面的朋友，是面对客人朋友的主人，主持人活动的最主要空间就是演播现场。

主持人在演播现场始终面对的是两种人，一种是未谋面的大小屏前的受众，一种是已谋面的现场嘉宾与观众。主持人只要与他们面对面，就必须建立起演播主人的创作身份而进行主持创作。

正如广播电视界的老前辈在传经送宝时，对新生代的主持人常提到的一句经典名言："（假如这位年轻主持人的名字是田云）你始终要记得，推上话筒你是田云，拉下话筒你是你自己。"这就是演播主人特定创作身份的资质所然，也是演播主人符合创作身份的地位必然。

我们的一些主持人只知道做节目而不知道要以"演播主人"的创作身份去面对节目流程中的主持创作，结果，主持人表现出的是苍白与平庸、松懈与无力，只知道死背串词、机械地提问、僵硬地对话，完全忽视了演播主人在主持创作中的主观能动性。主持人的"营养不良"造成了演播主人的"发育不良"，因而融合的个性演播形象就无法呈现，所谓的主持也便无艺术可言。

这样，我们清楚地看到，主持艺术及其属于这门艺术特定的表现方法与创作主体三方面关系所构建的全过程，就是电视节目主持的艺术规律。

主持人要建立起演播主人的创作身份，面对主观与客观的未知，用讲述与对话的方式在有机与有序的铺排中进行驾驭演播的主持创作，以整体融合的个性演播形象去吸引并征服观众。简言之，主持人要建立起演播主人的创作身份，在驾驭演播的主持创作中呈现出整体融合的个性演播形象去吸引并征服观众。简写为：主持人—演播主人—主持创作—融合的个性形象。这就是电视节目主持的艺术规律。

电视节目主持的艺术规律是客观存在的，我们的主持人已经并必将继续在主持艺术的实践中认同、掌握、运用。

电视节目主持的艺术规律使我们更清楚地坚定这样一个理念：只要主持人建立起演播主人的创作身份，主持就有了艺术的品质；只要主持人面对着两个"未知"用讲述性与对话性有机和有序地驾驭演播的主持创造，主持就有了艺术的特性；只要主持人有目的地达到预期效果的个性演播形象，这成功的表现就会使主持成为艺术；只要掌握了主持艺术及其属于这门艺术特定的表现方法与创作主体三方关系所形成的主持艺术规律，这主持人才算"入了门"。

搞清楚"电视节目主持人"这七个大字的本义，有利于主持艺术学科建设的研究指向;弄明白什么是"电视节目主持人",有利于主持人创作身份的专业定位;清晰知道什么是"电视节目主持艺术",有利于主持人这个创作主体的目标追求;明确晓得电视节目主持艺术及其属于这门艺术特定的表现方法与创作主体三方关系所形成的主持艺术规律,有利于主持人独具特色地进行主持艺术的创作活动。只有充分认识主持的艺术规律,才能对主持艺术进行全方位、多角度的审视,用艺术的眼光去剖析,从艺术的角度去研究。

主持艺术是一门综合性很强的艺术,主持艺术与其他艺术形式有着密切的联系,但毕竟又不同于其他艺术形式。主持艺术有其独具的内在规定性,这就是——

始终将传播性作为自己的本质特点。

"在大众传播中糅合人际传播而表现在口语传播上"贯穿主持艺术创作实践的始终。即主持艺术既要有大众传播的导向性和引领力,又要有人际传播的个性化和亲和力,它们有机结合起来,以口语传播的形式外化出来。

正如苏联美学家格·尼·波斯彼洛夫在《论美和艺术》一书中所指出的:"按照美的规律来创造","作为精神文明领域的艺术创作"。[①]

独特的艺术性让特定的传播性产生特别的沟通性。这是本书的重要理念指向,对于主持人来讲,是首要的。

有趣的是,在 2005 国际电视主持人论坛上,中国主持人问及唐·休伊特"是什么能让美国《60 分钟》节目保持这么好的成绩"时,唐·休伊特答道:"没什么秘诀,就是我们有一个很好的队伍,我们有好的发现新闻的记者,也有好的报道新闻的记者,就像莫里·塞弗先生(《60 分钟》主持人)。是什么让我们成功?就四个字——讲个故事……我们的工作就是要创造一个节目,让观众忘记遥控器的存在。《60 分钟》之所以成功,是因为我们在该严肃的时候严肃,该轻松搞笑的时候也放得开。新闻节目一旦娱乐,并不是一件坏事,娱乐也不是一件让人汗颜的事……在这 30 年中,我们一直致力于既让观众有回味的严肃内容,也让他们有饭后一笑的轻松内容。我们的成功就在于在严肃和轻松之间寻找一个平衡点来吸引人。电视的魅力不仅在于它有图像,还在于它有声音,我们不仅要关注图像,还要关注语言的质量。"

电视节目主持人作为电视节目主持艺术的创作主体,就更有理由、更要自觉地、更加迫切地去拥有人格魅力、职业智力、口语功力这三大综合素质,来修炼自己、提升自己、完善自己。因为,这是电视节目主持人在攀登主持艺术这座金字塔的过程中合规律的、美的创作。

思考题:

1. 从"电视节目主持人"这一称谓中,谈谈你对电视的特性、节目的特征、主持的特点、人的特质四个层面的理解。

---

① 波斯彼洛夫.论美和艺术[M].刘宾雁,译.上海:上海译文出版社,1981:145.

2. 为什么说电视节目主持艺术是一门需要创造出主持人与节目整体融合的个性演播形象的艺术？
3. 电视节目主持人的文化准备与文化驾驭的重要性及其相互关系是什么？
4. 为什么说"演播主人"是主持人在操持节目中的创作身份？
5. 请谈谈你对主持艺术规律的认知与思考。

第二章

主持创作

第一节 创作流程之一：主持意识

鲜明的主持意识是主持人在创作流程中的首要前提。

一、心理意识与意识体验

主持意识，就是节目主持人的职业意识。

（一）什么是意识

意识有两种，一种是哲学范畴提出的意识；一种是心理学角度提出的意识。

正如人们所熟知的，意识是"人的头脑对于客观物质世界的反映，是感觉、思维等各种心理过程的总和，其中的思维是人类特有的反映现实的高级形式。存在决定意识，意识又反作用于存在"[①]。这是属于哲学范畴的意识。

我们这里谈的主持意识，不是从哲学的角度出发，而是从心理学角度提出来的：人统驭心理活动的一种特殊心理功能，这种心理功能对人的行为有着决定性的影响。这种心理学角度的意识，不是客观世界作用于人的感官的直接印象，也不是人受到外界刺激时而产生的一般心理，这种统率人的心态使行为产生积极影响的心理学角度的意识对应主持的意识。

（二）"意识"初体验

有这样一个表演训练：找钱包。

请一位男生到讲台上来，告知他在讲台区内丢失了一个钱包，用3分钟时间将钱包找到。

---

① 中国社会科学院语言研究所词典编辑室.现代汉语词典：第7版[M].北京：商务印书馆，2016：1556.

一般的人(只要没有受过专业表演训练的人)在找钱包时,会东张西望,假装找钱包状,无方向又无目的,不专注又不专心,甚至满脸难为情又满头大汗地找。看看时间到了,再大喊一声:钱包找到啦!结果弄得哄堂大笑。

接着再做一个课堂演练:找钥匙。

还是让这位男生(A)找钥匙。所不同的是,再请另一位男生(B)将一把钥匙当着这位男生的面,藏在第二位男生(C)的身上,然后请男生A到教室外回避一下。

此时,老师将男生C手中的钥匙收回放在自己的衣服口袋里,并暗示男生C,假装钥匙还藏在自己身上,让男生A来找。

请门外的男生A进来,并告之,两分钟内将藏在男生C身上的钥匙找出来。

说时迟,那时快。男生A一改找钱包的状态,立马积极、迅速、快捷地在男生C身上从头到脚、从外到里地找钥匙。

老师在一旁报时,男生A想方设法,甚至让男生C当众脱下外套、皮鞋来寻找钥匙,引得掌声四起。

"时间到了。"当老师从自己口袋里亮出钥匙时,同学们笑了,找钥匙的男生A也笑了。

为什么同样一个人,在"找钱包"与"找钥匙"的过程中会出现两种截然不同的状态?为什么找钱包会引起同学们的哄堂大笑?为什么找钥匙则使得同学们为之击掌?为什么男生A只是看了一眼钥匙,就认定钥匙在男生C的身上,找起钥匙来便如此积极、如此投入?

问其为什么?男生A回答:"我一直以为钥匙就藏在他身上,我脑子里一直在想钥匙在哪里?钥匙究竟在哪里?我就特别投入,不像在找钱包时,我老在意我的同学们,心里特分神,自己就特别不自在。"

说得多好呀!这种一直不断地、积极地"想",就是一种"意识"在起作用。

从严格意义上讲,男生A找钥匙的过程属于哲学范畴的意识。

接着再做关键的第三个演练:找戒指。

不让这位找钥匙的同学去实际地找戒指,而是与他对话:"如果说,现在你在教室里丢失了一枚心爱的戒指,请想一想这只戒指是什么颜色的?是什么形状的?戒指的价值是多少?请再想一想,你是在什么时候、在教室的哪一排课桌旁发现戒指丢失的?如果你现在想好了,想仔细了,现在请你去找这枚戒指。我相信,此时你去找戒指的状态,至少比刚才找钱包要来得真实、自然、积极。信不信?"

找钥匙者回答:"我信,我能,我找戒指一定会比找钱包要找得好!"

老师问大家:"同学们,你们信不信?"

同学们高声回答:"相——信!"

这就是心理学层面的意识,即能自觉地统驭人的心态,让自己的行为积极起来的一种特殊心理功能。

人的成功无不是在一定意识支配下取得的。人们无论从事何种活动,有没有相应的意识,所导致的心理状态和行为表现是大不一样的,最终的结果也是各不相同的。

没有要超越别人的意识,就不会有超越别人的心理;没有要超越别人的心理,就不会有超越别人的行动,更不会有超越别人的成就。

主持人要想获得节目创作的成功,拥有心理学层面的意识是至关重要的。

二、参与的自觉与自主的掌控

(一)什么是主持意识

所谓主持意识,是指主持人参与节目的自觉程度和掌控节目的自主能力,这种自觉程度和自主能力使主持人产生与自己的意志相符合的行动,这是在操持节目过程中表现出来的一种职业意识。

一个优秀的电视节目主持人能否为荧屏增添光彩、让节目形成整体、令节目富有活力,首先要看主持人是否具备主持意识,其次要看主持人参与节目的自觉程度是否够深,最后要看主持人掌控节目的自主意识是否够强。

(二)什么是参与节目的自觉程度

参与就是参加,就是参加节目的计划、讨论和处理。

主持人参与节目的自觉意识表现在三个过程中:主持人要自觉参与到节目制作的过程中;主持人要自觉参与到自身主持节目的过程中;主持人要自觉让观众参与到节目的过程中来。

1.主持人要自觉参与到节目制作的过程中

在当下,很多节目主持人同时也是节目的策划人,因为他们对节目的内容、流程有着非常清晰的认知,所以可以很轻松地驾驭节目。比如《奇葩说》中的马东,既是节目主持人,又是节目的主要策划人,把控着节目的进程与节奏,因为他参与了前期的策划,十分清楚整档节目的目标受众以及要达到的效果,所以在主持节目的过程中会有意识地把控节目的进程,为满足节目需求适当地做出调整。

主持人除了要参与前期选题策划外,有时还需要参与中期、后期的节目内容策划。中期内容的参与比较容易理解,后期内容参与则是指很多主持人会参与到后期的剪辑工作中。例如《锵锵三人行》制片人张力,曾在采访中提及窦文涛,她评价窦文涛时这样说:"到现在,为了节目,只要觉得有点没说清的地方,他还是会跟着编导一起进机房剪片子。而且,他的节目感觉很好,哪段要、哪段不要,判断得很准。一般的主持人很难做到这一点,更不会进机房。但是,文涛再忙也要跟着去剪片子。"主持人的这种参与度可以使节目内容可看性更高,因为主持人的判断力比较强,他们十分清楚哪些内容是观众感兴趣的,哪些内容是比较有用且有意义的。

主持人要自觉参与对节目形态的研究、每次话题的选择、流程铺排的构想、背景资料的搜集以及出镜前的一切准备。

2.主持人要自觉参与到自身主持节目的过程中

每一期节目都有新的话题,每一次采访都有新的嘉宾,为了避免老生常谈、落入俗套,为了避免浮光掠影、流于其表,让节目做得富有新意,让采访问出不断吸引人的话题,主持人在主持节目的过程中要有自身参与的自觉。想在叙述中有精辟的议论,想在提问中有精细的追问,想在主持中有出智出趣的精彩表现,主持人就要自觉参与到自身主持的过程中,而非仅仅是操持节目的程序,只有这样,节目才能做得精深、精致。

3.主持人要自觉让观众参与到节目的过程中来

观众参与节目的方式有两种:直接参与和间接参与。

直接参与是观众直接到现场做嘉宾,在现场接受采访、展开对话或者进行竞猜、游戏;间接参与是节目设置热线电话、网上信箱、手机短信、线上留言、弹幕评论等,观众不在现场亦可参与节目。

让观众积极参与起来,他们就会把节目当作自己的节目,把主持人当成自己的朋友。

与观众平等相处,和观众共同参与,把观众的参与兴趣调动起来,让观众的参与才能发挥出来,双方用真情沟通起来,传受双方共同完成传播任务。

(三)什么是掌控节目的自主能力

掌控就是要控制得住、拿捏得准。正如节目主持人叶惠贤所说,一个出色的电视节目主持人就像一个优秀骑手驾驭一匹任性的烈马,他必须在任何情况下都能镇定自如而又生动活泼地把握住整个节目的张弛松紧,有起有伏,激发主持的激情,调动观众的热情。

主持人掌控节目的自主意识表现在三个能力上:

1.对话题的主导能力

对话题的主导能力,指迅速地理清并抓住观众的思路,随机生发、切合题意,引导话题向节目演播的主题发展,点题切意,升华主题。

2.对场面的主控能力

对场面的主控能力,指对现场的氛围和节奏有效地进行把握,并对预料之外的变化从容不迫地应变补救,让原来直露的进程变得闪光发亮而又生气勃勃。

3.对自我的主宰能力

对自我的主宰能力,指能否准确地支配和掌握自己的情绪和理智,既要照章操持,又要锦上添花,既要出彩,又不能出格,使节目在内容和形式的整体性上都产生新的含义和效果。

主持人贵在具有主持意识。

参与节目的自觉程度深不深,掌控节目的自主能力强不强,这既是一种意识,也是一种能力。有了主持意识,便有了"演播主人"这一创作身份的建立。

主持人叶惠贤原是一名相声演员,自改做节目主持人后,他尽力淡化表演味,把握主持味,不断强化主持意识。

他认识到尽管综艺节目主持人与演员在语言运用及状态展现方面有某些相似之处,可以互相借鉴,但两者是有区别的,属于两个不同的范畴。为此,他曾多次声明:"我下决心不说相声了,因为我太爱主持人这项工作了。"这就建立了鲜明的主持意识,强化了自我的主持意识。

联想到我们常在许多综艺节目中看到有些相声演员、影视演员在担当主持人职责时,尽管他们的语言表达能力很强,但总觉得他们似乎在表演而不是在主持,原因在于他们往往是用表演意识代替主持意识。

我们常在许多社教节目中看到有些记者担当主持人,尽管他们的组织点评能力很强,但总觉得他们似乎是自己说给自己听而不是在主持节目,原因在于他们往往是用记者意识代替主持意识。

如果一个主持人没有自觉的参与意识,总是把自己当作局外人,不能全身心地投入到节目主持中来,那么,他永远是一个蹩脚的主持人;如果一个主持人没有自主的掌控意识,不能掌控整个节目的进程和任务,不能用智慧和情感来和观众沟通并感染观众,那么,这样的主持人迟早会被淘汰。

主持人在节目中参与得越细、越深,主持得就会越活、越真。

(四)如何树立鲜明的主持意识

要"活"必须先"懂"。懂,就是主持意识的自觉参与;活,就是主持意识的自主掌控。

一个主持人在操持节目中,"主题"是先知的,而"气氛"的冷热、"节奏"的快慢,都是在晚会和节目的进行中产生的,要达到"调节""掌握""渲染"的目的,更多需要的是主持人临场应变、即兴发挥,这样整台晚会和一期节目才会产生不同寻常的魅力,所以主持人能否在恰当的时机,用恰当的方式,有意识地掌控节奏、渲染气氛是至关重要的。杨澜是一位十分具有主持意识的主持人,《杨澜访谈录》的制片人郝亚兰曾这样评价她:"杨澜是一位优质女性的典范,她美丽、智慧、优雅、知性,开创了成功的事业。杨澜展现给公众的,是一个多角度的形象,被称为'中国的华莱士'。杨澜作为主持人出现在节目中,她对节目制作的参与是全方位的。'有时甚至是否需要一个反光板她都会提出建议。'作为一个职业的主持人,她对节目的品质有很高的敏感度。"这说明杨澜具有自觉参与的主持意识与自主掌控的主持意识。

我们一起来看几个案例:

杨澜在《杨澜访谈录》中采访过许许多多的各界精英,从国家领导人到企业家,再到影视明星。面对各行各业的嘉宾,她常常会凭借自主的掌控力和敏锐的洞察力与不同的嘉宾打交道,面对不同性格、不同阅历的人也常常会切换不同的访问风格。在采访英国公主安妮时,因为她知道安妮公主受到英国皇室身份的限制,很多内容不能够触碰,同时,她也知道安妮公主本身并不愿意过多地分享一些内容,所以她更多地去做一名倾听者,围绕儿童慈善工作展开访谈。但是2015年在采访演员沈腾时,杨澜的话风则十分犀利,一开篇就提出了尖锐的问题。在采访沈腾的过程中,杨澜更像是一名引导者,通过自己步步紧逼的提问,刻画出一个不一样的沈腾。

杨澜:其实在你们的剧目当中,和现实的这种勾连是特别被人称道的,但是一开始做的时候很容易让人想到各种网络的段子。

沈腾:其实我们都是原创的,使用网络的这些东西,第一,只是借力打力;第二,是因为它有一个时效性,我们并不是网络流行什么做什么,我们没有一个网络的桥段是照搬的,我们都是要翻一番的,比如"哥抽的不是烟"这句台词一抛出来,台下观众都会跟着说——是寂寞,但我们说不是,是别的。我们一定是要让包袱翻一番的,我们从来没有照搬过,当我们了解了所有的时事,或者值得说的一些事,值得去讽刺的一些事,我们有所选择地把适合我们的桥段放在里面之后就起了化学反应。

杨澜:能举一些具体的例子吗?

……

杨澜:开心麻花已经连续第四次出现在春晚里了,在一个半封闭的环境中去排练这样的一个小品,这种过程对于你来说意味着什么呢?算是享受还是折磨呢?

沈腾:折磨折磨,一定是折磨。毕竟第四年了,它不像第一年,第一年我们没有任何压力,没有任何负担。虽然我上台的那一刻也没有碰头彩,没有任何人认识我,但是我会觉得我就是一个演员,我踏踏实实把我的戏演好就行了。现在得到了一个初步的认可之后,不管是观众给你的期待也好,或者是你想表达的东西是否达到了一个新的高度,所以自己给自己的压力越来越大,完了之后就变得这件事做得不像以前那样单纯,单纯地传递一份快乐,现在是变成一个非常……(语塞)

杨澜:较劲儿。

沈腾:对,较劲儿,变成是一个任务。

杨澜:那是不是没过去好玩了?

沈腾:对,是一个极其痛苦的过程。

杨澜选择了一些比较犀利且观众比较感兴趣的话题进行提问,在提问的过程中又很好地进行了渲染和铺垫,把控好了节目的节奏和进程。通过她的提问,我们看到了沈腾和他的作品不为人知的一面。

除此之外,杨澜在节目中的引导能力与掌控能力也是不容小觑的,例如在《正大综艺》中,杨澜就经常为一些表达能力不是很强的嘉宾"垫话",引导嘉宾并补充完善信息。

杨澜在主持《正大综艺》时有很多经典案例。在《正大综艺》节目中,有一个猜谜环节叫作"世界真奇妙"。在有一期节目里,大家需要猜出在塞舌尔王国的公园里常常见到武士模样的人,这些人摇着铃铛走东串西,他们是做什么的。观众做了许多猜测都不是正确答案。最后揭开的谜底出乎大家的意料,这些人是卖茶水的人。这时杨澜就很好地调节了现场的气氛,补充了很多有用信息,也推动了嘉宾的表达。

杨澜:看来,这个地方的水是太宝贵了,卖茶水的人也穿戴得这么漂亮,所以把我们都搞迷糊了……塞舌尔王国很有趣,到了这个国家,下飞机时,每个旅客都可以领到一块小木板。这是为什么?大家想一想,好,这位嘉宾说一说。

(主持人补充信息、点明节目主题,并引导嘉宾讲述相关内容)

嘉宾:塞舌尔王国是印度洋的一个岛国,既然是岛国,那雨水一定很多,经常下雨,下了雨地上就很泥泞,那么脚下就……就……(语塞)

杨澜:是刮泥板,是吧?

(主持人帮助嘉宾补充话语内容、把控节目进程)

嘉宾:(笑)是的……

从上面这段对话中我们很容易看出,杨澜通过自己的直言引导,推进了节目内容的发展,也推动了与嘉宾之间的谈话。主持人在节目中应该有这样一种掌控意识,应该有引导话题的能力与意识,从而把控节目的进程、节奏,很好地体现主持人对于话题的主导能力。

在一些有观众参与互动的节目中,主持人还需要对现场的氛围和节奏进行调控,尤其是在现场发生一些突发情况时,更是对主持人场面的主控能力与自我的主宰能力的考验。

对于访谈节目来说,很多时候场面都会处于一种不可控的状态,主持人的一些预设行动是很容易被打破的,主持人的行动必须根据现场的具体情况进行变化,这种变化可能来源于嘉宾,也有可能来自观众,还有可能来自现场的特殊环境等。这也正是主持人所需要具备的对于场面的把控能力:渲染主题、调节气氛、掌握节奏、代表观众愿望。[①]

只有在参与节目的三个过程中体现出主持人深入的自觉程度,只有在掌控节目的三个能力上表现出主持人超强的自主能力,才能说一个职业主持人具备了应有的主持

---

① 郑可壮,楼世芳.叶惠贤主持艺术论集[M].上海:上海三联书店,1992:10-11.

意识。

一旦建立起鲜明的主持意识,主持人就有了主持艺术的创作前提和创作欲望。

三、主持的意识与内在的素质

严格地说,主持意识应该归属于主持人的心理素质范畴。

前面突出"意识",是说明"主持意识"尤为重要;现在强调"素质",是为了让主持意识更为"鲜明"。

因为有了内在素质,外部技巧才会有合适的依附体;因为离开了内在素质,外部技巧的作用就会变得十分有限。主持人有了坚实的内在素质,主持意识就会更为鲜明。

余秋雨在叶惠贤主持的《今夜星辰》节目的主持艺术研讨会上,极为深刻地阐述了他对电视节目主持人的看法。他认为,电视节目主持人是电视文化个体特征的一种标志。电视在工作功能上是足可以上天入地、吞吐万江的,但在收看方式上却又只能是一种温馨的家庭艺术。[①]

这两者似乎很矛盾,但节目主持人便是这一矛盾的调解者。节目主持人是在荧屏上自由跳荡的诸多播出内容的黏合剂和指挥棒,他使诸多内容一气呵成并显出龙虎精神;同时他又是安坐在千家万户客厅里的健谈客,是每个家庭和播出内容之间的一座桥梁。没有节目主持人,电视节目就会成为一堆"西洋镜"般的生疏版块的陈列,就会让家庭气氛有一种天然的不和谐。

余秋雨指出,长期以来,我们缺少合格的电视节目主持人。多数能被称为节目主持人的电视工作者倒像一名报幕员,一名带有朗诵腔的演员,或者一名导游,很难当得起本来意义上的"主持"二字。[②] 作为一名电视节目主持人,理应对播出的节目从各个元件到结构过渡都了如指掌;理应在现场表现出一种如数家珍般的游刃有余;理应有敏锐的当场感受能力和快速的随机应变能力,成为广大观众审美心理的充分执掌者;理应极有效地控制每个场面并流泻出大量的即兴表达。

为此,余秋雨极其诚恳地忠告,要做到这一切,表面上看来是技巧问题和经验问题,实际上要复杂得多。一个合格的电视节目主持人至少需要以下三方面内在素质的修炼:

第一,他必须长期关注和研究普遍的社会心理现象,在某种意义上他应该是一名实践型、感受型的社会心理学家,他对广大观众在日常生活中遇到和关心的问题具有足够的发言权,而他的发言对观众而言有广泛的启发性。

第二,他必须有多方面的审美敏感,懂得如何调动视觉形象和听觉形象来完成自己的节目传播目的,因此不管他主持什么节目,都应有充分的艺术修养和开阔的视野,善于

---

① 郑可壮,楼世芳.叶惠贤主持艺术论集[M].上海:上海三联书店,1992:7-8.
② 郑可壮,楼世芳.叶惠贤主持艺术论集[M].上海:上海三联书店,1992:7-8.

把一些内容上升到审美层面。

第三，他必须把自己的整体人格砥砺得更加可爱，逐渐洗刷掉任何一点装模作样、故作深沉、刻意取悦、浮躁慌张、患得患失的气息，以一颗善良、诚恳、愉快、坦然的心，生发出一种自然的风度，以至产生长久的社会魅力。

我们从余秋雨三个方面的忠告中，看到了一名合格的电视节目主持人必须修炼的内在素质的三个制高点：

其一，要有辩证而善于洞察的思维制高点。

作为电视节目主持人，他必须善于辩证地看待问题，他要观察事物、分析事物、判断事物，并形成自己独到的见解。

主持人的力量，就是一个电视节目的力量，若干个主持人的力量就是一个频道和一个电视台的力量。[①]

中央电视台《东方时空》节目的创办人孙玉胜对"一个电视人对社会生活是否有特别的观察和感悟"也有着独特的见解。他说："长期以来，电视节目的低质量使一些没有思想甚至没有文化的人混迹于电视制作群体之中，从而使社会特别是其他媒介的朋友总是对电视人的素质说三道四，而今天，当电视节目在中国迅速扩张的时候，电视从业人员的文化修养就显得格外重要。一个电视人对社会生活是否有特别的观察和感悟，能否把所观察和感悟的结果通过语言叙述出来，以及叙述得是否准确，是衡量一个电视从业人员文化修养的重要标准。我不认为一个出色的电视人一夜之间就能制作出好的电视节目，有力度的电视作品是创作者长期文化积累的再现。而这种积累也许就体现在我们平常对社会生活的观察与体验、分析与思考中，我相信在当今日趋激烈的电视竞争中，这种思考的潜力是最终决定胜负的关键。"[②]

《半边天》主持人张越，气质淡雅，戴着黑框眼镜，一头短发尽显干脆和利落，主持风格专业而又亲和，语气温和而又坚定。她几乎不做热场的寒暄，也会直接表达与对方不同的意见，却能让对方感到平等和信任。她自信、从容、松弛、灵气，她口若悬河、咄咄逼人、机智幽默，她用语言传递给观众一种快乐健康的生活态度。张越将心思放在灵魂的修养上，领悟人生的真谛，让生命更加丰盈，《半边天》成了很多女性观众必看的节目之一。时至今日，回望张越及其节目创造的社会影响力，都有助于我们思考社会变迁中个体尊严与生命价值的所在。

电视文化从某种意义上来说是一种主持人文化。一个电视节目主持人有了辩证思维，占据了善于洞察的制高点，就能够胸有成竹地提升参与节目的自觉程度，就能够高屋建瓴地提高掌控节目的自主能力，使主持意识更加鲜明。

其二，要有雅俗共赏而善于审美的制高点。

---

① 王利芬.对话美国电视[M].北京：中信出版社，2006：10.
② 孙克文.焦点外的时空[M].北京：生活·读书·新知三联书店，1997：4.

一个优秀的电视节目主持人，他不会被动地死记硬背串联词，他有了自己相对独立的艺术功能和审美品格。一个优秀的电视节目主持人，常常会被他的观众群当作这个城市大众文化和审美趣味的象征。如何把电视节目中的"真"上升到审美的层面并展现在观众面前，这已成了节目主持人健全内在素质的一大课题。

一个优秀的电视节目主持人，他不仅以城市大众的形象出现，还兼有城市大众文化素养改造者的身份，因为电视同时承担着通俗和提升两方面的功能，高明的主持人应在顺应大众审美趣味的同时能提升观众的审美情趣。要做到这一点，关键是主持人要有充分的艺术修养和开阔的鉴赏视野；关键是主持人在内在素质上要有善于把话题适时上升到审美层面的心理制高点。

一个电视节目主持人具有雅俗共赏的善于审美的制高点，就能够循序渐进地渗透到所主持的节目中，就能游刃有余地流泻在掌控节目的自主能力上，使主持意识更加鲜明。

其三，要有心态健康的善于统驭的制高点。

电视节目主持人天天在荧屏上与观众见面，他的心态会直接影响到观众，所以，心态这个层面的内在素质对主持人而言非常重要。

心态决定状态。电视节目主持人只有具有健康的心态，才能拥有一种自然的风度，才能产生长久的社会魅力。

一个节目主持人具有健康的心态，那他便能呈现出良好的状态，这良好的状态就是有积极的播出欲望，有真挚的双向交流，有各种态势语言的准确运用，这样的状态风度要自然且恰到好处。

杨澜就"平等对话"这一话题认为："这一点可能在刚刚开始做采访的时候很难做到。一开始总会觉得，这些采访对象令人高山仰止啊，但我后来慢慢认识到，我并不是代表我个人在提问，我也代表着观众对这些采访对象的好奇心，所以我不应该把自己定位于小学生、定位于仰视他们的位置。但要想实现平等的对话，前提是必须要老老实实做足采访前的功课。因为这十几年来，每一次的采访我都认真对待，每次都力争问出有新鲜感的问题，时间的积累带给我很大的财富。"①

一视同仁、不卑不亢，是健康心态呈现出的平等感。

值得信赖、真诚、热情、温和是健康心态呈现出的亲和力。

一个电视节目主持人具有心态健康的善于统驭的制高点，就能够有章有法地融入节目中，就能够潇洒自如地展现在掌控节目的自主能力中，使主持意识更为鲜明。

纵观中外电视发展史，不少优秀的电视节目主持人可以红极一时，却难以长久称雄。美国电视巨星克朗凯特面临全方位的激烈竞争，他却在每天黄金时段的《晚间新闻》独占鳌头十多年直至退休，这不能不说他具有大师级的主持意识和素质。这种主持意识和素

---

① 杨澜：和采访对象平等对话［EB/OL］.（2010-10-30）［2022-07-18］. http://eladies.sina.com.cn/qg/2010/1030/16271027518.shtml? from=wap.

质就是一种内在的魅力，一种超乎常人的献身精神，一种经过长年积累而形成的智力优势和个人风采。

即便当他已成为电视新闻界一位德高望重、饱经风霜的元老时，他也没有像大多数节目主持人那样，向厌烦情绪屈服，这是因为他历来认为自己没有本钱可以炫耀，克朗凯特一生都在不断跑步前进。

1963年，克朗凯特成为CBS《晚间新闻》栏目的节目主持人和编辑主任，节目的编辑选材均由他一手操刀，这是之前任何一位节目主持人都没有做过的事情。1963年11月22日，克朗凯特打断正在播出的肥皂剧《世界在转变》，第一个报道了肯尼迪总统在得克萨斯州达拉斯遇刺的消息。之后，他戴着眼镜，穿着衬衣，坐在新闻台后不断更新这一报道。

整个早上，他镇定地补充着这个报道，压下任何没有得到证实的信息，直到他得到确切的消息——美国总统肯尼迪身亡。

克朗凯特出色敬业的报道使美国人民的心与他紧紧地联系在了一起，他们从此便将克朗凯特与"忠实、客观、准确"的新闻报道画上了等号。后来，克朗凯特又陆续报道并抨击了美国根深蒂固的种族主义、尼克松政府"水门事件"丑闻，以及"满是谎言和腐败的"越南战争。

敢于直言的克朗凯特并没有因此而受到惩罚，相反，对这些事件的报道使他个人的魅力和影响力进一步扩大。难怪越战期间的美国总统林登·约翰逊在听到克朗凯特对其越战政策的严厉抨击后沮丧地说："如果我失去克朗凯特，我就会失去美国。"

谈到自己的事业成就，克朗凯特曾自谦地表示："我对自己的成功或者影响力一点也不了解。但是我可以保证，我的新闻报道是直接的，有时甚至有点无聊，有时干脆就是纯粹的批评。但是我作为新闻工作者的信誉一定是建立在诚实和直观的基础之上的。如果不这么做的话就太虚假了。"

1981年，克朗凯特提出辞职，观众难以置信，或者说不愿相信这是真的。有杂志评论员称，这就像"把乔治·华盛顿的头像从一美元钞票上撤下来"一样，而有新闻界内部人士表示，在这样一个最容易堕落的行业里，克朗凯特是最不同流合污的人。

由于克朗凯特在新闻界的巨大影响，电视新闻播报者的名称从"播音员"（broadcaster）转变为"主持人"（anchorman），甚至在瑞典和荷兰语中，"主持人"一词的拼写都是从克朗凯特的名字演变而来的。而他出类拔萃的报道能力以及和同行的协同努力，使得哥伦比亚广播公司的节目在全美电视新闻收视率中保持首屈一指的地位长达21年。

2009年7月16日，92岁的克朗凯特因脑血管疾病在纽约去世，他去世前的最后一句话是"我现在得走了"。哥伦比亚广播公司总裁莱斯利·穆恩维斯（Leslie Moonves）在一份声明中写道："他是一位伟大的主持人，更是一位伟大的绅士。他的经验、职业操守、诚实的态度和个人风格全面定义并影响了主持人和评论员这些职位。他是美国历史上最棒、最值得信任的新闻人。"①

芭芭拉·马图索在《美国电视明星》一书中介绍了哥伦比亚广播公司负责人威廉·伦纳德对电视节目主持人应具备的素质提出的四点看法：

第一，你必须能在电视上交流，你必须能广播、能撰稿，并且看上去顺眼。

第二，具有在荧屏后面作为新闻记者的能力。你对新闻的判断力如何？你是一位好到什么程度的记者？假如交给你一个工作班子，你玩得转吗？你对新闻敏感吗？你嗅得出即将成为新闻的事物吗？

第三，具有涉及危急时刻的应变能力。比如在现场直播时，当你面临真刀真枪时，再比如遇到选举、年会、太空发射以及像总统遇刺之类不知从什么地方冒出来的事情，而你根本无从准备时，你能机智地即兴解说得头头是道吗？

第四，具有作为一个"人"在公众面前以及在私生活方面的品格，毕竟新闻节目主持人是广播公司本身向公众表达自己主张的最明显象征，他怎么样，不是仅在广播时，而是作为一个普通人，他表现如何？②

在威廉·伦德纳的四点看法中，我们同样看到了电视节目主持人具备鲜明的主持意识和素质的必需性和重要性。

坦率地说，随着电视节目主持人队伍的不断壮大，一个不容忽视的现实是，至今不少活跃在荧屏上的主持人压根儿没有这种"意识"，更没有建立起"鲜明的主持意识"，何谈主持创作？又谈何事业追求？

在主持人的第一个创作流程的阐述中，我们比较多地引用了一些实践案例，为的是证明这样一个论点：优秀的主持人为什么能大获成功？一个至关重要的因素就是他们在创作中建立了鲜明的主持意识。

主持人拥有了"三个必需"的内在素质的制高点，将在"三个过程中"使参与更自觉，将在"三个能力上"使掌控更自主，让主持意识表现得更鲜明。

只有建立起鲜明的主持意识，才能有主持艺术创作的自觉和自主；只有建立起鲜明的主持意识，才能有主持艺术创作合规律的自由。

第二节　创作流程之二：节目形态

当电视节目主持人具备了鲜明的主持意识后，他就要进入创作道路的第二个流程——从富有形态感的节目出发。有节目主持人，就有主持人节目，主持人节目是节目主持人赖以生存的时间和空间。

---

① 美"主持人之父"去世　曾被誉为"最值得信任的人"[EB/OL].(2009-07-19)[2022-07-18].http://www.chinadaily.com.cn/hqzx/2009-07/19/content_8446165_3.htm.
② 马图索.美国电视明星[M].杨照明,叶莲,倪垚,译.北京：中国广播电视出版社,1987：18.

从富有形态感的节目出发,电视节目主持人要注意三个方面:首先是节目与元素;其次是形态与形态感;最后是出发的起点。

一、节目主持人与主持人节目

一个演员不一定需要创作剧本,但他必须能选择剧本。同理,一个电视节目主持人不一定会策划节目,但他必须能选择节目。

一个聪明的电视节目主持人应该善于选择一档既适合自己又能让观众喜爱的节目,这是取得成功的一个重要前提。主持人要想选择适合的节目,就要学会读解节目,这种选择、这种读解,其实就是对自我的准确定位。

不熟悉大海,你又怎么能去远航?

节目主持人传播方式的推出,使得我们的电视节目栏目化。也就是说,一个电视频道由若干个栏目组成。

每家电视台每一天要播出十几个小时,甚至全天候播出,这也就意味着需有二三十档栏目来支撑播出。在这些栏目中,主持人节目所占比重很大。

什么是主持人节目?

我们之前已经分析了有关"节目主持人"的定义,接下来"主持人节目"的界定也就显而易见了。主持人节目就是主持人所主持的节目样式的专业名称,对应主持人创作活动的规律并供其操持的节目就是主持人节目。

主持人节目有以下五个特征:

其一,时间的固定性。节目的时间长度要固定,节目播出的时间要固定,从而使观众加深对节目的印象以便适时收视。

其二,受众的对象性。节目"为什么人播"要定位准确,以特定的观众作为收视目标,使节目拥有属于自己的观众群。

其三,内容的规定性。节目要按照一定之规来完成内容表述,再精彩的内容如果不符合栏目的定位也必须舍弃,使栏目始终给人一种稳定持续的收视需求。

其四,形式的参与性。节目要呈现出让观众参与进来的形式,要形成传受互动,使主持人与观众形成双向交流。

其五,节目的整体性。节目的构成铺排要合理,配置得当,形成一个完整的系统,使节目在严谨中呈现个性。

我们都熟知的中央广播电视总台的《东方时空》是一档新闻性的主持人栏目,首播于1993年5月1日。早期的《东方时空》由"东方之子""时空报道""音乐电视""生活空间"4个版块组成。应该说,《东方时空》自开播后,便以丰富多彩的内容和节目的实效性、采访对象的权威性赢得了观众的青睐。

3年后,当《东方时空》播出1 000期时,栏目组忍痛将曾经对推动流行音乐创作做出贡献的"音乐电视"版块舍去，新增3分钟的"面对面"版块。

《东方时空》主打新闻，而"音乐电视"则属于音乐类节目，撤去"音乐电视"换上"面对面"，这是主持人节目在理论上成熟的开启、在操作上自觉的始动。

"东方之子"的新闻人物、"时空报道"的新闻事件、"面对面"的新闻评说、"生活空间"的新闻故事，这样的编排突出了《东方时空》的新闻专题性，突出了《东方时空》的节目总体风格，更突出了《东方时空》的栏目整体性。《东方时空》尽显主持人节目的五大特征。

2000年11月27日，《东方时空》进行了重大改版，以全新的形态呈现在电视观众面前。改版后的《东方时空》分为日常版与周末版。

先来看看《东方时空》日常版，其分为"传媒连接""直通现场""面对面""百姓故事"4个版块。

"传媒连接"以4位主持人说新闻的方式向受众传播，依靠单条信息的鲜活及信息质量达到较好的传播效果。

"直通现场"强调记者的现场报道，运用强烈的纪实性镜头语言，展现新闻现场的过程、细节和相关背景，以区别于原"时空报道"平铺直叙式的报道形式。

老版《东方时空》中的"面对面"，以主持人话题评论为主，改版后的"面对面"主持人专访采访对象，突出人物的新闻含量，达到了人物的社会代表性和新闻性共同传播的目的。

"百姓故事"则是在原"生活空间"基础上进行的革新，以突出时代感、加强新闻性、加大信息量来突出其文化和精品特色，"讲述老百姓自己的故事"，突出"讲述平常人的不平常事"。

再来看看《东方时空》周末版，其分为"世界""纪事""直播中国"3个版块。

早间电视新闻栏目在周六或周日做新闻增值、衍生服务已成为国际传媒的惯例。

"世界""纪事""直播中国"新闻专栏是根据观众收视需求，设计出的有别于平日样式的周日特别版，这三个专栏风格各异。

"世界"对本周国际新闻提供深加工服务，体现规模效应，为国家外交大局服务。

"纪事"讲述经典的老百姓故事，突出其文化和精品特色。

"直播中国"则通过直播报道，从自然、地理、人文、民生的角度报道中国，认识中国。

从《东方时空》的原创初版到千期改版直至2000年新版操作的全过程，我们可以清晰地看到主持人节目五大特征的理念原则的实践意义。

一个电视节目主持人要学会读解节目，就必须首先理解属于主持人节目的五大特征。

二、形态的构成与节目形态感

任何一个具备了五大特征的主持人节目，总是以一种形态呈现在屏幕上、展现在受众面前。五大特征是指主持人节目内涵的组成和界定,节目形态专指节目外部形状的构成和表现。

1996年3月16日,中央电视台推出《实话实说》。主持人以一种轻松幽默的谈话风格走进观众的视线。他平易近人,语言生动亲切,形式幽默风趣。在生动活泼的气氛中,主持人和嘉宾展开社会生活或人生体验的某一话题。主持人与嘉宾经过叙述、讨论或辩论,达到各抒己见、增进参与者之间交流和理解的目的。

《实话实说》播出后受到了广大电视观众的好评。也有许多观众通过热线电话和信函,对《实话实说》表示支持,广大观众的热烈反响使《实话实说》全体工作人员倍受鼓舞。崔永元在节目中实现了活跃气氛、引导话题的控场作用,成为那个时代的顶级段子手。

为何一档栏目的诞生,会获得如此规模的反响?因为,《实话实说》栏目的成功在很大程度上归功于节目形态的成功——构建富有形态感的主持人节目。这是节目主持人与主持人节目不断求得发展、不断取得成功的一个重要创作理念。

(一)主持人节目形态的构成

在全媒体全面发展的今天,在观众要求视觉强烈冲击的今天,在观众需要电视媒体从业人员脑洞大开的今天,在大屏小屏充斥的今天,有一档极具形态感的栏目走进了大家的视线,这就是中央广播电视总台国防军事频道的《老兵,你好》。

《老兵你好》是一档以演播室访谈为主的大型退役军人情感类栏目,每期节目穿插情景剧、演说和仪式等方式进行全景化呈现。我们以2022年7月9日的《青春在"一号哨位"上闪光:"全国模范退役军人"周晓辉》节目为例:

节目开场,一幅幅精美的描绘奋斗在战场上的士兵的沙画以流动的片头画面映入观众的眼帘,主题鲜明地展示了节目的主题和主角,随后以硕大鲜艳的五角星作为前景拉开了舞台上的序幕。舞台上展示的是以小品形式呈现的主人公"全国模范退役军人"周晓辉的光荣事迹:画面中是一个大雪纷飞的白天,画外音"从今天起,老兵就要离开这个哨位了,以后的每一班岗都是我独自执行两个小时,从零点站到凌晨2点,这将是我哨兵两年生涯的开始……我的第一班岗就在营区的一号哨位,那天的换岗仪式让我永生难忘……是啊,我脚下的哨位自从它存在的那一天起,每一秒钟都有人站岗。我当兵以前这里有人站立;当我离开以后,这里依然有人站立。日出日落,四季更迭,这片土地上的哨兵们构成了永远矗立的风景。"一段画外音+两位演员的出演,带领观众回忆了主人公周晓辉第一天站上一号哨位的场景。

小品结束,引荐人(主持人)上场,"这是十年前一位列兵在站完他人生中第一班哨之后写下的一篇日记。两年之后,他脱下了军装离开了部队,但他并没有下哨,依然在'一号哨位'上站岗。这个哨位有点特殊,它并不是在现实生活中,也不是在军营里,它是在网络社交媒体上。2014年,'一号哨位'公众号创办,讲述着军人的成长故事。8年间,它在全网累积了上千万的读者，成为网络军事类自媒体当中的佼佼者，也是许多心系军营的人们关注和交流的平台。今天来参与我们访谈的这位老兵，就是我手上这本日记的作者，也是'一号哨位'的创办人，让我们一起来聆听他的故事。"

主持人话声刚落，小号声响起，闪亮的五角星再次出现在观众的视野，此刻舞台的大屏幕出现硕大的字幕——致敬，从聆听开始，全体观众起立，送上热烈的掌声，主人公矫健的步伐踏上T形舞台，主持人一句亲切的"老兵你好"以及现场观众响亮的回应"你好老兵"开启了全新一期的节目。

这是一档播出时长50分钟左右的节目，在访谈的过程中，声像字图表等元素不断闪现在屏幕上。比如访谈中，大屏幕上"老兵你好"的字样和长长的红色绸带不断交替闪现；而在主人公讲述的过程中，舞台两侧的大屏幕不断闪现出"八一"的字样，清晰地给每一位随时看到节目的观众一个提醒，这是一个跟军旅有关的节目，这是一个讲述军人故事的节目。

因为栏目的名字就叫《老兵你好》，所以不管是舞台上的大屏幕还是屏幕左下角的台标，都不断显现着"老兵你好"的字样。细心的观众也会发现，贯穿节目始终的还有一个鲜艳的五角星，而且五角星的形状还滚动出现在《老兵你好》的标题当中。除此之外，整个节目的大色块以红色和黄色为主，这正是五星红旗的颜色，也是庄重的颜色，也是极具视觉冲击力的颜色，对于每一个中国人而言是最熟悉的颜色搭配。主持人和嘉宾在舞台正中间八字形坐开，背景大屏幕不断飘扬着红色彩带，映衬着红色彩带的是金咖色的流动线条，静态的屏幕却营造了动态的视觉和心像的效果。

因为本期节目的嘉宾是"一号哨位"公众号的创立者，"公众号"是近几年新媒体发展阶段飞速发展起来的一种传播方式，所以在嘉宾受访的过程中，屏幕上也不断滚动出现"一号哨位"公众号曾经推出的阅读量很高、颇受大家关注的推文，由此也让观众第一时间感受到这是一期很新的节目。新，在于新的内容，在于新的时代下推出的和每一位受众息息相关的节目。节目中的每一个画面都跟随着讲述者的故事流动播放着，有的是叠画推进，有的是相框样式出现，有的是电影胶片样式行进，所有静态的画面元素都随着主人公的讲述而动态进行着。

节目的最后，震撼人心、极具仪式感的收尾映入观众的眼帘——

舞台上的大灯，有节奏的按序亮起，大屏幕上跳出四幅画面——军装、军帽、小号、日记本，画外音再度响起"有请老兵步入岁月长廊"，此刻舞台大屏以大门的形式打开，主人公从大门走出，沿着T型舞台漫步在"岁月长廊"，一张张巨幅照片记录着嘉宾当兵不同时期的照片，从青涩到成熟，从普通青年到受人尊敬的老兵……是回忆，更是青春；是泪水，更是美好。沿着"岁月长廊"，主人公走到舞台中央，换上放置在舞台上明显位置的军装和军帽，大屏幕上出现鲜艳的五星红旗和八一军旗画面，嘉宾周晓辉举起右手庄严行礼，久久不愿放下……音乐响起，观众雷鸣般的掌声响起，这现时空的声音把主人公从"梦"中拉回到现场，舞台下的观众和主持人纷纷走上舞台，与这位老兵握手，合影，留念。

对于含蓄的中国人而言,握手,就是情感最好的表达;合影,就是记录当下美好的定格。

要构建富有形态感的主持人节目,就必须知道主持人节目的形态是怎样构成的。

综合分析中国电视荧屏经典节目的独特展现,本书认为主持人节目形态由五组形态元素构成:节目的定位元素、节目的画面元素、节目的包装元素、节目的观众参与元素、节目的主持人组合元素。

在五组形态元素中,第一组是主持人节目形态内在规定的必需性元素,其余四组为主持人节目形态外在表现的选择性元素。

1.第一组:节目定位元素的七个定向

节目定位元素的七个定向分别是:收视对象、栏目内容、选题、定时、定期、定量和主持人。值得注意的是,对于新媒体节目而言,虽然它的七个定向元素和电视节目是一致的,但是新媒体的受众收看节目的时间和空间是不固定的,受众可以根据自己的时间和空间自主选择观看。

在形态构建的五组元素中,节目的定位元素之所以居于首位,是因为定位准确与否是节目成败的关键。节目定位元素的七个定向在形态上似乎是无形的,然而在整个频道中我们能明显地看到七个定向有形的存在。

收视对象是最先确定的一项元素,属于战略性决策。"为什么人播"是一个首要问题。栏目的收视对象一旦确定后一般不会有太大的变化。定位收视对象时,既要摸准时代的脉搏,又要在制作节目中时刻想着特定对象的需求,使节目拥有稳定的受众群和收视率。

栏目内容、选题和主持人这三个定位元素是节目的灵魂。栏目内容是指为什么人播什么内容的定向,既然栏目已经对象化,那么内容就必须具有对象性,要为收视对象设置规定的内容;栏目内容确立后是以选题来体现的,每次播的选题必须符合栏目内容的规定性范畴,不是什么内容都可以作为选题往节目里填装的;栏目内容定位后,由什么样的主持人来担纲操持便显得尤为重要,只有得体的主持人才能使节目呈现整体性。栏目内容、选题和主持人这三个元素支撑着收视对象的定位。

定时、定期、定量这三个定位元素是属于频道中节目编排的定向因素。播出时长、播出周期、首播时间、重播时间等,都要精心考虑、细心安排。定时、定期、定量这三个定位元素有利于形成观众的收视习惯,提升收视效果。

总之,节目定位元素是主持人节目形态内在规定的必需性元素,节目定位元素的七个定向一个也不能少。

2.第二组:节目画面元素的七个符号

节目画面元素的七个符号是:图像、同期声、画外音、音乐音响、字幕、图表和特效。

电视节目的灵魂是信息和思想,它们通过画面呈现在观众面前。电视节目的画面呈现是由七个传播符号构成的。

今天承载信息的符号形式,从单一走向多样,从平面走向立体。信息结构的立体性已成为电视媒体在传播信息过程中的一个重要课题。

信息结构的立体性造成了信息表现方式的多元化,它要求声画最佳组合,即如何自如地运用素材图像、同期声、画外音、音乐音响、字幕、图表、特效等综合化传播符号,全方位地展现所要传播的信息。

在节目画面元素的七个符号中,图像与同期声这两个传播符号往往是紧密相关的,是支撑节目画面的主体。其他五个传播符号需要精心选择:什么时候出画外音、出音乐音响?什么地方用字幕、用图表、用特效?这些运用都体现了传播符号之间的声画配置关系。电视画面的综合化传播符号并非多种单一传播符号的简单相加,而是作为一个整体对各种单一传播符号的充分涵化。涵化的程度越高,电视画面的符号总体特征就越有特色,节目形态就越鲜明。例如《奇葩说》在叙述辩题内容时,就采用表演或动画小片加画外音的方式;在选手辩论时,运用一些带有情绪的音乐;选手的重要观点和一些笑点会用上花体字幕;说到一些数据例子时,会运用图表进行阐释;一些选手的夸张搞笑表情会配上特效,如重复、放大、慢速播放、制作表情包等。这些内容都使节目更具看点。

图像、字幕、图表、特效属于视觉形象,同期声、画外音、音乐音响属于听觉效果。

总之,节目画面元素是主持人节目形态外在表现的选择性元素,传播符号的综合化要求最佳声画配置,以求达到最佳视听效果。

3. 第三组:节目包装元素的七个手段

节目包装元素的七个手段包括:片头、片花、片尾、宣传片、标识、演播室内外空间和主持人静动状态。

节目的包装指节目形态的识别系统,是节目最外部的表现特征。

电视节目的包装是对画面结构、形式所具有的潜力与张力的挖掘和扩展,是对电视节目整体视觉冲击力的增强,是对电视节目的信息深度和主题高度的提炼与升华。电视节目包装的表现形式,着力体现在对片头、片花、片尾、宣传片、标识、演播室内外空间、主持人静动状态的制作和选择上。

我们之所以从包装的片头谈起,是因为无论对于片花、片尾还是宣传片来讲,片头都具有一定意义上的代表性。

片头分为电视栏目片头和节目版块片头,又称大片头和小片头。片头是整个电视栏目内容或节目版块内容的高度集中和体现,展现了电视栏目的整体形象或节目版块形象,能够引领观众直接了解电视节目主题或节目版块内容和风格。

片头是由名称、字幕、画面和音乐所组成的。《东方时空》的大片头极其成功地被老百姓所接受:那由远而近滚动的画面,那倍感亲切的清晨旋律,那让人熟悉的飞翔在蓝天白云下、穿越长城、跨越黄河的和平鸽……然而,2000年改版的《东方时空》把这老片头换掉了,观众不接受,认为拿掉老片头就不是《东方时空》了,后来老片头重新回到《东方时空》节目中。

紧张的直播准备倒计时音乐,让《新闻1+1》先声夺人,每一个音效都与节目片头里面的动作配合得天衣无缝。聚光灯、调音台、主持人戴耳返、直播倒计时,这些画面剪切在一起,完美地烘托了这一直播新闻节目的紧张感。人们一看到这开场小片,就会明白这是一档新闻直播节目。

片花以生动活泼、节奏鲜明、别具一格的画面,短暂地插入节目的中间部分或段落与段落之间,是电视节目视听形象精彩浓缩的典型体现。片花是一种由画面、字幕、语言、音乐构成的识别标志。

片花有电视频道片花、电视栏目片花和电视节目片花之分。片花的画面,往往由代表性的符号、一个情节片段或一个精彩镜头构成,它丰富了栏目的片头设计,使栏目的定位语和饱含视觉冲击力的画面有机地结合起来。在不同或相同内容的段落间使用片花,可以达到有机转换、承上启下、调整节奏、烘托气氛、深化主题的作用。

中央电视台《生活》栏目的片花运用可谓达到了极致,亲切、生动、贴切的语言表述方式,配以现代的多层次画面组合,形成《生活》栏目片花的总体风格。例如,主体版块片花定位语为:"生命不息,共创美好生活。"小版块"背景"片花的定位语为:"说身边事,听家常话,背景为您打开生活问号!"同样精彩的还有《幸运52》的片花:李咏一个招牌手势的画面,一句"谁,都有机会的",为整个节目画龙点睛,妙不可言。

片尾作为电视节目的结尾,意味着内容的结束。片尾在一个节目的结构中,有着举足轻重的地位。好的结尾,可以达到意犹未尽的效果。

片尾,除了必须挂出制作单位和制作人员名单外,还可以有多种表现形式,如:

自然式结尾:干净利落、浑然一体。结尾处可营造出一个煽情点,可留下一个进展悬念,还可为一个圆满成功的结局。

回顾式结尾:回顾节目中精彩动人的片段。

预告式结尾:展示下一期节目的精彩片段或情节的镜头,以设置悬念和提出问题为主要手段,旨在吸引人们的进一步关注。

歌曲式结尾:用与节目内容、主题相吻合的歌曲作为结尾,这一结尾方式优美、生动、声情并茂。

题版式结尾:提出问题,请观众来信、来函竞猜或回答,寓教于乐,重在传递。

组合式结尾:将多种形式结尾组合在一起综合使用,活力四射,丰富多彩。如中央电视台《今日说法》采用节目自然结尾(叠加演职员名单)+题版;中央电视台《艺术人生》采用节目自然结尾+片花+预告+题版(叠加演职员名单);湖南卫视《快乐大本营》采用节目自然结尾+下一期节目预告+广告+歌曲(叠加演职员名单)。

宣传片是相对于电视节目(栏目、频道)的宣传、预告和推广而设计制作的电视片段。宣传片有频道宣传片、节目(栏目)宣传片和主持人宣传片等。

宣传片多采用节目中最为精彩、最有代表性的画面，叠加一些符号、词组或句子组合而成，并配以精美和谐、言简意赅、极富感染力的解说词，阐明节目的主题、内容和风格。

宣传片主要宣传的是节目的宗旨和思想，预告节目的内容。宣传片可以使观众提前做出选择和准备，是提高节目收视率最直接和最简要的途径。宣传片对于一个电视节目来讲，是包装的一个组成部分，不可或缺。如中央广播电视总台电影频道的"胶片飞机"宣传片；如白岩松等主持人参与的《新闻1+1》节目宣传片；如湖南卫视主持人在长幅横移中一一亮相的主持人宣传片。

电视的标识是识别一个创作集体的电视视觉形象相对固定的标志。一般而言，放在屏幕左上方的是台标或频道标识，放在或流动在屏幕左下角的是节目的标识。

电视标识可以由字母、数字、动物、图形或吉祥物等多种形式组合而成。形式单纯、醒目、个性化和富于代表性是电视标识的特点。所有电视台在屏幕左上方都设置了个性化的台标，大多数节目也都有自己的标识。如，中央广播电视总台《生活》栏目在左下角不断隐现出方块"生活"字样，就连老牌《东方时空》栏目在原有的"一只眼睛"图样中又加上了"东方时空"四个字，特别醒目。

频道标识往往是一系列频道宣传片的最后定格形式。中央广播电视总台电影频道，由胶片折成的纸飞机穿梭在各个胶片拼成的城市建筑之中，结尾处胶片组合成"M"形，这正是电影频道的标志——"Movie"的首字母。中央广播电视总台综艺频道，用五彩的水墨、七巧板，定格于"3"字形，以此作为综艺频道的标识。

台标是固定的、稳定的，频道标识、节目标识是流动的、滚动的。

演播的多空间与主持人的静动状态是节目形态的重要组成部分，这两个包装元素又是紧密相关的。演播的多空间有两个层面：

其一，指演播空间在外部形式上有室内演播空间、外景演播空间以及室内与外景交替演播空间。访谈节目《鲁豫有约》，主持人与嘉宾在只有一张长沙发的演播室来展示节目的背景空间，让呈现出的演播空间具有一种稳定性。北京电视台的《档案》，每一期都会根据主题选择一个不同的场景来展示节目的背景空间，让呈现的演播空间具有一种真实性。中央广播电视总台的《看见》是由室内固定演播室与外景现场两大空间交替展现节目空间形态的，这样的展现方式让演播空间具有灵活性、拓展性，是对固定演播空间的一种延展。

其二，指演播空间在内部处理上的多景区互为背景的借景使用。像北京电视台《档案》的室内演播空间是一个固定的大背景，在大背景中又设置了多个景区，主持人根据讲述内容设计自己的行动线。《档案》舞台分为七个区域：档案资料区、照片放映区、音频放映区、电视放映区、三维立体沙盘区、实物道具区以及前方的大屏幕和大档案盒，主持人在几个区域间不断穿梭。这样的区域组合展现出一个既统一又有变化的演播空间，营造出一种新颖的演播室氛围。

主持人的静动状态是指主持人对坐姿、站姿、走动姿的选择和运用。主持人传统的姿态一种是坐着不动，一种是站立到底。从"包装"的意义上讲，主持人要结合演播的多景区空间，将坐姿、站姿、走动姿结合起来，从而产生画面空间的张力，对观众形成醒目的吸引力。

在《档案》中，主持人的行动线很丰富，主持人经常会在演播空间内根据节目主题设计自己的行动线。比如在《档案》2018年1月15日的节目中，主持人介绍了"曹雪芹的风筝奇缘"，主持人先是在音频放映区放映了一段《枉凝眉》；后来到模拟书房的演播区内，在镜子前挂上了一张男人的照片，这张照片为下面的节目内容做了铺垫；随后坐下翻看一封古老的书信；之后又来到实物道具区，站定后讲述曹雪芹的故事。这一系列的动作使整个节目的主题更加生动得体，观众透过主持人的行动得以直观地了解整个节目主题的环境与背景。主持人的静动态拉近了演播室与观众的心理距离，增强了画面运动的张力。

演播的多空间和主持人的静动状态这两个"包装"元素既增大了节目的信息量，又对节目形态和内容传达起到了动感沟通的吸引作用。

总之，节目包装元素增强节目形态的识别系统，突显节目外部的特征。

4. 第四组：节目观众参与元素的七种方式

节目观众参与元素的七种方式包括：嘉宾直接参与、嘉宾远程连线参与、现场无嘉宾参与、现场观众直接参与、现场无观众参与、受众间接参与以及直接间接综合参与。

主持人节目的一个重要特征就是要有参与性，设计什么样的参与方式，对构成节目的形态有着至关重要的作用。这七种参与样式在设计、选用时关键是如何搭配：中央广播电视总台中文国际频道的《今日关注》选用了现场无观众参与+嘉宾直接参与的方式；东方卫视的《今晚80后脱口秀》选用了现场无嘉宾参与+现场观众直接参与的方式；中央广播电视总台的《焦点访谈》选用了嘉宾直接参与+受众间接参与（受众运用网上信箱参与）的方式；湖南卫视的《超级女声》选用了单一的受众间接参与（受众发送短信参与）。2020年以来，嘉宾远程连线参与的方式大大增加，例如，中央广播电视总台的《中国新闻》选用了嘉宾远程连线参与方式，这种将不同空间的嘉宾通过卫星传递，在同一时间连接在同一个节目画面中的方式，丰富了观众和嘉宾的参与样式，拓展了参与空间，将参与理念的现场感、现时性推到了一个更新的层次。

湖南卫视2018年的《我是歌手》总决赛选用了直接与间接综合参与的方式。现场有观众、嘉宾参与（歌手嘉宾、评委嘉宾、经纪主持嘉宾），还有以受众网络在线对决投票的形式进行歌手人气比拼等，可谓将参与样式发挥到了极致。

总之，参与的方式直接关联着节目形态的构成；参与方式的搭配运用又直接关联着节目内容的设置。

5. 第五组：节目主持人组合元素的七种样式

节目主持人组合元素的七种样式包括：单人男性主持、单人女性主持、双档男女主持、双档同性主持、三人男女主持、三人同性主持、四人及四人以上群体主持。

主持人组合的方式不能任意选择,必须从节目的内容出发来确定。主持人组合样式也是节目形态构成之一。比如《黄金100秒》为中央电视台综艺频道在2013年6月推出的一档大型周播综艺节目。按惯例,大型的综艺节目以双档男女主持为宜,但编导则推出两位男性主持人,由李佳明和杨帆搭档,一个是稳重型,一个是激情型,两人珠联璧合,这样的双档主持更能展现节目的主持风格,有助于完成这档节目的主持任务。

再如,湖南卫视的文化脱口秀节目《天天向上》,编导们曾推出了"天天兄弟"主持群,使节目在传递文化礼仪的过程中又增添了风趣和幽默感。

又如,东方卫视大型女性励志真人秀节目《妈妈咪呀》,编导们战略性地推出两男一女三人主持群(观察员),一左一右的两位男性主持人是固定的,资深主持人程雷担任首席主持,音乐人黄舒骏担任音乐评论员。最关键的是,中间的女主持人(观察员)是阶段性、流动性的,第一季为舞者金星,第二季是演员张凯丽,第三季是演员胡可。妈妈们极致的才艺、感人的故事,以及三位主持人的点评,收获了全国观众的好评,节目也更完美、更精准地诠释了节目的口号"做女人就这样!"

单人有男单主持、女单主持;双档有男女双档主持、双档男性主持、双档女性主持;三人组合有一男二女主持,有一女二男主持,还有三女主持、三男主持。不同的搭配,不同的选择,共同的目的是提升节目的传播效果。

主持人组合的样式是主持人节目形态的一个重要组成部分。

在五大组三十五个元素中,之所以第一组节目定位元素是主持人节目形态内在规定的必需性元素,是因为这种规定性要求任何一个节目必须按照定位去对位,必须按照七个定向的规定去对位;节目定位元素在五大组形态元素中占据首要位置,在形态构建中是属于战略性的。

节目画面元素、节目包装元素、节目观众参与元素、节目主持人组合元素属于主持人节目形态外在表现的选择性元素。其中,关键是第二、第三组声画与视听如何选择搭配,关键是使四组二十八个元素如何组合搭配。

五大组三十五个元素仅仅是一种归纳。时间在延续,空间在变化,只有归纳不断,才能发展不断。

五组元素相互关联,最终构成两大节目形态的表现样式:版块型主持人节目与网线型主持人节目。

版块型主持人节目就是把若干个版块系统而又完整地衔接在一起的节目样式;网线型主持人节目就是把每次的话题以多条线交织的方式来完成传播任务,亦称非版块型主持人节目。

我们从版块型主持人节目和网线型主持人节目中可以看出它们之间的区别,对位于五大组形态元素的共同组合,关键是对第三组节目包装元素的选择和运用。尽管版块型主持人节目和网线型主持人节目的形态对于节目包装元素都具有选择性,但是节目包装元素对于版块型主持人节目更多的作用是在版块与版块衔接处如何选择运用,而对于网线型主持人节目更多的作用则是在节目画面的展现中如何选择运用。

我们从版块型主持人节目和网线型主持人节目的两大形态中又可以看到,尽管它们的形态有所不同,但彼此之间内在地存在着两种关系:

一种关系是在版块型主持人节目形态中,尽管它的形态是由主持人与大小片头、片花将几个版块衔接、串联在一起的,但一进入某一版块中,则是以网线型的形态呈现的。像《东方时空》是一档版块型节目,但一进入"东方之子""时空连线"中,主持人便与现场嘉宾进行网线型的交流沟通。我们把这种节目形态称为版块网线综合型节目。

还有一种关系是在网线型主持人节目形态中,节目内容是按照一个个单元顺序组织操作的,各单元衔接处由主持人用语言转换,没有运用鲜明的大片头、小片头或片花衔接串联,我们把这种形态亦称为隐性版块型节目,如《非常6+1》。

我们从两大节目形态与两大关系的建立中可以总括出四种节目基本形态:版块型、网线型、版块网线综合型和隐性版块型。

四种节目基本形态,如何与节目形态的五组元素有机建立组合关系、有机配置声画比例、有机组织视听效果,将影响节目形态的最终呈现效果。

(二)主持人节目的形态感

我们强调节目要富于形态感。有了节目形态,接下来该如何让节目"富于形态感"呢?

提起我国的电视节目,人们极容易想到"克隆"二字。

一个稍有影响力的节目推出以后,各电视台竞相模仿:"选秀热""脱口秀热""综艺明星热"……

崔永元曾对电视节目"克隆"现象一针见血地指出:电视"克隆"现象已经走到了极致,而且一个比一个俗。这种商业操作的电视"克隆"现象决不能占据中国电视的主流。

基于中国的人口之多,中国的电视频道之多,面对观众兴趣的多样化、品位的提高,电视节目要不断地变换表现形式,要不断地创新电视节目,这样的节目才能占据中国电视的主流,才能立于"永不衰败"之地。

很多成功的电视节目都是吸收了其他节目形态的成功元素后呈现出综合型特征的。独特的电视节目总会在意料之外,又在情理之中。

1.何谓节目的形态感

所谓节目的形态感,就是指让节目在诸多元素的综合中所呈现出的形态具有一种独特感。节目的形态感,就是要成形有招。

我们已经知道电视节目的四大基本形态:版块型、网线型、版块网线综合型和隐性版块型。

将四大基本形态进行比较，就会发现一个现象：除了单一性的版块型节目外，隐性版块节目是以网线型进行操作的，版块网线综合型节目的表层是版块型，而在版块型节目中又以网线型进行操作。也就是说，网线型是电视节目四大基本形态的主体形态。

先谈谈单一性的版块型节目。

所谓单一性版块型节目，是指主持人在节目中只完成开场白和结束语以及版块间串联词的表述任务，又被称为串报类节目。单一性版块型节目在形态体现上比较清晰，关键在于版块与版块间的衔接。

单一性版块型节目常用的有三种衔接法：主持人与节目片头衔接法、主持人与版块片头衔接法以及主持人与节目片花衔接法。这三种衔接法既可独立使用又可综合运用。如《焦点访谈》早期节目就属于单一性版块型节目，它运用的是主持人与节目大片头、小片头衔接法；又如由文清、赵琳主持的《生活》节目也属于单一性版块型节目，它运用的是主持人与节目片花和版块片头衔接法。

再谈谈网线型节目。

主体形态的网线型样式在节目操作上比较丰富、厚实，其关键在于多线条的组织和选用。

网线型节目有三条串联线：主持人与人事叙述线、主持人与情理议论线以及主持人与场面娱乐线。

既然网线型样式是节目的主体形态，那么这三条串联线相互关系的构成对呈现节目的形态感就显得尤为重要了。

在构成节目主体形态的网线型样式的三条串联线中，"人事叙述线"与"情理议论线"比较好理解，要让节目的形态感成形，就要对"场面娱乐线"与其他两条线的相互关系、具体操作有明晰的认同和运用，这也是呈现节目形态感的关键。

大家都知道，人事叙述线的所指是人物的讲述和事物的表述；情理议论线的所指是理性的评议和情感的抒发。那么场面娱乐线的所指又是什么呢？

娱乐，指使人快乐。

场面娱乐线有三个层面的指向：

第一层面——娱乐的种类样式；第二层面——娱乐的手段运用；第三层面——娱乐的点子创意。

娱乐的种类样式有游戏类节目、竞赛类节目、文艺类节目、综艺类节目等。

如果从场面娱乐线的娱乐种类样式这一层面来操作，那么三条串联线的主次关系决定着一档节目的类别。以场面娱乐线为主的，就是娱乐类节目；以人事叙述线、情理议论线为主的，便是新闻类节目、社教类节目或访谈类节目。

三条串联线的有机关系决定着一档娱乐类节目形态感的完整性。

娱乐类节目既然以场面娱乐线为主，那么人事叙述线和情理议论线就应为辅，这便是三条串联线整体性的有机关系。然而在娱乐类节目的实际操作中，主持人若只注重场面娱乐线单元程序的操持，而忽略了人事叙述线和情理议论线的存在及作用，那么就有可能使节目的形态感失去完整性。

主持人李咏何以优秀？在游戏竞猜节目《幸运52》中，李咏既能驾轻就熟地掌握节目的每一个单元、每一道程序，又能对参赛人和竞猜内容有着生动流畅的叙述和对话，更能做出合情合理的评点和议论。

曾经，游戏竞猜节目十分火爆。如果主持人只剩下"完全正确，加10分""十分遗憾，减10分"的结果式的表层主持，主持人何能出色？节目何以优秀？缺失了三条线的完整性，就缺失了节目的形态感。

娱乐的手段运用有音乐、歌舞、戏曲、小品、物件选择、道具设置、悬念铺排、情节故事、风趣语言、游戏活动等。

如果从场面娱乐线的娱乐手段运用这一层面来操作，那么将决定以人事叙述线和情理议论线为主的新闻类节目、社教类节目或访谈类节目形态感的出彩程度。

对于以人事叙述线和情理议论线为主的新闻类节目、社教类节目或访谈类节目而言，场面娱乐线似乎失去了存在的意义，然而，正是场面娱乐线的娱乐手段的运用对其节目形态感有着无比奇妙的作用。

《实话实说》是一档谈话节目。在谈话节目里加个小乐队，而且还是个电声乐队，时不时蹦出来敲打一番，尽管国外一些"脱口秀"早有先例，但在国内，这终归是"吃螃蟹的第一人"。小乐队现场录制、即兴演奏、一气呵成。如果把一次谈话比作一篇文章，小乐队的音乐就像标点符号，激情洋溢地穿插其间，把谈话烘托得起伏有致。如果说崔永元是节目的第一主持，用风趣幽默的语言说话，那么小乐队便是节目的第二主持，用音乐和观众对话。小乐队是《实话实说》节目形态的组成部分，让人感到欣喜，使节目不断出彩。

《非诚勿扰》中最大的悬念，来自男嘉宾登场后对于心动女生的选择，男嘉宾的选择往往在最后一刻才会公开；节目有时还会让男嘉宾对全部女嘉宾有所了解后再请出心动女嘉宾，让心动女生做出最后选择。从主持人对"爱情"话题的引出，对男嘉宾个人展示的引导，一层层铺排、一步步铺垫，再到最后的选择，环环递进，引人入胜。《非诚勿扰》节目形态的另一个特点是，心理专家的引导与分析——主持人和两位专家对嘉宾的言行和性格进行点评与分析。主持人的提问和心理专家的分析，使话题展示得生动、展开得深入。

悬念铺排的设置和心理专家的运用形成了《非诚勿扰》区别于同类节目的形态特色，使《非诚勿扰》出智出彩。

此外，还有爱奇艺的《奇葩说》、东方卫视的《金星秀》、腾讯视频的《吐槽大会》等节目主持人风趣幽默语言的运用，江苏卫视《一站到底》的题版道具的运用，北京卫视《档案》、湖南卫视《我是大侦探》节目中的悬念铺排及故事包装运用等，都是值得研究的。

让场面娱乐线中的娱乐手段运用到以人事叙述线和情理议论线为主的新闻类节目、社教类节目或访谈类节目的形态中，有助于起到出情出智出彩的效果。

娱乐点子创意，就是在节目中运用各种各样的娱乐元素，使节目更好看，让观众感到出奇、有趣。从场面娱乐线的娱乐点子创意这一层面来操作能够突出以场面娱乐线为主的娱乐类节目形态感的新奇性。

2.娱乐点子创意

节目要有形态感，就得有"金点子"。娱乐的点子创意主要有逆向法、连环法、嫁接法、系列法、互动法、混合法等。我们来具体看看六大"金点子"创意法。

（1）娱乐点子创意之一：逆向法。

爱奇艺的《奇葩说》在介绍每一期节目的主题时都会用一种独特的方式——一个引出辩题的小片。在小片中，演员扮演各种各样的角色，用夸张的演技和极富喜感的情节来引出主题；或者是制作一个动画小片，通过动画小片引出主题。这种与众不同的引出主题的方式，给整个节目增添了娱乐幽默色彩。

同样在《奇葩说》节目中，主持人花式口播广告也是逆向法的一种体现。该节目没有像常规节目一样将广告放置于开头和结尾，而是以一种毫无违和感的方式在节目中任意穿插广告，这种口播广告的方式着实让观众眼前一亮，原来广告还可以说得这么直接又不招人烦。比如海飞丝的广告语："废话就像头皮屑，消灭就用海飞丝。"这句广告语句式对称，巧妙运用比喻，将废话比喻成头皮屑，虽然无伤大雅，却让人烦恼；这句广告语比较中规中矩，体现了海飞丝"去头皮屑"这个多年来的最大卖点。

看完马东的口播我们就更理解这句广告语了。在节目中马东曾这样说："我们没有办法告诉你，'废话就像头皮屑，消灭就用海飞丝'。大哥，你长头皮屑是遗传疾病，你凭什么觉得你用海飞丝洗个头，就以后不长头皮屑了？我只能跟你说，你用海飞丝洗完了以后，短时间内你出去约会，你不会被你的伴侣嫌弃，你是不是值得用一下？"听完这段内容后，广大观众会加深对这一产品的印象。

除了出现在主持人的口播中外，广告也穿插在辩手的辩论内容中。比如纯甄酸牛奶"奶后吐真言"和《奇葩说》节目的调性相符合。"奶后吐真言"可以说是和辩论节目的核心内容最靠近的一句广告语。如在一期节目中，马薇薇说："父母说出的真心话不一定是真话，真心说出的不一定是真话，那是情话啊。"蔡聪说："终于有一天我鼓起勇气，我喝了一口纯甄酸牛奶，因为奶后才敢吐真言，我就对我的朋友说，其实我确实对婚姻很有向往。"这也是花式口播广告很重要的一部分。

逆向法就是要在创意上充分发挥逆向思维的优势，就是要在另辟蹊径中寻找到反差极大、与众不同的新视角。逆向法往往是让节目的形态感出奇制胜的新招。

（2）娱乐点子创意之二：连环法。

中央广播电视总台的《开门大吉》之所以让人开心，不仅仅是现场游戏闯关让人开心，不仅仅是主持人尼格买提的言谈举止让人开心，更重要的是"家庭梦想"让全家开心，让全场观众开心，让电视机前的每一个家庭开心。"家庭梦想"构成了《开门大吉》独特的节目形态感。一人参赛,全家得奖;祖辈想要的东西,父辈想要的东西,小辈想要的东西;一辈一档竞猜,一档连着一档,有难借助求救;一步一档为营,档档奖金数叠加,胜败环环相连。

"家庭梦想"这个金点子构成了《开门大吉》的独特形态感,在当今语境下,让人感到新鲜、感到有趣、感到特有的期盼感。

湖南卫视的《勇往直前》是2007年推出的一档明星挑战慈善类节目,人性化的竞赛奖惩规则和公益性的爱心救助善事构成了《勇往直前》独特的节目形态感:节目的三名外场参与者以及三位现场嘉宾皆为明星,若每期的三名场外嘉宾都胜利完成任务,便会有一家企业无偿援助贫困地区建造一所希望小学。节目中选择的项目大多具有刺激性,当嘉宾因恐惧而犹豫时,主持人便会飘过来,不停地说"希望小学",以此鼓励和刺激嘉宾。节目突出的是"挑战"概念,节目给予嘉宾意外的情境和极富难度的挑战,嘉宾现场表现出的惊恐、迟疑、犹豫、紧张、轻松等,都会被真实呈现,让明星还原成普通人接受考验。演播室内邀请的明星到现场作为竞猜谈话嘉宾,参加节目挑战的明星嘉宾也来到现场参与拉票和评述。现场设置观众方阵,观众以方阵为单位参与每一轮竞猜,累积方阵积分,每场节目结束时,积分最高的方阵可获得现场观众大奖。这种富有人性化的竞赛奖励规则和公益性的爱心救助善举,鼓舞着参赛选手,激励着竞争伙伴,吸引着电视机前的普通百姓。

富有独特形态感的《勇往直前》考验着每一个参赛者,启迪着每一位观众,形成"有胆量、有智慧的人才有资格获得胜利"的氛围。

连环法是支撑起节目内部结构的主体,构思奇特,布局缜密,层层相关,环环相扣……连环法往往是形成游戏竞赛类节目形态感的妙招。

(3)娱乐点子创意之三:嫁接法。

《声临其境》自开播以来一直吸引着广大观众,这档节目是湖南卫视推出的一档原创声音魅力竞演秀。这档节目有着独特的节目形态,目的是为了展示演员的台词功底,通过配音的形式,完美地将配音与表演融合在一起,以此形成节目鲜明的形态感。在节目中,演员隐藏身份进行配音,先声夺人,这其实也是通过节目使演员这个身份回归本质的一种形式。

湖南卫视的《声入人心》并不是中国最专业的音乐比赛,但是这个节目让高雅音乐和大众进行交流,将高雅的美声古典音乐与流行音乐相结合。选手在舞台上将美声用一种接地气的方式展现出来,使美声得以被全新演绎。这同样也是嫁接法的一种体现。

嫁接法让传统与现代嫁接,让民俗与西洋嫁接,让不同艺术形式之间得以天衣无缝地、合情合理地嫁接。嫁接出的节目让老观众看得有味,让新观众觉得有趣。嫁接法往往是形成文艺类节目形态感的强招。

(4)娱乐点子创意之四:系列法。

系列法也称规则设置法。

湖南卫视的《我是歌手》第一季和第二季的普通赛共分为5轮,每轮演出分两场。每轮有7名歌手参加竞演,每场有500名观众听审参与表决,500名听审来自5个不同年代,专家顾问只对参演歌手的表现做出点评,并不参与评分和筛选工作。每位歌手都有一位"经纪人","经纪人"一般由湖南卫视主持人担任。另外,节目无固定主持人,主持人一般由参加竞演的某位歌手担任,每期7名歌手演唱完毕之后,每位听审各自选择3位自己认为本场表现最佳的歌手。每轮的第1场和第2场竞演所得票数相加,总得票率累计最低的选手被淘汰出7人阵容,空出的位置由新加入的歌手顶替。第一季复活赛邀请在节目中被淘汰的选手再进行一轮比赛,胜出者可与留下的6位选手角逐年度歌手。第二季突围赛则是新补进的歌手与已淘汰的歌手都要参加突围赛,优胜者进入歌王争霸赛。

规则设置具有悬念性,让观众产生期盼,让节目具有长效性。规则的设置往往是让节目的形态富有期盼感的一个高招。

(5)娱乐点子创意之五:互动法。

爱奇艺《奇葩说》的投票规则很好地实现了互动性。在节目中,辩手的胜负完全是由现场观众决定的,在最初公布辩题时,正反方先由观众投票,辩论完后观众再投一次,根据跑票数量判定输赢。这一投票规则很好地体现了《奇葩说》的互动性,不仅是观众与选手的互动,更是观众与节目的互动。

凤凰卫视的《一虎一席谈》是一档谈话类节目。节目会选取每周在社会、文化等各方面发生的重大事件、焦点或热门话题,请来新闻当事人、知名专家担任嘉宾,同时邀请观众现场讨论。主持人、嘉宾、观众可能抱持不同见解和理念。这一形式便于观众很好地参与节目的讨论。

互动,既要让节目"形"动,更要让观众"心"动;互动,让节目走向平民,让节目变成"知己"。互动法往往是节目形态感富有亲和性的力招。

(6)娱乐点子创意之六:混合法。

2000年前后,欧美各大电视台掀起了一股"真实电视"(又称"真人秀"节目)的热潮。20世纪末,始于荷兰的《老大哥》(*Big Brother*)成为真人秀节目的始祖;其后,美国福克斯电视网推出了《诱惑岛》(*Temptation Island*)、法国电视台推出了《阁楼故事》(*Loft Story*),一时间,"真人秀"几乎成为欧美最火爆的电视节目。

真人秀始祖《老大哥》这个节目的名字出自乔治·奥威尔小说《1984》中的一句话:"老大哥在看着你呢。"

这个节目的基本游戏规则是:6名青年男性选手、6名青年女性选手共同生活在一间大房子里,摄像机24小时记录他们的一举一动。在共同生活的85天里,选手们每周六都要选出两个最不受欢迎的人。而每天守候在电视机前的观众则用电话投票的方式在这两人中选出一个他们最不喜欢、最没人缘的选手,该选手将被淘汰出局。挺到最后的选手可以得到25 000美元的奖金。

美国哥伦比亚广播公司(CBS)于2005年5月开始推出《幸存者》(*Survivor*)节目,16名参赛选手被送到一个荒无人烟的小岛参加"幸存者"游戏。在漫长的4个多月时间里,他们无法得到外界的帮助,不能依靠现代的文明技术;他们需要经受热带风暴的洗礼,克服热带雨林的种种障碍,靠一双手来搭起遮风避雨的小屋棚,靠吃海边捡来的贝类、丛林中的野果和树上的小虫充饥……最后一位获胜的"幸存者"可得到100万美元的奖金。

《学徒》(*The Apprentice*)是2004年美国最火的电视节目,共有2 700万美国电视观众收看了这一真人秀节目的结局篇,创下美国电视的收视纪录。这是一档没有固定剧本的系列真人秀。节目共有16名参赛者,8男8女分成两组,这两组参赛者去纽约面对美国地产大亨唐纳德·特朗普的挑战。大家轮流担任团队领导,每一周分别做一个诸如卖矿泉水、出租房子的项目。输掉的一方中,会有一位对团队最没贡献的成员被"炒掉",最后胜出的一位则可以得到一年的合约——在唐纳德·特朗普旗下的某个公司担任"学徒"。

2002年《美国偶像》(*American Idol*)节目播出第一季,经过福克斯电视台的大力宣传,全美年轻人疯狂参与。到2003年时,该节目如日中天,迅速成为美国电视界的新贵,一跃取得收视率第一的佳绩。

《美国偶像》节目分为三个阶段:

海选阶段:以纪录片的方式跟踪拍摄并展开细节,充分体现海选中各歌手的个性与表现。选手表演之前的态度和表演之后的行为成为节目的亮点,此阶段特别突出平民选手的参与性。

淘汰阶段:主要内容就是一一向选手宣布晋级或淘汰,向观众展示选手的情绪、心理活动与变化,展现选手晋级的艰难与成功的不易,重点在于突出比赛的残酷性。

决赛阶段:使用大量短片回顾选手的参赛历程,突出选手从"平民"成长为"明星"的坎坷与艰难。无数人的失败成就了最后的王者,他所得到的任何奖励都是公平与合理的,"比赛"再次成为配角,成为延续悬念的工具。

对于《美国偶像》来说,选秀比赛的本身,即整个比赛的过程已经成为一个载体,承载的是来自不同地区、不同背景、不同肤色的选手的奋斗历程。看《美国偶像》就像看一个人的奋斗史和成功史,这是一个真正"以人为本"的节目,而不是一个简单的比赛。其背后蕴含的理念是:只要努力就能成功,就能实现自己的梦想。

真实电视节目是21世纪兴起的一种节目样式,对这种节目的称谓众口不一。有的叫"真实电视",有的叫"真人秀",有的叫"游戏秀",有的叫"真实肥皂剧",有的叫"创构式纪录片",有的叫"纪录片式的肥皂剧"。

真实电视节目其实就是我们现在所说的真人秀节目。电视真人秀节目形态,是志愿者在规定情境中,为了预先给定的目的,按照特定的规则所进行的竞争行为的真实记录与艺术加工的一种电视娱乐节目形态。[①]

---

① 孙宝国.中国电视娱乐节目形态学[M].北京:新华出版社,2009:141.

中国电视真人秀节目起步不晚,但是直到2012年才实现真正意义上的"繁荣",成为具有普遍意义的社会文化现象。真人秀节目在2012年异军突起,2013年呈现蔚为大观之势,到2014年又再续辉煌。真人秀节目是中国的电视从业者面对内容生产领域的种种危机而大胆突破常规勇于锐意创新的体现,一时之间成为中国人视觉消费习惯的中流砥柱。《花样姐姐》《花样爷爷》《来吧冠军》《极限挑战》《爸爸去哪儿》一大波真人秀节目纷纷而起,满满来袭。《披荆斩棘的哥哥》这档节目引起网友广大热议:披荆斩棘的哥哥都是一群真真正正在各行各业发光的人,他们都有自己的骄傲,有故事,有内涵,他们不靠迎合,只是认认真真地唱歌。《人民日报》发文称,从敬畏出发,敬业做底色,以坚持做伴,才能抵达常青。

简言之,真实电视节目包含三方面内容:规则等于内容、志愿者加环境等于规定情境、编辑方式等于效果。

为什么真实电视节目能在全球引起如此轰动?从富有独特的节目形态感来讲,关键是混合形成了这个全新电视节目样式的特征。

我们可以说真实电视节目是一个画面优美的纪录片,也可以说它是一部富有情节冲突的电视纪实剧,还可以说它是一个生动活泼的游戏节目。真实电视节目是一种集纪录片、游戏、益智、戏剧、竞技、脱口秀等多种风格,融知识性、娱乐性、可视性等功能为一体的混合型节目。

这种混合型节目形态打破了传统自然类和人文类纪录片的界限,使节目结构更加开放,情节更加复杂,现场感更强,既反映和记录生活的原生态,又有人为设置的游戏规则,而且深入私人生活和人性深处。混合法往往是节目形态感具有悬念性的强招。

将场面娱乐线中娱乐点子的创意运用到以场面娱乐线为主的娱乐类节目形态中,颇能让观众感受到出新、出奇、出趣的作用。

从上面的阐述中我们可知,电视传播的新闻功能、教育功能、服务功能和娱乐功能这四大功能一个都不能少,这四大功能的综合性运用已成为一种新趋向。我们更应明确,作为主体形态的网线式的人事叙述线、情理议论线、场面娱乐线这三条串联线一条也不能少,尤其是场面娱乐线多层面的认知及其功能的强化已成了新的走向。我们不难看出,被老百姓认可的节目都是成功的节目,成功的节目都具有独特的形态感,关键是要有独特的"金点子"视角。

电视界的竞争催生了一系列电视新理念,也催生了一大批令人耳目一新的电视新节目。变趋同思维为求异思维,变静态思维为动态思维,变单向思维为多元思维,变封闭思维为开放思维,电视节目的形态感才能别出心裁、别具一格、别开生面。

三、从节目出发与主持人类型

节目主持人是由节目与主持人两个部分组成的。有不同类型的节目,就有不同类型的主持人。节目主持人只有先确定自己的类型,找准富有形态感的同类型节目,才能有的放矢,相向而行。

阎玉在《中国广播电视学》中提出:"分类是一门学问,分类学的核心问题,就是要把研究对象在发展过程中形成的差异区分开来,将属性相同、相等的事物归为一类,根据它们内部固有的次序、排列等相互关系组成系统。因此,作为思维形式的基本规律——同一律就是分类必须遵循的共同规律。这一规律要求对任何一种科学分类,都应该以相同性、相等性为条件。"[1]"属性相同、相等的事物归为一类"是原则,"以相同性、相等性为条件"是科学分类法。

主持人的类型划分关键在于标准的确立,每确定一种标准,就有一种分类法。

我们先从三个层面和三个属性来分类。

其一,从电视传播的四大社会功能的层面,以节目专业内容的属性来划分主持人类型。

电视传播有新闻、教育、服务、娱乐四大功能。电视有多少功能,就有多少专业内容的节目类型存在,也就有多少相应类型的主持人来体现功能、完成功能。

节目主持人分为新闻节目主持人、社教节目主持人、生活服务节目主持人、娱乐节目主持人、体育节目主持人五大类型。

新闻节目主持人包括新闻播音员、新闻评论节目评论员、新闻调查类记者主持人、新闻直播节目主持人等。

社教节目主持人包括走近科学节目主持人、当代教育节目主持人、百家讲坛节目主持人、读书时间节目主持人、法制教育节目主持人、留学指南节目主持人、股票彩票节目主持人、劳动就业节目主持人、房产指南节目主持人、理财投资节目主持人、汽车知识节目主持人、电脑网络节目主持人、财经财富节目主持人等。

生活服务节目主持人包括衣食住行节目主持人、卫生保健节目主持人、家庭工艺节目主持人、旅游气象节目主持人、美发美容节目主持人、新居装潢节目主持人、种花养鱼节目主持人等。

娱乐节目主持人包括游戏节目主持人、竞技节目主持人、综艺节目主持人、晚会节目主持人、文艺节目主持人、音乐节目主持人、舞蹈节目主持人、戏剧节目主持人、曲艺节目主持人、魔术杂技节目主持人等。

体育节目主持人包括体坛快讯节目主持人、体育赛事节目主持人、体坛星光节目主持人、体育知识杂志节目主持人、体育俱乐部节目主持人等。

其二,从主持人表达艺术的层面,以表述质地的形式来划分主持人类型,可以分为以下三种:

背稿型节目主持人:评述节目主持人、串报型节目主持人等。

---

[1] 阎玉.中国广播电视学[M].北京:中国广播电视出版社,1990:160.

腹稿型节目主持人：言论型节目主持人、访问型节目主持人、深度报道型节目主持人等。

即兴型节目主持人：谈话型节目主持人、娱乐游戏型节目主持人、现场解说型节目主持人等。

背稿型主持人善播、腹稿型主持人善问、即兴型主持人善说。

这三种类型的划分因人而异、因节目而异。它们不是截然分开的，不应顾此失彼，而是你中有我，我中有你，但是各有所长，各有高招。

中央电视台《焦点时刻》的敬一丹、北京卫视《第七日》的元元是播讲高手；中央电视台《新闻调查》的王志、董倩以及东方卫视《可凡倾听》的曹可凡等是提问专家；《实话实说》的崔永元、《幸运52》的李咏、体育解说员黄健翔是谈话巨人。

其三，从受众的年龄、职业、性别的层面，以特定传播的对象属性来划分主持人类型，大致可以分为：儿童节目主持人、青年节目主持人、老年节目主持人，工人节目主持人、农民节目主持人、解放军节目主持人、妇女节目主持人等。

在对象性节目中，儿童节目具有一定的特殊性，儿童节目在屏幕上占有一定比重的时间段，儿童节目主持人也相对具有独立性。儿童节目既有新闻性，又有教育性、知识性和娱乐性，所以，国外一般将儿童节目单独列为一种类型。中央广播电视总台、北京卫视、东方卫视已开设了少儿频道。随着电视专业频道的深入发展，对象性节目主持人"单列一类"的情况将会不断增多。

我们从内容的属性、形式的属性、对象的属性对主持人类型进行划分，类型之间有一定的区别，类型之间有着更多的联系；专业内容属性应该成为划分主持人基本类型的依据，而与表述形式属性以及受众对象属性的联系，又可将主持人的基本类型划分成若干小类。

其一，专业内容属性类型的新闻节目主持人与表述形式属性类型建立关系，可进一步细分出各小类新闻节目主持人：以事件新闻为主的新闻联播节目主持人，以版块型样式出场的新闻串报节目主持人，以讨论、评论、辩论样式出现的新闻言论节目主持人，以人物专访为主的访问节目主持人，以调查手段为主的深度报道节目主持人，以沟通交流为主的谈话节目主持人等。

其二，新闻节目主持人与同一类的节目专业内容属性类型建立关系，又可做进一步细分：科教新闻节目主持人、时尚新闻节目主持人、财经新闻节目主持人、娱乐新闻节目主持人、体育新闻节目主持人、军事新闻节目主持人、农业新闻节目主持人等。正在发生和新近发生的事实的报道都应属于新闻节目主持人一类。

其三，表述形式属性类型的谈话节目主持人与专业内容属性类型建立关系，可进一步细分出各小类谈话节目主持人：以谈论头条新闻和热门事件为主的硬新闻谈话节目主持人，以谈论公共事务和不耸人听闻的社会问题的软新闻谈话节目主持人，以明星和名人为主的娱乐性谈话节目主持人，以谈论时尚服装、家庭装修、烹饪艺术为主的生活谈话节目主持人，以谈论经济战线成功人士和经济理念、信息为主的经济谈话节目主持人，以谈论体育赛事、看球评球为主的体育谈话节目主持人，以及深夜谈话节目主持人等。

其四，谈话节目主持人与受众对象属性类型建立关系，可进一步细分为：老年谈话节目主持人、青年谈话节目主持人、儿童谈话节目主持人、妇女谈话节目主持人、工人谈话节目主持人、军人谈话节目主持人等。谈话节目主持人是谈话的当众展现。

在三个属性类型相互建立关系的分析中，我们既看到新闻节目主持人"龙头老大"的地位，又同样看到作为表述形式属性类型的谈话节目主持人的分量。

谈话节目的张口就来和脱口而出的言论性与群言性呈现出信息共享、观点共识、情感共鸣的特点。正如美国著名传播学家吉妮·格拉汉姆·斯克特所说："电视谈话节目已经成为影响我们思想和行为方式的一种新权威。"[①]

正因如此，作为表述形式属性类型的谈话节目主持人的独特魅力以及在各类型节目中特显的张力，谈话节目主持人也应被划分为单独的一种类型。

这样，依据三个层面和三个属性的分类，依照我国电视节目主持人的现状，我们将主持人划分为八大基本类型：新闻节目主持人、科技教育节目主持人、生活服务节目主持人、经济信息节目主持人、娱乐节目主持人、体育节目主持人、少儿节目主持人和谈话节目主持人。

节目主持人的八大基本类型的划分和细分，构成了节目主持人的分类系统。

既然那种随意性、变换性的主持人不可能成为真正意义上的节目主持人，那么划分和细分主持人类型就是电视节目主持艺术日益发展的必然；既然是以拥有名牌节目和名牌主持人来代表一个电视台的成熟度和知名度，那么认准和认同主持人类型并驾驭一档属于自己的节目，对主持人而言就更为重要了。

在第二个创作流程的阐述中，我们理解了节目形态的构成、节目形态感的形成，细说了节目和主持人类型的分类系统，为的是让我们的电视节目主持人寻找自我、找准定位、找到一个属于自己节目的出发点。

有这样一则演练，演练的名称叫"自选节目读解"，每次演练必须包含五评：主评、点评、自评、短评和总评。

练习者当场观看一档主持人节目后——

1个主评者：自选节目者进行10分钟有备的主评；3个点评者：对主评者的评述进行3分钟即兴点评；3个自评者：对节目进行3分钟即兴的自我评论；10个短评者：对节目、对主评者进行一句话短评；1个总评者：老师对全过程主讲、总评。

每一次演练轮番更换、循环评述。

演练要求：

每一位自选节目的主评者，必须对演播背景墙、演播桌、演播道具等进行设置。

---

① 斯克特.脱口秀：广播电视谈话节目的威力与影响[M].苗棣，译.北京：新华出版社，1999：14.

每一位评论者都必须带着状态当众评论交流,要自信,语言流畅。

每一位自选节目者根据自我定位的类型选择一类节目;以演播主人的身份组织、串联好读解的全过程;在演练后做全过程记录存档。

每一位同学每次都有不同形式的评论,每一位同学每次都将得到轮番锻炼。

这一演练能够增强每一位学生读解节目的主持意识与专业眼光。

节目是主持人赖以生存的空间,主持人同节目有着相互依存、密不可分的关系。

即便一个优秀的主持人也无法将一档糟糕的节目操持得很出色;同样,一档独特的节目让一个糟糕的主持人来主持也无法出彩。

只有从富有形态感的节目出发,主持人的创作才能提纲挈领;只有从富有形态感的节目出发,主持人的创作才能高屋建瓴。

第三节 创作流程之三:演播状态

当一个电视节目主持人具备了鲜明的主持意识,也从富有形态感的节目出发了,接下来,获得最佳演播状态便成了主持创作的第三个流程。

最佳演播状态涵盖三个方面:首先是演播;其次是创作状态;最后是演播创造力。

一、演播界定与当众状态

由赵忠祥与杨澜主持的《正大综艺》在中国电视节目主持人发展史上留下了辉煌一页。一男一女,一老一少,一个沉稳、睿智,一个活泼、聪慧,他俩只要站在一起,现场气氛立刻就活跃了起来,节目也同样生动了起来。

赵忠祥与杨澜在主持节目中展现出的状态,我们称为"演播状态"。

在第一章第一节中我们提及了"演播"并给予了界定,本节就"演播状态"展开进一步探讨。

一提到演播,人们往往会把目光聚集在"演"字上,"节目主持人要不要表演",是理论界长期以来一直争论的焦点。

第一种观点是,主持人要坚决杜绝表演,一表演就虚假;第二种观点,主持人不可能没有适度的表演;第三种观点,主持人该表演的就表演,不该表演的就不要表演。

我们先来谈一谈:"节目主持人要不要表演"。

其一,要明确"节目主持人要不要表演",就要弄清楚主持人在镜头前、话筒前的当众状态是什么。

每当主持人拿起话筒走到镜头前,一种新鲜感促使自己的注意力在高度集中,一种兴奋感促使自己的想象力在高速发散,一种真诚感促使自己的感受力在充盈展现,一种自信感促使自己的表现力在潜心涌动。

这就是节目主持人在镜头前、话筒前需要呈现的当众状态,这种当众状态也是电视节目主持人的一种创作状态。应该说,这种镜头前、话筒前的当众状态与主持人在生活中的状态是两个无法等同的状态。

如果节目主持人可以用生活中的状态代替镜头前、话筒前的当众状态而出现在荧屏上,那么主持人也就没有高低优劣之分了。忽视了节目主持人在镜头前、话筒前的当众状态,也就抹杀了作为电视节目主持艺术的特质与属性。

在北京卫视《春妮的周末时光》2012年7月7日的节目中,春妮请来了张绍刚、撒贝宁、韩红、李莉四大名嘴,他们与春妮共同回忆往事。在节目中,春妮提及张绍刚的"晕倒门"事件,直言不讳地向张绍刚提问这是否是事先安排好的,张绍刚表示否认后,撒贝宁则在现场"炮轰"张绍刚:"你有权利在一个公共平台上对着所有观众去宣告一个人是骗子吗?"撒贝宁认为张绍刚不应该让嘉宾在场上受折磨,并庆幸自己当年进央视面试时,考官不是张绍刚。面对质疑,张绍刚讳反驳:"小撒喜欢做出一副被所有人都接受和喜欢的形象,就是装。"在这段对话中,张绍刚和撒贝宁放下了自己原本的主持人身份,而是作为朋友与现场的每一个人聊天。大家七嘴八舌,争先恐后。有的嬉闹着说,有的尖刻着说,有的边说边笑……张绍刚、撒贝宁、韩红、李莉一改他们在各自节目中给观众留下的那种形象和印象,好像都变了一个模样似的,而唯独春妮"与众不同"。

因为,张绍刚、撒贝宁、韩红、李莉不是以主持人、歌唱演员的身份,而是以嘉宾的身份亮相的,以生活中的状态展现在观众面前,尽管他们四人中有三人是干主持的,而本期节目中的主持人只有春妮一人,春妮呈现出的就是一种镜头前、话筒前当众创作的状态。

其二,要明确"节目主持人要不要表演",就要弄清楚主持人呈现在镜头前、话筒前的当众创作状态,应具有哪些艺术的特质。

我们可以清楚地看到,注意力、想象力、感受力和表现力,新鲜感、兴奋感、真诚感和自信感,这些都是主持人获得当众创作状态所具有的艺术特质。

我们同样清楚地看到:主持人这一职业与演员这一职业有很多相通性,例如两者当众状态下表现出的一些特质以及相同的创作元素。

我们更应该清楚地看到:主持人只有掌握了与演员表演之间相通的一些元素,才能够很好地、自如地转换状态,完成从生活向荧屏状态的转变。

其三,要明确"节目主持人要不要表演",就要弄清楚主持人与演员的职业任务有什么本质的区别。

我们来比较一下:

演员能扮演各种人物形象,这些形象是多变的;主持人是呈现一种融合的个性演播形象,这种形象是具有稳定性的。

演员是"忘我"的,用"我就是"来扮演;主持人是"有我"的,用"我就在"来操持。

演员在表演中是假戏真做；主持人在演播中是真事实播。

演员是"当众的孤独"，生活在舞台空间的"四堵墙"里，进行角色与角色之间面对面的交流；主持人是"孤独的当众"，驾驭在镜头与话筒前的演播空间里，进行传者与受者之间面对面的沟通。

演员演出一个剧目是可以多次性的；主持人完成每期/次节目是一次性的。

尽管主持人与演员有着共通的创作特质，但由于职业任务有着本质的区别，所以主持人不是演员，主持人不是在表演。

其四，要明确"节目主持人要不要表演"，还要弄清楚"社会表演"与"戏剧表演"中，"表演"的内涵是什么？

既然主持人不等同于演员，那么主持人就不是在表演，这是针对"戏剧表演"这一层面的概念所界定的。如果我们再从"社会表演"这一层面的概念去研究，就会得到另一种诠释。

纽约大学表演研究系创始人之一、戏剧人类学带头人谢克纳（Richard Schechner）在他的《在戏剧和人类学之间》里对"表演研究"有着创导性的理论发展，他所指出的"表演"包括远比戏剧更广泛的人类活动。这种大表演概念包括戏剧、舞蹈、仪式及日常生活四大类。也就是说，传统概念上的戏剧表演只是人类大表演概念中的四分之一。

谢克纳的学生——上海戏剧学院孙惠柱在《社会表演学》一书中认为，社会表演是特定人物在特定时间、特定地点所做出的对特定观众有可能产生影响的行为。表演性的行为包括经常会重叠的五大门类：审美表演、社会表演、大众表演、仪式表演和游戏表演。

社会表演既是一门艺术，又是一门技巧。作为社会中的一员，人在生活中有着不同的身份，展现着人的"各面"：一个老教师，他同时有着丈夫、父亲、朋友等不同的身份。在学生面前他要为人师表，在妻子面前他是体贴的丈夫，在孩子面前他是慈爱的父亲，在朋友面前他是坦率的友人，这许多"面"的综合，构成了一个多元的"他"。

在各种身份下，在各种情况下，他的表现必定有着各个"面"的不同，这些不同就是作为特定的社会角色的表现，即"社会表演"。

所以，每一种职业都有符合其特有身份的特定的社会表演：法官的社会表演是为了公正肃穆；乞丐的社会表演是为了博得同情；促销员的社会表演是为了增加销售量；竞选者的社会表演是为了争取更多选票。

社会表演学兴起于20世纪八九十年代，发展迅速，流行甚广。身处媒体时代，位于都市空间中，几乎所有的人都要表演——在别人面前展现自己的才能、形象和魅力，因为信息社会的媒体使一切社会现象都成为表演。

社会表演与戏剧表演的最大区别就在于社会表演是塑造自己的某种形象而不是戏剧人物的扮演。主持人属于社会人，从社会表演的概念而论，主持人需要社会表演。

综上所述：

从"戏剧表演"角度而言，节目主持人不是演员，他不担负创造戏剧人物的任务，他不

扮演任何人物,所以,主持人不是在表演;

从"社会表演"角度而言,节目主持人属于社会人,他每天面对大量观众,他需要进行社会表演;

从"状态表现"角度而言,节目主持人是通过镜头、面对话筒来展现自己的才华、形象和魅力,他必须表现出一种职业的当众状态;

从"艺术特质"的角度而言,节目主持人当众创作状态中的艺术特质与演员的表演艺术,又有着共同的、共通的、共用的表演创作元素。

从以上四个角度来看,我们可以得出这样一个结论:

节目主持人只有拥有并掌握属于表演艺术的特质元素来支撑起当众的创作状态,才能在镜头前、话筒前完成每次的主持任务。

应该说,"节目主持人要不要表演",这是一个老问题、大问题,但这也是一个简单的问题。

说它是老问题,是因为中国自节目主持人诞生起就一直有人不断地提出这个问题;说它是大问题,是因为问题在不断争论变大了;说它是个简单的问题,是因为只要抓住了实质,给它准确地定位一个专业称谓的术语,问题就简单多了。

既然我们从四个角度对"节目主持人要不要表演"得出了一个长长的结论,那么我们就来精炼概括:主持人不是在表演,主持人是在演播。

我们再来对"演播"进行读解,以论证术语定位的合理性与科学性。

我们先从"演播"这两个字的本义来读解:

单从"演"字讲,《辞海》中认为"演"是指一种有变化、有发挥的动态过程;单从"播"字讲,《辞海》认为是指传播。

播音员、主持人都是做"传播"的,传播是具有当众性的。

播音员传播的语言样态是播报式,是属于一种"报告式"的传播,报告式强调"正式"及面向众人的特色。

主持人传播的语言样态是播讲式,是属于一种"告知式"的传播。在《现代汉语词典》里,"告知"是指"告诉使知道"。告知式既可以是大众传播,也可以是人际传播。

由此可见,演播是节目主持人富有动态过程的、有变化、有发挥的当众性的播讲。演播具有当众性,是主持人在镜头前、话筒前,面对现场观众,面对收音机、电视机前的受众进行当众播讲;演播指主持人在进行播讲的过程中要有变化,要有发挥,是富有动态过程的。

我们再从"演播"这个专业术语定位的内涵来论证:

其一,关于"节目主持人要不要表演",争议的焦点是"要不要戏剧表演"。从"演播"这个词以及与其相近的演讲、演说等词语中,我们明显看到,演播、演讲、演说都有一个"演",但是这个"演",不扮演任何人;这个"演",不担负扮演戏剧角色的任务。

"演播"作为专业术语明显不具有"戏剧表演的含义"。

其二，从演播以及演讲、演说的行为主体而言，主持人是在特定的时间和特定的地点所做出的对特定观众有可能产生影响的特定的人。作为"社会人"的主持人，他是面对社会大众进行传播的，要"做出对特定观众有可能产生影响"的播讲，主持人的"演播"就更需表现、更需"社会表演"。

"演播"作为专业术语更显"社会表演"含义。

其三，从行为空间而言，演播特别具有当众性，演播的行为是在镜头前、话筒前当众展现才能、形象和魅力，演播更符合在镜头前、话筒前的工作性质。

"演播"作为专业术语，更能强调主持人在镜头前、话筒前需要一种当众的创作状态。

其四，从行为对象而言，演播是当众性的播讲，主持人在演播过程中要以有变化、有发挥的语言来吸引现场的观众与电视机、收音机前的受众，这正符合演播的叙述要求。

"演播"作为专业术语更能突出当众播讲的叙述性。

演播作为主持艺术专业术语，既指出主持人不是在"戏剧表演"，而是要有"社会表演"；又指出当众性的播讲既需要有一种创作状态，更要有一个有变化、有发挥的表现过程。演播有着完整意义的涵盖。

"演播"这一专业术语是合理的、科学的。

节目主持人该怎样获得"当众状态"呢？

演播的"当众性"是面对镜头、面对话筒；演播的"当众性"是面对现场的观众，面对电视机、收音机前的受众。

主持人，只要"面对"，就需要有一种当众的创作状态。这种当众的创作状态，有的主持人有，有的主持人没有。没有当众创作状态的主持人，可以通过上表演课进行元素训练来获得。

表演有元素训练课、单人小品演练课、片段表演课和大戏排演课。主持艺术专业的学生要通过那些与主持艺术共通的、共同的、共用的表演元素的训练来支撑起主持人在镜头前、话筒前当众的创作状态。

上海戏剧学院陈茂林教授总结归纳出这样一组表演元素训练：[①]

无实物注意力练习：

每人弯坐着：刻字、磨刀、捏泥人、配钥匙。

每人蹲跪着：修车、电焊、修木桶、炸炒米。

每人站立着：炒菜、插花、熨衣服、熬中药。

在演练中要有顺序性、逻辑性，掌握质感、量感、分寸感，集中注意力，发挥想象，锻炼记忆，培养信念。

---

① 引自陈茂林教授的表演教学大纲。

无实物感觉练习：

视觉练习：放风筝、捉蟋蟀、断电修电表。

听觉练习：半夜闹耗子、有贼偷东西、山里找水源。

嗅觉练习：香、臭、腥，菜烧"糊"了，有毒气体泄露。

味觉练习：喝水、喝酒、喝咖啡、喝可口可乐。

触觉练习：抚猫、烤火、夏天冲凉、冬天洗衣服。

在演练中要真听、真看、真感觉、真思考。"五觉"练习先分项练，后综合练。

动作证实练习：

以三个互不相关的动作组合成一个行动过程：

蹲—爬—跳，掷—抓—敲，

踢—躺—滚，摔—跨—趴。

物件证实练习：

以一个物件表现多种用途并通过动作完成一个简单的行动：

一张报纸、一条毛巾、一个圆筒、一个匣子。

环境证实练习：

以代用教具通过动作、行动、行为来证实一个环境：

椅子、圆柱、长方柱、台阶、栏杆。

语言证实练习：

以三个有关联的语气词组合成一个简单的故事，并讲述出来：

等着吧！……天哪！……喔！

是吗？……快看！……来吧！

坏啦？……什么？……没戏了！

在以上动作、物件、环境、语言证实演练的基础上进一步发挥想象，增强感受，培养信念。

节奏速度练习：

在不同速度的音乐旋律中击掌、走路、变换位置，符合轻、重、缓、急的音乐节拍，在演练中培养感应能力和自我控制力。

小品练习：

在规定的情境中单人完成一个带有事件性质的有机行动。

(1) 成语小品

棋高一着、一波三折、歪打正着、阴差阳错，一物降一物、柳暗花明又一村、搬起石头砸自己的脚。

（2）物件小品

一本照相册、一只戒指、一盒录音带、一本集邮簿、一把雨伞、一套军训服……

在节奏速度与小品练习中，表演者应全身心投入，逐渐习惯当众性，感受集体控制力，使自我的行为与表达更为有机。

这样的训练，学生感兴趣，进步也较快。

注意力、想象力、感受力、表现力、新鲜感、兴奋感、真诚感、自信感，主持人拥有了这些表演元素就能支撑起镜头前与话筒前进行创作的当众状态。

正如上海戏剧学院原副院长张仲年所指出的："我们对主持人的表演课进行仔细研究，认为表演训练的主要任务是解放学生的身心，使学生当众在镜头前能放松自如、建立自信。同时，通过体验别人或其他社会角色的情感，扩大自己的情感领域，学会真诚地在节目中表达自身情感的方法。对于主持人来说，与观众交流是他最主要的手段，而表演课中对相互交流的反复训练，有助于学生'真听、真看、真思考'，能让学生正确感受对方、产生互动，锻炼学生准确灵敏的反应能力。掌握交流的技巧，学会如何向观众开放自己的心灵，对于主持人是非常重要的。表演课可帮助学生建立跟文学思维不同的动作思维，对于电视来说，是微相表情动作的表现力，主持人不仅仅在演播室工作，还会出现在各种不同的场合，动作思维可以迅速让他找到最有表现力的体态、手势和得当的表情，并能做出恰当的动作反应。"[①]

上海戏剧学院1995级首届电视节目主持人本科班学生陈蓉在上海电视台《智力大冲浪》节目组实习时的体会是："通过在台里实习了解到，表演训练对主持节目太重要了。我想我们上表演课并不是让大家都去演戏。通过表演元素的训练，最重要的是让我们有自信、自如、自控的能力。这样当拿着话筒、当站在观众面前时，我们就不会失去自信，可以完全自如地应付现场的情况。上表演课其实更是学习一种感觉，学习一种镜头前的状态。主持是需要状态的，当众的创作状态是至关重要的，这种状态是要表演元素来支撑的。主持人所展示的不是生活中完全自然的自己，总是需要稍加修饰，表演训练可以帮助主持人逐渐达到这种创作状态。"[②]

表演元素训练就是打破心理上的某一种"自卑"，打破生活中所谓的一种"自尊"，获得镜头前、话筒前当众创作的一种心态；表演元素训练，就是解放心理、解放肢体、解放自己，获得镜头前、话筒前当众创作的一种欲望；表演元素训练，就是让主持人在镜头前、话筒前进行演播时呈现出的一种当众创作状态。

---

① 张仲年,孙祖平.赋予自己的观念以自己的形式：首届电视节目主持人本科班办班访谈[J].戏剧艺术,1999(6): 30-37.

② 张仲年,孙祖平.赋予自己的观念以自己的形式：首届电视节目主持人本科班办班访谈[J].戏剧艺术,1999(6): 30-37.

二、静态节目演播与动态节目演播

在主持圈里曾流行过这样一种观点:"文艺节目主持人需要表演,其他类型的节目主持人不需要表演。"这种观点属于"要不要表演"的第三种主张——该表演的就要表演,不该表演的就不要表演。

这种既有具体的肯定,又有明确的否定的观点,对于主持人来讲会产生误导,进而使其走入误区。

一问:"该表演的就要表演,不该表演的就不要表演",那么,什么是主持人该表演的?什么又是主持人不该表演的?没有限定,也就无法操作,此观点有模棱两可之嫌。

二问:"文艺节目主持人需要表演,其他类型的节目主持人不需要表演",这个观点一方面肯定了一类主持人需要表演,另一方面又明确了另一类主持人不需要表演,然而,不管做哪一类节目,大家都是干主持的,如此区分让人左右为难,此观点有自相矛盾之感。

我们从主持人节目的角度来谈主持人演播的两大样态。

主持人演播包括:静态节目演播与动态节目演播。

何谓静态节目演播?是指主持人以站坐姿为主的、现场不带观众群的节目演播样态。

何谓动态节目演播?是指主人以走动姿为主的、现场带有观众群的节目演播样态。

这样的划分既涵盖了节目主持人与主持人节目在实际操作中的现状,又符合"主持人是在演播"的理论定性。

其一,静态节目演播与动态节目演播的共同点。

不管主持人是在静态节目中演播还是在动态节目中演播,本质都属于"主持人是在演播"这一定性。也就是说,不管是在静态节目还是在动态节目中,主持人都需要具有一种当众创作状态,都需要具有呈现这种当众创作状态的艺术素质——注意力、想象力、感受力和表现力,自信感、新鲜感、兴奋感、真诚感和自信感,这都是共同的、共通的、共用的。

其二,静态节目演播与动态节目演播的关键点。

静态节目演播与动态节目演播的关键点在于节目现场带不带观众群以及主持人对站坐姿与走动姿主次关系的选择运用。这两者之间有着互为关联的对应作用。

如果节目现场不带观众群,那么,主持人的当众性是面对电视机前的广大观众而产生的,这种当众性是一种虚拟的,是通过主持人面对镜头的眼神来体现的。这种有对象感的眼神不可能在镜头前有过多的移动,也不需要主持人表现出大幅度的现场走动,主持人只能也应该选择坐姿或站姿来完成这种虚拟的面对当众的样态来演播。这种演播当属静态节目演播。如中央广播电视总台的《今日说法》《每周质量播报》《交换空间》,北京电视台的《每日文娱播报》。

如果现场不带观众群而把嘉宾请到节目现场进行访谈,那么主持人既要和现场的嘉宾进行面对面的沟通，又要与镜头前虚拟的观众进行面对当众的交流。同样的道理，主持人不可能出现大幅度的走动，主持人的眼神也不应该完全脱离镜头而游动，主持人的演播只能也应该选择坐姿或站姿来访谈，并与现场的嘉宾和镜头前的观众进行沟通交流。这种演播仍属静态节目演播。如中央广播电视总台的《新闻调查》《健康之路》，安徽卫视的《鲁豫有约》，广东卫视的《财经郎眼》。

如果节目现场带有观众群，那么节目现场往往会设置嘉宾的出场，而主持人的"当众性"就只能绝大部分地面对现场的嘉宾和现场的观众群进行沟通，同时，也只能以较少部分的眼神与镜头里虚拟的观众进行交流。这样的演播样态，决定了主持人既要有一定量的坐和站，也要有大量大幅度的走动来与现场的嘉宾、观众进行沟通交流，从而完成主持任务。

从外部表层讲，现场选择带有观众群，这便是节目形态的一个重要组成部分，也是节目内容所展现的一个重要部分，主持人必须通过大量大幅度的走动与现场交流、沟通，让现场观众谈谈看法、亮亮观点，因为现场的一大群观众，不仅仅是听、是看，更重要的还要参与。

从实质上来看，主持人既要面对现场的嘉宾又要面对现场的观众群，既要流畅地对话，又要即兴地应答，既要有机地操持节目的流程，又要对突发场面进行有效的应对。

无论从主持人的注意力、想象力、感受力、表现力，还是从主持人的新鲜感、兴奋感、真诚感、自信感，这些当众创作状态的艺术素质对于主持人演播中的心理承受力和外在控制力以及整体表现力在质感、量感、动感、分寸感的外化上都得以深化、力化、重化、强化。这种演播当属动态节目演播。如深圳卫视的《超级访问》、辽宁卫视的《到底是谁》、湖南卫视的《天天向上》《快乐大本营》。

节目主持人与主持人节目实际操作的现状，证明了静态节目演播与动态节目演播的客观存在。

其三，静态节目演播与动态节目演播的特点。

静态节目演播与动态节目演播，不是按所谓的节目类型与主持人类型来划分的，而是以节目主持人与主持人节目在演播层面里动静样态的内涵来解析的。

从传统习惯来讲，节目主持人与主持人节目分为新闻类、社教类和综艺类三大类型。

从当今现状来看，节目主持人与主持人节目又分为新闻类、社教类、生活服务类、娱乐类、体育类五大类型。

我们从上述主持人静态演播的节目实例中可以看出，《东方时空》节目属于新闻类，《今日说法》节目属于法制教育类，《交换空间》节目属于生活服务类，《每日文娱播报》节目属于文艺娱乐类，《新闻调查》节目属于社会新闻调查类，《鲁豫有约》节目属于文艺明星谈话类，《财经郎眼》节目属于经济类，《健康之路》节目属于生活类……可见，不同类型的节目可呈现出主持人的静态演播。

我们从上述主持人动态演播的节目实例中又可以看出，《超级访问》节目属于谈话类,《到底是谁》节目属于游戏竞猜类,《幸运 52》节目属于益智竞技类,《是真的吗》节目属于生活服务类,《我是歌手》节目属于综艺娱乐类……可见,不同类型的节目可呈现出主持人的动态演播。

我们可以看到,在不同类型的节目中,主持人皆可呈现静态演播或动态演播。

"该表演的就要表演,不该表演的就不要表演"与"文艺节目主持人需要表演,其他类型的节目主持人不需要表演",这样的观点抹杀了各类节目主持人都具有"演播"这一主持艺术的共性特质。节目主持人应懂得如何明智地对静态节目演播与动态节目演播进行对位选择。

三、演播状态与创作活动

一个优秀的节目主持人不管是面对静态节目的演播,还是面对动态节目的演播,都要具有一种积极、饱满、灵动的演播状态。

何谓演播状态?

演播状态是主持人在操持节目中的创作活动,这种创作活动既要在镜头前、话筒前呈现出一种当众的创作状态,也要表现出一种由现场灵动的创作状态而产生的演播创造力。也就是说,主持人的创作状态包括两种状态:一种是镜头前、话筒前的当众状态,这是基本的创作状态;一种是演播现场的灵动状态,这种创作状态能产生演播的创造力。

演播状态便是当众状态、现场灵动状态以及演播创造力的统称。

演播状态这一创作活动,是在基本的创作状态上所表现出的由现场灵动的创作状态而产生的演播创造力,是由心理情感的运动状态而产生"情中说"的演播创造力,由态势语言的行动状态而产生"动中说"的演播创造力,由现场发挥的能动状态而产生"听中说"的演播创造力。

下面我们就通过三个主持人现象来分述灵动的"三动"状态与演播的"三说"创造力。

(一)心理情感的运动状态——情中说

徐俐现象——

徐俐是第一个通过卫星走向世界的中国电视节目主持人。徐俐鲜活、生动、明快、干练,她以极富魅力、充满朝气的荧屏形象,向全世界展示了中国电视人特有的卓尔不凡的气度和风采。

为了主持好《中国新闻》,徐俐曾反复观看西方著名新闻节目主持人的录像带,她看懂并发现了他们的状态和秘诀。这种状态和秘诀直接表现为"新闻人"在播讲新闻中的强烈投入。

徐俐认为,新闻虽有它自身的播讲要求,但荧屏上的状态,就是自身对工作的投入状态,而这种投入正是播好、播活新闻的关键。如果不用心体会记者采编时的感受和新闻事件中"人"的活动,那么,节目播出的效果就会出现"两张皮"——新闻是新闻,播讲是播讲,二者无法有机融为一体。

徐俐认为,现场与画面之间需要主持人来过渡,但主持人不能只做客观的转述,而应是现场画面中的"一部分",播讲时的语气、节奏和基调都应与现场画面紧密相连,与之浑然一体;如果不投入,恐怕很难寻找到与现场画面相适应的、较为生活化的心理状态。

徐俐说:"每当走到镜头前,我就兴奋。"

优秀的主持人有着很多的共性,比如李梓萌,就外形而言,她被认为具有一张标准的主播脸,整体上显得端庄大气。不难想象,能够成为中央广播电视总台《新闻联播》主播的人,在颜值和业务上都是"天花板"一般的存在。除了《新闻联播》,在《新闻直播间》《朝闻天下》《主播说联播》等节目中,观众看到的李梓萌都是以沉稳、端庄、大气的形象出现的,这大气的形象源自新闻节目的类型。生活中的李梓萌活泼开朗,为了在新闻节目中显得成熟稳重,她带上了增龄的假发,时尚的美女摇身一变成了端庄、亲切的女主播,一"骗"观众就是十几年。年龄看着上去了,气质看着也稳重了,但是我们通过屏幕看到的李梓萌依然是那么随和,毫无距离感,就是因为她面对镜头流露出的亲切的微笑,这微笑透过眼神直抵每一位观众的内心。她口中在字正腔圆地播音,可是眼神里分明又透露出"我要把天下事都告诉你"的欲望和冲动。无论观众何时打开电视,都能被她瞬间吸引,这可能就是时下流行的"代入感"吧。

感人心者,莫先乎情。有声语言,言为心声。

全情投入节目,全情拥抱荧屏,主持人使自己的心理情感始终处于一种运动状态,从而产生"情中说"的演播创造力。

我们知道,语言担负着交流思想与交流情感的双重任务。

主持人清楚地表述思想、传达观点主要是通过对语法逻辑的强调实现的,主持人传达情绪情感的任务则主要是通过对语气语调的运用。

从表述思想、传达观点的语法逻辑来看,语法逻辑的强调具体体现为停连与重音。停连是指停顿和连接,有停顿、有连接才能更好地表情达意。那么,停连的位置如何解决?重音是指着重强调的词或词组。任何一个语句里都有重音,那么,重音如何确定?

从传达情绪情感的语气语调来讲,语气语调的运用具体体现为语速的快慢、音量的大小、音调的高低、力度的强弱以及语调的走向。语速的快慢是指既能说得快又能说得慢,既要快而不乱又能慢而不断。音量的大小主要是靠气流的大小变化来进行控制的,强大的气流冲击声带,音量就会增大,反之气流减弱,音量自然就会减小。音调的高低取决于声带的拉紧与放松,声带拉紧变薄音调就高,声带放松变厚音调就低。力度的强弱是指吐字力度的强弱变化,吐字力度强弱变化的控制在于气息与口腔的配合,强似斩钉截铁、铿锵有力,弱如和风细雨、拂面而来。语调的走向我们称为语势。语势可分为上行语势、平行语势和下行语势。上行语势一般可以表现欣喜、欢乐、轻松向上的情绪;平行语势一般可以表现平和、安详、冷漠的情绪;下行语势一般可以表现庄重、沉痛、愤怒的情绪。

在实际操作中,语气语调的快与慢、大与小、高与低、强与弱又如何准确而适度地体现？三种语势在语调走向的实际运用中又如何合规律而得体地展现？

这几许"技能"的运用,这几多"如何"的把握,将自始至终在"为什么人说—说什么—怎样说"的演播贯串线中得以展现,在演播贯串线中得以展现的原动力正是来自主持人由心理情感运动状态而产生"情中说"的这一演播创造力。

我们知道,主持人的文稿样式有三种：背稿式、腹稿式和即兴式。这三种文稿表达样式在实际操作中往往生成四种使用方式：背稿式独立使用,背稿式与腹稿式结合使用,腹稿式与即兴式结合使用,背稿式、腹稿式、即兴式综合使用。

由三种文稿表达样式生成的四种使用方式在执行演播贯串线"为什么人说—说什么—怎样说"时,在把握语法逻辑与语气语调的技能运用来清楚地表述思想目的、准确地表达情感任务时,都要由主持人"心理情感的运动状态"来支撑,由"情中说"来体现。

在背稿式的实际操作中,对于用来表达情绪情感任务的上行语势、平行语势、下行语势的语调走向的技巧运用,由于时间较为宽裕,主持人对稿件或串词可做充分的准备,可做细腻的技巧处理。

而在背稿式、腹稿式、即兴式综合使用的实际操作中,主持人要有针对性地提问,要恰到好处地议论,要见什么人说什么话,要听什么话议什么事。语言表达毕竟不是绘画绣花,不可能每一句话都严谨工整,都调配安置得那么准确到位,只能在表达中由主持人的心理情感运动状态的总体感受来支持语流曲线的起伏变化。

心理情感的运动状态,是指主持人在履行演播贯串线中,运用语言技巧表达"说什么"时,同步表现出一种心理情感不断发展、变化的创作活动。这种状态的创作活动将产生"情中说"的演播创造力。

这种心理情感的运动状态——情中说,是主持人对语言表达技巧的扎实掌握,更是主持人对心理情感的厚实运用。

心理情感运动状态的内在所指就是：全情投入—具体感受—调动积累—瞬间反应；心理情感运动状态的外部表现就是：以气托声—以情带声—以韵传声。

这种心理情感的运动状态——情中说,将使主持人在履行演播贯串线"为什么人说—说什么—怎样说"的任务中,让发声与发音、表达与表现,更为传真、传情、传神,更能入耳、入脑、入心。

心理情感的运动状态——情中说,是节目主持人演播状态创作活动中首要的创造力。

(二)态势语言的行动状态——动中说

李咏现象——

在2000年"中国电视榜"的评选活动中,亮相还不到一年的《幸运52》一举夺得三项大奖：年度电视节目奖、最佳游戏节目奖、最佳游戏节目主持人奖。

李咏是幸运的，他在《幸运52》中一出场就得到全国老百姓的喜爱；

李咏是特别的，他在《幸运52》中与众不同的一招一式、一举一动，赢得了老百姓的特别认同。

节目开始时，李咏便从坐满人的观众席中疾步出场；让选手答题时，李咏的眼中闪动着期盼获胜的目光；一个单元结束时，李咏右臂一挥，冲着镜头出拳；打开获胜奖品的大门时，李咏快步举手如数家珍地激情介绍；当竞猜商标时，李咏走到台口彬彬有礼地用标准的礼仪身段将观众请上台；当最后的冠军产生时，李咏又将手中的猜题卡抛向上空，在花雨中与冠军紧紧拥抱……

一招一式特别潇洒，一举一动特别得体，李咏特别风格的态势语言让《幸运52》特别出彩，特别出众。

长期以来，人们忽视了对态势语言的研究，这不能不说是一个很大的缺憾。到了20世纪70年代，美国著名传播学著作《人体语言》一书问世，人们才开始认识到人体语言的存在及其在传递信息中所不可忽视的作用。

长期以来，我们的主持人缺乏个性美，尽管原因是多方面的，但主持人缺乏自觉运用态势语言的意识、不注重发挥自身态势语言的特点，是重要的原因之一。

李咏为中国电视史创造了太多的奇迹，在他的身上我们发现电视节目主持人竟然可以这么"玩"，李咏在节目里"玩"得开心，观众在台下、在屏幕前看得也开心。英年早逝的李咏留下了很多精品节目值得后生晚辈不断学习和借鉴。可喜的是，在年轻一辈的主持人中，尼格买提闪亮登场，长相帅气，是才华和颜值并存的男主持人。2014年，尼格买提凭借自己的实力，获得了第十届中国金鹰电视艺术节优秀男主持人奖。2015年，他登上了央视春晚的舞台，第一次主持了央视的春节联欢晚会。从2015年开始至2023年，尼格买提已经连续主持九次央视春晚。现如今，当我们问及尼格买提的代表作品，相信大家一定会说《开门大吉》，一档在2013年开播的老节目，仍活跃在央视荧屏中。难能可贵的这是一档老少咸宜的综艺节目，是一档适合全家老少一同观看的"合家欢"节目，而如此长期"活着"，并且"体面地活着"，没有让观众产生审美疲劳的节目，究其原因，主持人尼格买提的肢体语言的运用应该是帮助《开门大吉》持续保持新鲜的缘由所在吧。

《开门大吉》正如节目名称所言，节目的一开场，全场满屏 LED 场灯倒计时，舞台正中间大门打开，观众看到的是尼格买提动感活力的形象。尼格买提同样也以双手打开、拥抱大家的精心设置的态势语言迎接每一位电视机前的观众。敞开怀抱，来者皆是客的"家"的感觉瞬间被他营造出来，也因为主持人敞开的怀抱，现场的每一位嘉宾顷刻间放下拘谨，和节目融为一体。细看尼格买提的每一档节目，你会发现，他动态的主持状态让整个节目都活了。特别是主持人为节目精心设置的、形象提炼的、反复呈现的贯穿全过程的"先双臂交叉，后双臂打开的经典态势动作"成了节目名称《开门大吉》的鲜明符号。《开门大吉》是一档娱乐综艺节目，节目所呈现出来的氛围也是轻松、愉快的，尼格买提看似自在、随性,实则精心设计的态势语言在这档节目中被放大,一定程度上也帮助节目赢得了更多肯定。毕竟每期节目的嘉宾在变、歌曲类型在变,不变的则是主持人尼格买提。

我们知道,人们常以手势、表情、体态等"非语言手段"来配合有声语言的表达。这些"无声的语言",语言学界称之为"态势语言"。

——主持人李咏在《幸运52》中特别突出的一举一动、一招一式,就是电视节目主持人在展现态势语言时特别要具有的一种行动状态。

——主持人尼格买提在《开门大吉》中所展现的态势语言,是主持人主持状态的体现,更是主持人以主人身份驾驭节目的体现。

正如制片人、主持人王利芬在《对话美国电视》一书中所说:"不管是电视节目也好还是电视频道也罢,它的力量全部蕴藏在主持人的语言和眼神以及各种身体语言中。"①

电视节目主持艺术是在镜头前、话筒前的一种演播艺术。电视节目主持人是通过有声语言与态势语言的相互作用、相互配合来取得最佳的演播效果,来满足受众视觉和听觉需要的。电视节目主持人离开了态势语言,势必有悖于视听艺术的规律,是不完善、不成功的传播;缺乏态势语言的主持人,也就失去了演播状态的魅力,就成了名副其实的"传声筒"。

态势语言既有伴随性,又有独立性。态势语言有"表示"的作用:点头表示满意和同意;态势语言有"表露"的作用:表情表露喜怒和哀乐;态势语言有"表意"的作用:在特定的语境中双手滚动,既表示车轮滚滚,亦可表示心情烦躁。

要让主持人能够在"动中说",主持人在展现态势语言时就必须有一种行动状态。主持人的行动状态,既指具体的举动和走动,又指实现某种心理的活动状态。主持人的行动状态应该是得体且有机的。

何谓态势语言的行动状态?就是主持人以手势、眼神、体态等手段辅助有声语言来表情达意而同步表现出的得体又有机的创作活动状态。这种状态的创作活动将产生"动中说"的演播创造力。

态势语言的行动状态涵盖两个层面:态势语言的得体展示与行动状态的有机展现。

其一,态势语言的得体展示。态势语言包括目光语、表情语、手势语、体态语。主持人的目光语是指主持人只有心中有人,才能目中有情,只有有神的眼睛,才能让观众感受到一份真诚、一份实意。主持人的表情语是指主持人要有丰富的情感色彩,或微笑或兴奋,或坦然或惊讶;喜、怒、哀、乐的面部表情要随着节目的推进而有情绪的变化。主持人的手势语是指主持人要用加强性手势来辅助传递某种情感,要用描述性手势来描绘事物的大小、形式、方位,以加强一种张力;主持人的手势语一者是情感符号,一者是形象图解。主持人的体态语是指主持人要站有站相、坐有坐相,站时腰板挺直而不拘谨,坐时端正前倾而不懈怠;站、坐、走、动要和谐舒展,要有一种向上的感觉。

主持人态势语言的展示切忌散乱、多余、花哨,关键要合拍、得体。

---

① 王利芬.对话美国电视[M].北京:中信出版社,2006:10.

其二，行动状态的有机展现。

主持人的生活状态不等于镜头前的创作状态，主持人工作状况下的举止也不同于生活中的无拘无束。主持人态势语言的运用不单纯是"外部动作"的展示，主持人的一招一式、一举手、一投足都不应是机械的行动，其既要来自现场的感受和判断，又要符合生活的逻辑和规范，更要给观众的视觉感受带来一定的美学信息，所以主持人的这种行动状态应该是有机的展现。

态势语言的得体展示与行动状态的有机展现，组成了主持人态势语言的行动状态，产生"动中说"这一演播创造力。

"动中说"的演播创造力，有助于电视节目主持人的演播状态产生亲和力、吸引力、感染力，从而形成一种独特的风格。

态势语言的行动状态，是小试"举止"；得体有机的"动中说"，是大显"身手"。态势语言的行动状态，从训练中来；得体有机的"动中说"，从创作中出。

电视节目主持人想要呈现出有机得体的行动状态，进而产生"动中说"的演播创造力，就必须有感受地行动、有判断地行动、有逻辑地行动。

其一，要有感受地行动。列宁曾经说过："物质作用于我们的感觉器官而引起感觉。"[①]人们常说："眼睛是心灵的窗户。"其实，何止是眼睛，人的各种感觉器官都是"窗户"，透过这些"窗户"，人才能了解和认知各种事物。人在活动时，每时每刻都在不断地感觉着外部世界。感觉正常，保证了人的一切活动的正常；感觉失调，势必造成人的活动失调。人们在日常生活中却很少自觉地留意自身的感觉，即便感觉了，往往也是随即忘掉。然而，作为一个电视节目主持人，却不能对演播现场的一切漠然处之，他只有对播讲稿、人与事以及主持情境有深切的感受，同时对自己有声语言表达有具体的感受时，他的态势语言才能敏捷地感受出有机的行动状态。

这种自觉感受的行动是一种创作活动。只有这种时时刻刻感受的行动，才能展现出主持人行动状态的有机，从而产生"动中说"的创造力。

其二，要有判断地行动。人在感觉和感受中时，往往会受到自我主观状态的影响，这在很大程度上影响着对事物感觉和感受的正确性、清晰性及敏锐性，此时就需要主持人在感觉和感受中进行有判断性的行动。主持人对采访对象的一切举止言谈，甚至一个细微的眼神、一个模糊的沉吟、一个极小的停顿，都要做出正确的判断，为态势语言的行动提供可靠的心理依据。

这种瞬间判断的行动是一种创作活动，只有这种在感受中的判断行动，才能展现出主持人行动状态的有机，让"动中说"更显创造力。

其三，要有逻辑地行动。逻辑的行动有两个指向：一指分寸感，因为主持人的演播有动态节目演播与静态节目演播之分，静态节目演播是主持人以坐站姿为主的，现场不带

---

① 列宁.列宁选集：第2卷[M].北京：人民出版社，1972：50.

观众群,动态节目演播是主持人以走动姿为主的,现场带有观众群,那么,动态与静态演播空间的大与小,就制约着主持人态势语言运用的强与弱、重与轻、多与少。有逻辑地行动,就有主持人动、静态演播的分寸感。二指合理性,因为主持人在态势语言的运用中往往会出现两种幼稚的现象,即在静态演播中天天做"广播操",在动态演播中仿佛得了"多动症"。所谓"广播操",就是单手左一下、右一下,双手合一下、分一下,头脑低一下、抬一下,身体倾一下、仰一下,一段话说完嘴再抿一下。所谓"多动症",就是一脸的眉飞色舞,四肢的手舞足蹈,全身的活蹦乱跳,一段话说完之后一个劲儿地对着镜头笑。

这种程式化的"广播操",这种熟练工的"多动症",不能不引起我们的重视。

有逻辑地行动,是战胜两种幼稚病的"克星"。

逻辑行动的分寸感与合理性,就是让逻辑的行为既要符合生活常态的规律,又要让态势语言传递出一种美学信息。只有这种合规律的逻辑行动,才能展现态势语言的行动状态的有机,才能让"动中说"更具有创造力。

没有创作,态势语言的运用是平淡的,甚至是大体相同的;有了创作,"动中说"的创造力才是鲜活的,才能有助于主持人风格的形成。

要有根据态势语言行动状态而产生的"动中说",就要有感受地行动,要有判断地行动,要有逻辑地行动。在自觉感受的行动中,主持人要有瞬间的判断行动,进而产生合理的逻辑行动。

态势语言的行动状态,一要得体,二要有机,关键是在"动中说"。

态势语言的行动状态——动中说,是电视节目主持人演播状态创作活动时必要的创造力。

(三)现场发挥的能动状态——听中说

孟非现象——

金声奖得主孟非是《非诚勿扰》的主持人,常常在节目中凭借一些即兴的反应完美救场。

我们来看这样一个片段:在江苏卫视婚恋交友节目《非诚勿扰》2010年4月18日播出的第20期中,2号女嘉宾朱真芳不屑于跟王煜握手,声称她的手只会给男朋友握,其他人如果想跟她握手,需要20万元。此言一出,全场哗然。

孟　非:王煜,欢迎你。

王　煜:孟非老师好。

孟　非:对面24位女孩,你看一下喜欢哪一位?不用说出来啊。

王　煜:不是,首先我有一个小小的要求,我想和24位女生先握个手,可以吗?

(观众呼喊,起哄)

孟　非:我刚刚还说,怎么每个人都有上来找麻烦的意思呢?你给个理由先。

王　煜:大家见面是朋友嘛,朋友就得握个手。

（众笑）

孟　非：这不是歌词吧？是朋友就得握个手。
乐　嘉：你这么说话，是很容易在第一轮被灭得很惨很惨的。
孟　非：既然乐嘉老师都这么说了，我允许你去，快点吧。
王　煜：谢谢。
……
（王煜到2号女嘉宾面前时，女嘉宾把手背后，鞠躬表示歉意）

孟　非：来，我有点小问题，2号，朱真芳，你的小手为什么不让人握一下？
朱真芳：我的手的话，只会给我男朋友握，其他人20万。
（众笑，起哄呐喊）

孟　非：为什么是20万？不是10万或者25万？
朱真芳：因为我有跟他讲，我的男友月薪至少要20万。
孟　非：大概也没有别的女人的手，除了男朋友不让别人碰吧，英国女王的手还让人吻一下呢。

（众笑）

　　从这段对话中我们能够看出，孟非很好地化解了这一尴尬的局面，同时还表达了正确的价值观，为大家科普了英国吻手礼这一礼仪，使原本很低俗的一个话题得以升华。

　　在《新相亲大会》第1季的第11期节目中，一位男嘉宾拒绝选择心动家庭，灭掉所有女嘉宾的灯后，选择向节目中的女编导表白。一时间，场面非常尴尬。主持人孟非搞笑救场，化解了现场的尴尬。

　　这位男嘉宾有着帅气的外表和独特的艺术气质，一登场就成了女嘉宾及其父母感兴趣的对象。然而在权利反转阶段，该男嘉宾灭掉所有女嘉宾的灯，他的举动让所有人都吃了一惊。主持人孟非也有些措手不及。

孟　非：你确定要这么做？你不会又看上了我哪个女同事吧？
男嘉宾：首先我很感谢六个家庭，你们让我感到很热情，也很温暖。我从来到这里的过程中接触了一个女孩，就觉得她很可爱。从跟她发信息到打电话，我觉得她特别温柔。我讲我的故事的时候，她会在电话那头哭。这让我觉得她是一个很善良、很有同理心的女孩。

（这位男嘉宾口中的心动女生是节目组女编导。不过女编导一上台就立刻表示，自己已经有男朋友，而且还开玩笑说"比男嘉宾帅"。男嘉宾一时之间有些尴尬，这时候，主持人孟非"挺身而出"）

孟　非（笑着对女编导）：我们还要服务这么多男女嘉宾，从现在开始，导演组自我介绍时要说"我是某某某，我为你服务，我有男朋友"。这要当作一条工作纪律贯彻下去！

孟非这句话一出，现场立刻笑作一团，纷纷为其鼓掌，男嘉宾也从刚刚表白被拒的阴影中走了出来。

孟非在节目中常常会有一些即兴发挥，根据现场情况做出一些即兴反应，这体现出他深厚的主持功力。

著名主持人叶惠贤曾说："主持人的'即兴'是一种瞬间艺术，连一秒钟的停顿都不能有。说错了，君子一言，驷马难追。说慢了，机会稍纵即逝，不能重来。我把它称之为'喉稿'，意即需要脱口而出，连腹稿都来不及打，而且语言又必须是高质量的，既要承上启下流畅贴切，又要诙谐幽默恰到好处，确实难度不少，这全凭主持人的知识积累、文化素养、舞台经验和临场发挥。"

要让主持人做到在听中有快速、恰当的反应，做到在听中临场发挥，做到"听中说"，主持人的现场发挥必须处于一种能动的状态。

主持人一旦有了这种能动状态，现场的氛围也就会被很快带活了。关于这一点，我们可以在撒贝宁的《开讲啦》当中找到案例。

《开讲啦》于2012年9月开播，节目邀请"中国青年心中的榜样"作为开讲人，通过前沿的新知分享，以平实的角度和润物无声的方式传递主流价值观。《开讲啦》是我国首档青年电视公开课，以"年轻化"和"全媒体"的传播特点而受到广泛关注和好评；节目每期邀请一位嘉宾讲述自己的故事，分享他们对于生活和生命的感悟，给予中国青年现实的讨论和心灵的滋养，讨论青年的人生问题，同时也讨论青春中国的社会问题。这个节目的主持人是撒贝宁，在网上，网友称撒贝宁是"总结帝"。顾名思义，就是在每期节目结束之前，主持人撒贝宁都会根据嘉宾开讲和自己对嘉宾现场采访的内容进行即兴的现场总结。当他遇到航天员时，他是一名满怀崇拜的学生，而当他面对歌手李健时，那就是一双才子在舞台上"斗法"了。

2020年有一期《开讲啦》节目邀请的是歌手李健，李健来自清华，撒贝宁来自北大，当李健介绍自己大学女同学长相一般，但刻苦努力的时候，撒贝宁立刻接话"经过这么多年，我终于明白为什么清华的男生天天要跑到北大的草坪上去唱歌，因为清华的女生长得都很善良"（全场笑声掌声，因为对于名校生，人们关注更多的是他们取得的成绩而不是容貌）。撒贝宁在掌声和笑声中又补充道："能够让你们在北大的草坪上唱得北大的女生团团转，说明我们北大的男生长得也很善良。"（全场笑翻，因为撒贝宁调侃清华女生的同时，也调侃了自己母校北大的男生）

看着各大媒体对于《开讲啦》节目的文字介绍，很多时候我们会单方面猜想节目是否因为基因的定性而少了娱乐性，殊不知，因为有了撒贝宁的存在，在保证节目知识性的同时又增加了很多的趣味性和可看性，吸引了很多年轻的观众。撒贝宁在节目中对嘉宾的采访提问，不管是现场观众还是屏幕前的观众，都在节目中找到了自己的影子或者年轻时候自己的影子，很好地带动了观众的心理参与。在整个节目中，撒贝宁的脑子都在飞速运转，在思维运转的同时，再借助良好的语言表达，从而让整个节目饱满而又充实。这一切或许要归功于主持人现场发挥的能动状态。

何谓现场发挥的能动状态？指能激活主持人在临场应变、即兴发挥中不断出彩出智的一种积极、兴奋、敏感的创作活动状态。这种状态能让主持人产生"听中说"的演播创造力。

即兴主持是衡量主持人是否出色的重要标志之一。主持人不管在新闻性节目中、在社教性节目中，还是在娱乐性节目中，采访、提问、评述、议论都需要临场应变，都需要现场发挥。临场应变和现场发挥就是即兴主持。

主持人拿到的节目稿，往往只是一些大纲或要点，只对串词长短、提问角度等提出简单要求；有的时候主持人甚至没有节目稿，只是一张节目单，导演告诉你是台什么晚会，上什么节目，有哪些演员，一切都需要主持人即兴发挥。

即兴主持，对于一个缺乏艺术功底和文化素养的主持人来说，是一个危险的陷阱，一旦掉下去就可能爬不上来；即兴主持，对于一个具备丰厚艺术功底和文化素养的主持人来讲，是一个成功的阶梯，只要敢于攀登、不断攀登，就能到达主持艺术光辉的顶点。

即兴主持不能出错、出丑，即兴主持必须出智、出彩。即兴主持的出智出彩有三个层次的追求：

首先，即兴主持中出通顺、出流畅，是第一层次的追求，给人的听觉感受是绘声绘色、对答如流，这是低层次的表现。

其次，通顺、流畅中出幽默、出情趣，是第二层次的追求，给人的听觉感受是借题发挥、妙语连珠，这是高层次的表现。

最后，幽默、情趣中出见解、出哲理，是第三层次的追求，给人的听觉感受是画龙点睛、意犹未尽，这是最高层次的表现。

有的主持人在每次即兴主持时，绘声绘色、对答如流，但不出幽默、不出情趣，更不出见解、出哲理，这只能打75分；有的主持人在每次即兴主持时，既能绘声绘色、对答如流，又能借题发挥、妙语连珠，但就是出不了见解、出不了哲理，这可以打85分；有的主持人在每次即兴主持的演播中，既能绘声绘色、对答如流，又能借题发挥、妙语连珠，还能画龙点睛、意犹未尽，这就可以给出95分。

出智出彩的三个层次在即兴主持中既能独立展现，又可综合体现。

主持人即兴主持的出智出彩过程，不可能句句都是最高层次的，但是，每次成功的即兴主持至少应有两三句"闪光的语言""经典的语言"，它们能给观众留下深刻的印象，能让观众有回味的空间。

在即兴主持中出通顺、出流畅，在通顺、流畅中出幽默、出情趣，在幽默、情趣中出见解、出哲理，这是一个优秀电视节目主持人在每次即兴主持的演播中出智出彩的追求。

一个优秀的电视节目主持人要在每次即兴主持中展现出智出彩的能力，就必须要具备一种能动的创作状态。

要想具备能动的创作状态，主持人必须做到：心态自信，让即兴自觉起来；激情饱满，让应变敏感起来;感受快捷,让思路活跃起来;倾听专注,让发挥积极起来。

其一,心态自信,让即兴自觉起来。

即兴主持不是一件容易的事。即兴主持,就等于主持人给自己挖了一口井,让自己跳下去,爬不上来是悲剧,爬上来就是喜剧,我们要的就是主持人一定要有爬上来的自觉的能动状态。要达到这种自觉的能动状态,首先,主持人在心态上要有自信,要自己相信自己,自己承认自己,要有自己激励自己的力量,要有自觉的能动状态。"自信人生二百年,会当击水三千里",任何一个成功的人,都是充满自信的人。那种患得患失、浮躁慌张、装模作样、刻意取悦的心理状态,是不可能让主持人建立起自信的。从容不迫、潇洒自如、胸有成竹的自信心态,实际上是主持人一种文化的准备、一种底蕴的流露。主持人越有文化准备,就会越自信,对"即兴"就会越喜好,就会越主动,就越有对"即兴"的自觉信念。

自觉属于一种能动的状态。所以,主持人要心态自信,让即兴自觉起来。

其二,激情饱满,让应变敏感起来。

应变是指应付突然发生的情况;敏感是指生理上或心理上对外界事物反应很快。

主持现场往往有些情况是突然发生的,是不可预知的,现场嘉宾的回答和提问也往往是难以预料的,这就需要主持人的应变处于一种敏感的能动状态。

要让主持人的应变敏感起来,主持人的演播就决不应该满足于说"现成的话"、说"硬背的词",而应该对即兴主持有一种强烈的创作激情,这种创作激情又是高度兴奋的。因为当一个主持人对"即兴"的创作激情处于高度兴奋状态时,他的感觉和感应对于"应变"就会做出最为敏感的反应。

敏感属于能动的一种状态。所以,主持人要激情饱满,让应变敏感起来。

其三,感受快捷,让思路活跃起来。

所谓思路是指思考的线索,而活跃是指活泼、积极、蓬勃、热烈。

要即兴主持,主持人的思路就必须活跃;要思路活跃,主持人的感受就必须特别快捷。

在快节奏的问答中,在即兴的有感而发里,没有太多时间让主持人深思熟虑、精雕细刻、悉心推敲,但是主持既要对答如流、流畅应对,又要诙谐幽默、调节氛围,还要富有哲理、让人回味,所以,主持人的出彩出智就必须感受快捷。

这里的感受,在很大程度上是对现场语境的快捷感受。什么人、什么时间、什么环境以及说什么话,这就是现场语境,是主持人语言活动的环境。

正如主持人叶惠贤的经验之谈——一个歌唱家在演唱,台侧的主持人可以从多个角度去捕捉灵感:晚会的主题与节目的关系、演唱者的装束、演唱者的表现、演唱者的背景、演唱歌曲的背景、歌词的内容、观众的反应、此节目与下个节目的关联等。这种灵感捕捉,就是主持人的感受快捷。

主持人只有感受快捷,才能让思考的线索更加活跃;主持人只有思路活跃了,才能在

"刹那间"捕捉到现场那些最有价值、最为鲜活、最能闪光的东西。

活跃属于能动的一种状态,所以,主持人要感受快捷,让思路活跃起来。

其四,倾听专注,让发挥积极起来。

所谓发挥,就是把内在的性质或能力表现出来,而积极则是一种进取的、努力的状态表现。

既然是"发挥",就总有一定的前提条件和客观因素作导引,来让主持人进取、努力,这种"积极"的表现是有方法的,是能操作的。

我们可以清晰地看到,这种导引发挥的前提条件和客观因素,在很大程度上就是现场嘉宾所答问的内容和表述的话语;这种"积极"表现的可操作的方法就是主持人专注地倾听,也就是说,主持人要专注地倾听现场嘉宾所说的话,才能让临场发挥积极起来。

专注地倾听,是真听、善听、会听,只有在这样的听中才能说出更新的话。倾听越专注,主持人的发挥就越积极;发挥越积极,主持人就越能碰撞出智慧的火花。

积极属于能动的一种状态,所以,主持人要倾听专注,让发挥积极起来。

自信与自觉、激情与敏感、快捷与活跃、专注与积极,这些是主持人能动状态的全部构成,也是对主持人能动状态的有力支撑。

李咏在《幸运52》的现场发挥之所以出色,尼格买提在《开门大吉》的即兴主持之所以让人感到好看,孟非在《非诚勿扰》的即兴主持之所以让人叫绝,是因为他们的状态都在自信与自觉地"能动"、都在激情与敏感地"能动",都在快捷与活跃地"能动"、都在专注与积极地"能动"。

任何一个具有临场应变、即兴发挥能力的主持高手,观众都会从视觉感受、听觉感受上鲜明地感到这些鲜活的状态在"能动"。

现场发挥的能动状态,关键是在"听中说"。

要想现场发挥,就要有能动的状态,因为,有了能动的状态就能产生"听中说"的创造力,专注倾听是现场发挥的统率动力。

"倾听专注,让发挥积极起来"将起着统驭作用,将调动激情让应变敏感起来,将调动感受让思路活跃起来;而"心态自信,让即兴自觉起来"是对"倾听专注,让发挥积极起来"的心理支持。

现场发挥的能动状态——"听中说",是电视节目主持人演播状态创作活动中的重要创造力。

四、"三动"状态与演播"三说"的相互关系

有了心理情感的运动状态,主持人在演播中就能叙之以事、晓之以理、感之以情,达到——"情中说";有了态势语言的行动状态,主持人在演播中就能恰如其分、恰如其形、恰如其美,达到——"动中说";有了现场发挥的能动状态,主持人在演播中就能一触即

发、一吐为快、一鸣惊人,达到——"听中说"。

现场灵动的"三动"状态产生演播"三说"的创造力。一个电视节目主持人要想获得创作活动的演播状态,就必须具有现场灵动的"三动"与演播"三说"的创造力。

在"三动"状态中,心理情感的运动状态和态势语言的行动状态是有内在联系的,是相辅相成的,对于主持人来讲,是大多数人都能具有的,是易得的;在"三动"状态中,现场发挥的能动状态,虽与前两种有关联,但它更具有相对的独立性,对于主持人来讲,有的人有,有的人没有,现场发挥的能动状态是难得的。

前二者是基础,后一者是升华。

当一个主持人拥有了前两种状态及其演播创造力,他便获得了主持人的一种基本演播状态。一个主持人要获得最佳演播状态,就必须要修炼自己、提升自己,必须拥有现场发挥的能动状态及其"听中说"的演播创造力。从最佳的演播状态创作活动来讲,这才是一个健全的节目主持人。

一旦进入最佳演播状态创作活动,现场发挥便有了一种综合性,在操作上便会糅合前两种状态,使三者形成一个相互促进的关联系统。

有的主持人,或者说有不少的主持人,一辈子都未升华到现场发挥的能动状态,更不具有"听中说"的演播创造力了,但是,作为一个严格意义上的节目主持人,又必须一辈子执着地追求这种现场发挥的能动状态,追求"听中说"的演播创造力。

易得的,理所当然要不断完善;难得的,更应该通过刻苦训练去寻求。

主持人的任务就是要完成每次节目主持。演播贯串线就是对什么人说—说什么—怎样说。

如何完成主持任务,执行演播贯串线,关键就是主持人是否获得进行创作活动的最佳演播状态。心态决定状态,状态产生创造力。

主持人具备了心理情感的运动状态,具备了态势语言的行动状态,具备了现场发挥的能动状态,便有了在"情中说"、在"动中说"、在"听中说"的演播创造力,就获得了一个电视节目主持人的最佳演播状态。谁获得了最佳的演播状态,谁就进入了最美的主持境地。

何为最美的主持境地?就让我们在描述中来感受一下吧!

在驾驭节目的演播创作中:

他有功力,在语言交谈中通顺流畅、绘声绘色,有他自己的情感和态势,观众听起来,每句话仿佛都入脑入心;他又能张弛有度,不做无聊的插科打诨,而是随机生发,切合题意,犹如一棵主干坚实的大树,被点缀得枝繁叶茂。

他有能力,在现场交流中操纵场面,显出一种高屋建瓴、游刃有余的气势,用一些信手拈来、看似不经意却富有生活情趣的精炼语言和细小动作,巧妙地把观众吸引过来,纳入节目要求的构架中,获得驾驭节目的场面效应。

他有魔力,让现场的嘉宾与观众原来拘谨的变得不拘谨了,让原来讲不出话的能讲出很生动的话了,让原来没有意思的语言显示出意思来了,让原来平淡无奇的进程变得生气勃勃了,而观众也常常被他主持的场面所感染,被吸引到情境中去,由认同进而产生极大的心理愉悦。

有功力地"情中说",有能力地"动中说",有魔力地"听中说",主持人就能成为节目的灵魂主宰,就能成为观众的知心朋友,就能成为传播的精神偶像。最美的主持境地,让人美不胜收。这种境地是每一个严格意义上的电视节目主持人理应追求且不懈追求的;这种境地是属于任何一个获得最佳演播状态的电视节目主持人的。

"三动"状态及其演播"三说"的创造力是电视节目主持艺术的创作灵魂;"三动"状态及其演播"三说"的创造力是完成主持任务、执行演播贯串线最核心的创作活动。

一个优秀的电视节目主持人应该通过系统的专业训练,全面获得由心理情感的运动状态——"情中说"、态势语言的行动状态——"动中说"和现场发挥的能动状态——"听中说"所形成的最佳演播状态,在属于自己的主持人节目的创作活动中,直面受众群,天天、周周、年年讲述老百姓自己的故事,讲述平凡人的不平凡故事,去交流并沟通老百姓心灵的时空……

第四节　创作流程之四:整体形象

当一个电视节目主持人具备了鲜明主持意识后,从富有形态感的节目出发,就要用最佳演播状态走进第四个创作流程,也是最后一个流程——走进整体融合的个性演播形象。

整体融合的个性演播形象涵盖三个方面:

节目主持人整体融合的形象;

节目主持人"个性化"的形成;

节目主持人形象的包装与经营。

一、整体的形象与形象的融合

对于"形象"这一概念,不同的人会使用不同的形容词。提及"主持人形象",更是众说纷纭、莫衷一是、各执己见。

湖南卫视的《天天向上》《快乐大本营》均为群体主持人,并且主持的阵容也在不断变化,但是主持群始终有一个主持人在其中固定起着核心、主导的作用,他的位置是固定不变的,如《天天向上》中的汪涵,《快乐大本营》中的何炅。除核心主持人外,主持群中的其他主持人皆可替换,这种变化既保留了节目主持人形象的固定性,同时又丰富了节目主持人形象的多元性。编导如此心思细腻地"选择"与"搭配"主持人群体,正说明节目主持人形象已成了编导与观众所关注的一大话题。

(一)什么是节目主持人形象

一者认为,谁主持节目谁就代表节目主持人形象;一者认为,节目所需要的形象就是节目主持人形象。

两者都不能说有错,但两者都没有说完全。

前者所说"谁主持节目谁就代表节目主持人形象",其实,这是指主持人的个体形象。之所以说是"个体"形象,是指主持人本身的形象,是观众肉眼可见的主持人的外在形象。后者所说"节目所需要的形象就是节目主持人形象",其实,这是指节目的主体形象。之所以说是"主体"形象,是指事物的主要部分,节目的类型、形态、风格构成了节目的形象。节目主持人是由节目与主持人两个部分组成的,对于主持人来讲,节目的形象是主要的,也是重要的。

从表层直观的角度来看,节目主持人形象包括主持人的个体形象与节目的主体形象。

主持是门艺术,艺术要创造形象。那么,从深层艺术的角度来讲,什么是严格意义上的节目主持人形象呢?

用公式表示:主持人个体形象+节目主体形象=节目主持人整体形象。

主持人个体形象与节目主体形象融合出的整体形象就是节目主持人的形象。整体形象的最高呈现就是节目主持人的个性演播形象。

崔永元在《实话实说》中呈现出了一个整体融合的个性演播形象,并得到全国观众的赞赏,这是个不争的事实;而在《小崔说事》《电影传奇》中,崔永元的表现却不尽如人意,也许是存在节目形态或创作状态的问题,他在这两档节目中都没有创造出"融合的形象",没有呈现出"整体的形象",所以让人感到遗憾,这也是不争的事实。

马东曾经是央视的制片人、主持人,从央视离职后转到新媒体创立米未传媒,并相继制作出《奇葩说》《奇葩大会》《饭局的诱惑》等极具网感的节目。从传统媒体到新媒体,从传播环境到内容的制作具有很大的颠覆性,但马东在两种媒体环境的节目中都呈现出了"整体的形象",其语言表达方式与整个节目所处的平台相吻合。观众在收看他的节目时,总是能够获得一种欣喜和满足。

创造出节目主持人整体形象的过程实质就是一个融合的过程。创造融合就是呈现出节目主持人整体形象,就是呈现整体融合的个性演播形象。从这个意义上讲,主持艺术就是一种创造融合的艺术。

一个节目主持人应找到主持人个体形象与节目主体形象的准确而有效的定位,以便呈现节目主持人整体形象的融合度与含金量,这样,才有利于真正意义上的节目主持人形象的完成和完善,乃至完美。

节目主持人的整体形象,是主持艺术的一个重要理念;节目主持人的整体形象,也是创作流程的一个战略手段；节目主持人的整体形象，更是主持人在创作道路上应有的目标追求。

（二）节目主持人整体形象的实践意义

主持人的个体形象融合节目的主体形象呈现出节目主持人的整体形象。

创造出融合的节目主持人整体形象在主持艺术的实践中有三大作用：

大者，用于一档新节目的推出之前——必须定位；

中者，用于节目的更换主持人之际——必须改版；

小者，用于操持节目自我完善之中——必须整合。

首先，在策划、创意、推出一档新节目之前，必须找准主持人个体形象与节目主体形象的有效定位，以利于节目主持人整体形象的一次性成功。

关键是定位必须准确。主持艺术是一门不允许失败的艺术，特别是一档新推出的节目，若一开始就不被受众群所接受，那将两败俱伤：节目没人看，主持人也起不来。特别是新面孔的主持人，一旦在新节目中失败了，往往别的节目组的编导也不敢再用他了。

推出新节目，必须一次性成功。湖南卫视的汪涵，起初并不是专业的主持人，从抬桌子、搬椅子慢慢变为"台柱子"。汪涵在刚刚进入湖南卫视的时候，只是个片场剧务，负责抬桌子、搬椅子。知道自己起点不够高，在当剧务的那段时间里，做完杂事，他就坐在观众席，认认真真地看别人如何主持。私底下他自己看书、练习普通话，钻研自己的风格，同时他也会总结别人主持时的优缺点，提升自己的能力、丰富自己的积累。

这段时间对汪涵的影响很大，为他的主持生涯打下了良好的基础。这样干了一段时间后，他做起了现场导演，负责调动现场气氛，讲笑话带头鼓掌。慢慢地，他的才能被台领导关注到，他也逐渐开始有了自己的节目。

汪涵的核心竞争力是：极高的情商、丰厚的文化底蕴以及独特的说话之道。三者之中最出彩的是汪涵的说话之道。他的语言更多的是情、理、德、慧，"赠人玫瑰"的同时"手有余香"。

后来汪涵成为湖南卫视的当家主持，成为《天天向上》中的核心、灵魂人物。在节目中，他带领"天天兄弟"推进节目的进程，把控节目的节奏。汪涵的主持总是一语中的，能够精准捕捉嘉宾语言的重点，以一种幽默风趣的方式化解现场突发的尴尬，放大节目精彩的看点。现在一提及《天天向上》，人们始终忘不掉汪涵那张严肃却又不失风趣的面庞。这便是汪涵给观众留下的主持人形象。

其次，在一档节目更换主持人之际，必须改版，让新上任的主持人个体形象与新的节目主体形象相互融合，以利改版后的节目主持人整体形象圆满成功。这其中的关键是换人时要升级、换代出新的节目主体形象。

正由于主持人节目有着长期性、固定性和反复性的特点，所以，节目不可能不改版，但是又不能经常性地改版。要稳中有变，这是一条规律。

作为一档正常播出的节目,如果称得上"好",理论上讲不应该轻易换人。如果主持人因特殊原因离开岗位,或是编导选中更好的人选来替换原主持人,那么节目的主体形象必须在不违背创意、宗旨、定位的前提下,对空间背景、画面组织乃至节目内容、结构流程的表现形态进行改版,以打破受众原有的视觉定式,让新主持人在新的节目主体形象中产生新鲜感,以利于受众对新主持人创造融合的整体形象产生认同。

王刚主持的《东芝动物乐园》让老百姓喜爱上了动物,更让老百姓喜爱上了王刚。后来王刚要离开《东芝动物乐园》主持岗位时,节目组选中了东方卫视著名节目主持人袁鸣接替王刚。袁鸣的形象纯情可人,主持圆熟老练,理应受到观众的欢迎。然而,不到一个月,报界评论——《东芝动物乐园》怎么啦?!

所谓"怎么啦",就是节目收视率有所下降。

应该"怎么办"?《东芝动物乐园》的编导立即将节目的空间背景进行重新布局:给袁鸣设置专用的演播台,将原先一字排开的长条形嘉宾席改换成散状排列的嘉宾席,演播室地面中央增添了一座立体节目标识。袁鸣一会儿站立在演播台旁叙述,一会儿又穿插在嘉宾席中点评,一会儿又绕过演播厅中央立体标识与现场观众对话。空间走动,游刃有余,交流沟通,驾驭自如,在全新的"动物园"大布景的陪衬下,主持人的操作流程给观众耳目一新之感,节目的人气上涨,收视率上升。

一年签约期满,报界又发表评论:"袁鸣圆满完成了《东芝动物乐园》主持任务。"

当《东芝动物乐园》的主持棒由相声演员侯耀华接手后,节目组的编导又在节目的画面组织上进行改版:让一个全新的运动中的小公鼠片花贯串全片,让原先的画外解说改换成画面动物之间的角色对话,并适时打上议论性的字幕,吸引观众。

《东芝动物乐园》节目每更换一次主持人,编导便有意识、有目的、有准备地进行改版,每一代主持人都是在改版后新的节目主体形象中,以风格各异的节目主持人整体形象赢得稳定受众群的喜爱。

最后,主持人在操持一档节目时,想要不断完善自己,就必须将个体形象与节目的主体形象不时地进行自我调节整合,以利于节目主持人整体形象的持续性。这其中的关键是不时地自我调节整合,只有这样,才能使整体形象得以融合。

主持人的个体形象从狭义上讲是指主持人运用本来的、本身的形象去进行创造;从广义上讲,主持人的个体形象又服从主持人运用演播状态在节目主体形象中进行的创作活动,主持人不时地将个体形象进行自我调节,使之整合贯穿在创造融合的整体形象中。

江苏南京有一位主持人,他主持的《南京零距离》被誉为全国第一个内容完全自采的大型新闻资讯类直播节目,备受观众的欢迎和好评,他就是孟非。随后孟非又主持综艺节目,成功凭借《非诚勿扰》再次获得观众的青睐。孟非对于节目类型和风格的适应,也是他不断调节自我创造融合整体形象的过程。

还有一位记者出身的新闻评论员——白岩松,他曾经是家喻户晓的新闻记者,他清晰的条理以及敏捷的思维、极强的观察力,使所报道的新闻内容为人所赞赏。之后,他开始做新闻评论员,将从事记者时的积累应用到评论之中,以一些常人意想不到的切入点剖析新闻事件;其表达方式也十分独特,接地气的语言拉近了新闻与观众之间的距离,他做的新闻评论别具一格。他将说新闻的风格与节目主体形象进一步贴合,增添了整体形象的光彩,并带动了节目组其他主持搭档的自我调节,使稳定的受众群更爱听、更爱看。

准确定位,使新推出的节目主持人整体形象一次性成功;

有效改版,使更换上的节目主持人整体形象圆满性成功;

自我调节,使操持中的节目主持人整体形象持续性成功。

二、融合的形象与形象的个性

创造融合就是展现节目主持人的整体形象;整体形象的最高表现就是节目主持人融合的个性演播形象。

大凡成功者,无不表现出节目主持人形象的个性化:一提到主持人的名字,就会联系到他所主持的节目;一提到节目,就会联想到这档节目主持人的名字,如王志与《面对面》、张越与《半边天》、崔永元与《实话实说》、李咏与《幸运52》、王小丫与《开心辞典》。

他们展现了节目主持的整体形象,表现出了节目主持人形象的个性化。

美国节目主持人亨特利初到美国全国广播公司时,被认为是继爱德华·默罗之后的"新默罗"。于是,他想知道是否应像默罗一样对着镜头抽烟以强调与默罗的一致。但制片人鲁文·弗兰克告诉他:"你面临一种选择,你既可以做第二个爱德华·默罗,更可以成为一个亨特利,但第一个亨特利更重要,你应该有属于自己的个性。"①

美国《60分钟》节目的6个主持人都是名记者,是电视明星,他们每个人在节目中都有鲜明的个性风格。有的以锲而不舍的采访作风而闻名,有的以敏锐的洞察力和分析力而著称,有的主持节目幽默深刻,有的主持节目热情奔放,有的主持节目彬彬有礼……《60分钟》节目总编导善于用人,让他们在节目中充分发挥个人魅力,使节目的声誉与威望经久不衰。②

主持人与节目相对应的个性化是综合一体的。节目主持人形象的个性化是富有创新性的、具有魅力的一种相对稳定的特性形象。那么,节目主持人如何获得个性化形象呢?

(一)要有得体的形象气质

形象是指人形成的固有的长相以及发式造型和服饰穿戴。气质是指人的相当稳定的个性特点以及一种风格、气度的表现。

---

① 徐德仁,施天权.时代的明星:漫谈电视节目主持人[M].上海:复旦大学出版社,1990:88.
② 徐德仁,施天权.时代的明星:漫谈电视节目主持人[M].上海:复旦大学出版社,1990:37.

通俗地讲,形象气质就是什么模样给人什么样的感觉印象。白岩松给人"书卷气"的感觉印象,敬一丹给人"大姐大"的感觉印象,王嘉宁给人"邻家妹"的感觉印象,何炅给人"小精灵"的感觉印象。

节目主持人个性化形象气质的关键是要得体,要"得"节目主体形象的"体"。所谓得体的形象气质,也就是指符合节目形象所需要的主持人形象气质。

电视节目主持人的形象气质已上升为独立的审美价值层次。

形象气质不是单一的一般意义上的外貌形象美,但基调必须是亲善的、舒雅的、顺眼的。主持人形象的这种"美",越来越多地被观众所接受。拥有这种"美"的主持人形象,根据不同节目形象的基调而呈现出各不相同的气质。匪气的、凶气的、怪气的、妖气的形象在节目主持形象清单中应杜绝。

有人气质是雅气的,有人气质是朝气的,有的给人憨气的感觉,有的给人灵气的感觉……主持人形象气质与节目形象相吻合,有利于节目主持人个性形象产生和谐感。

电视荧屏横向扫描的缘故,往往使人的脸型在荧屏上变胖变宽。主持人在荧屏上不胖不瘦,那生活中他一定偏瘦。所以,主持人的脸型要有轮廓感。换句话说,主持人的脸型要"紧",上镜才会让观众看得舒服。脸庞太饱易胖,颧骨太高显硬,腮骨太大会凶,鼻子太塌没立体感,牙齿太露无亲切感。主持人的脸型具有占据荧屏的轮廓感,便能吸引观众的注意力,才会让观众觉得耐看。

对于节目主持人的个性化形象气质来讲,主持人的自我长相与节目形象相适应固然重要,但主持人的发式造型、服饰穿戴与节目形象相吻合也同样重要。

戏剧舞台上有一句话,宁可穿破,不可穿错。节目主持人的个体化形象气质具有一定的稳定特征,服装可以变,配饰可以换,但是经过定位后的发式造型,不要轻易改变,更不要随意改换,要保持得体的形象气质和基调的稳定性。试想一下,在中央广播电视总台一年一度的春节联欢晚会上,任鲁豫、尼格买提可以穿中山装,可以穿西装,也可以穿唐装进行主持,但如果他们的发型换成李咏的一头卷发出现在观众面前,那会是一种什么感觉呢?

少儿节目主持人鞠萍在主持节目时几乎没有穿过牛仔裤、紧身衣,更多的是宽松休闲的服饰,这倒不是牛仔裤、紧身衣没有美感,而是这种成人的美对儿童易产生距离感。在小朋友的审美世界里,没有时尚、没有性感,他们更需要的是一种零距离亲切感。简单的马尾,看似随意的披肩长发,五彩缤纷的毛衣,轻便的衬衫或许就可以获得小朋友一致的赞美。所以主持人服饰的选择不是"随心所欲"的美,而应该是符合节目性质的美,符合节目受众审美习惯的"美",这种"美"更多的应该是"得体",应该是"合适"。节目主持人需要有自己的个性,但作为节目整体的一部分,主持人的形象更应该符合节目形象,与节目形成整体形象的美。

节目主持人个性化形象服饰穿戴的色彩与演播室背景的冷暖色调也有着紧密的关联。背景是冷色调,主持人的服装穿戴应该是暖色调的;而背景是暖色调,主持人的服装色调便有了较多的选择。

男主持人不宜戴项链、戒指，女主持人可以戴，戴时宜小不宜大、宜少不宜多、宜细不宜粗。如果一位女主持人的脖子上戴着一条又粗又大的金项链，手指上再戴着三枚钻石戒指，那么，观众会做何感想？

节目主持人个性化形象的主持妆同样必不可少！主持人化妆的目的，在于使形象焕发精神光彩，更显一种气质。主持妆要注意与光的关联、室内与室外的重与轻、晚会节目与其余节目的浓与淡。总之，主持妆不是戏剧妆，不能浓妆艳抹，应该"轻描淡写"。

长相姿态、发式造型、服饰穿戴、化妆打扮都直接关系到节目主持人的形象气质，不同的节目形象需要相对应的主持人形象气质。

在大屏小屏充斥着生活每一分钟的当下，内容固然是大家关注的焦点，而主持人的形象同样是吸睛的缘由。就拿近两年中央广播电视总台全新推出的三位年轻女主持龙洋、马凡舒、王嘉宁为例，三人都是90后，经过不长时间的历练，分别拥有了收视率不错以及颇受大家关注的节目，但是细心的观众会发现，三位主持人因为主持着内容不同的节目，所以着装造型上也有着很明显的差异，这差异是个性化的体现，更是节目整体形象的体现。

龙洋——睿智机敏，主持风格简约大气，她接手了《中国诗词大会》之后，如沐春风的主持造型总是让人眼前一亮，穿着虽然简约，但知性优雅范儿十足，充满了学者气质，在服装颜色的选择上偏向于清新自然色，没有饱和度过高的色块。如此一来，主持造型既青春活力，又清新脱俗；既体现了东方女性身上的那种古典与优雅，又与《中国诗词大会》这档节目完美匹配。

马凡舒——很多观众都是从2022年春晚的舞台上认识这位长相甜美的主持人的，但爱好体育的朋友对她可能更加熟悉。马凡舒是体育节目主持人，因为主持《天下足球》而被大众熟知，在2022年的春晚上，她极具中国风的白色和大红色旗袍造型，起到了给观众"洗眼"的效果——红色是春节的必备颜色，而她身上的另一件白色蕾丝旗袍，同样高贵感十足，既不失春晚的中国特色，又显现出了女性主持人应有的高级美。同样还是马凡舒，当她走进常态化节目《天下足球》时，又是另一番造型，时而运动短裙，时而紧身衣着，充满体育节目应该有的青春动感与活力四射。新媒体时代的主持人形象不再是千篇一律的形象，而更强调符合节目特性所体现的个性特色。

王嘉宁——《古韵新声》节目主持人。《古韵新声》是一档只在中国传统节日播出的系列节目，内容涵盖了每一个中国人的传统节日，通过一物一曲的介绍，给观众展现出中华文明的源远流长。比如在端午特别节目中，节目形态以技术和国风为表现形式，以文化和文物为载体，通过展示各大博物馆的经典收藏品，加上主持人与专家学者的面对面交流，对赛龙舟、吃粽子、艾草祛病等习俗进行深度解析。节目中的王嘉宁一袭米色、极具设计感的西装上衣和阔腿裤造型，可谓一举多得：西装上衣有着文化类节目的端庄，阔腿裤则传递出年轻人的时尚气息。在这样一个充满古风韵味的节目里，王嘉宁的整体造型与端午节特别节目的整体氛围完美地合而为一。王嘉宁在节目中的精彩亮相,被赞既有大女人的稳重,又有小女人的灵动。

节目内容需要独特性,主持人的造型也需要独特性,而这种独特性是基于不破坏节目内容,与节目整体基调相符合的原则之上,综观上述三位主持人,可以说生活中的她们都是可盐可甜,但一走进节目,她们就是各自节目中的主持人,这个节目里的主持人不属于生活中的自己,而是整体节目的一部分,并且是不可或缺的重要一部分。

形象气质是构成主持人个性气质的基础,要获得节目主持人形象的个性化,首先要有得体的形象气质。

（二）要有贴切的嗓音音色

所谓嗓音,是指说话或歌唱的声音。所谓音色,是指声音的特色,是由发声物体、发声条件、发声方法决定的。[①]

每一个人说话所发出的声音是有区别的,这都是由音色的不同而造成的。

生活中有这样一种现象:当你在听某一个歌唱家或某一个话剧演员说话时,由于他的嗓音音色与众不同,会特别吸引你,你就会更多地注意他的嗓音而分散了对他所说的话的注意力。

一个主持人在节目中与嘉宾交流,与电视机前的观众沟通,是在说话,是在交谈,无须那种富有金属色彩的、极其浑厚的、特别明亮的嗓音音色。因为,人在日常生活中很少接触到有这种嗓音的人,一听到这样的嗓音音色反而会感到很特别,会产生距离感,分散听话的注意力。这样的嗓音会给人一种鹤立鸡群、居高临下之感。

生活中往往还有这样一种现象:在办公室里,你天天与一个同事谈话聊天,你很熟悉他的嗓音,在门外叫一声,你都能知道他是谁。有一天,他打电话到你家里,你却一时听不出他是谁。也就是说,生活中的音色和电话里的音色不一样。

一个主持人在屏幕上是通过话筒说话的,电子传播会改变主持人的嗓音音色,会使原本的音色失真。造成失真的原因主要是设备性能和传输方式,包括话筒、录音机、发射机、接收机在内的各种电子设备对声音频率的反应并不均衡。也就是说,机械使音色变质。

一个人自己听自己说话时,声音从两条路线进入自己的耳膜,一条是经骨传导,声波经颅骨传入内耳,另一条是经空气传导,声波经外耳传入内耳。从麦克风听来的声音,是从外耳进入内耳的,所以嗓音的失真就不可避免了。

面对这种音色失真的现象,作为节目主持人个性化形象的嗓音音色,关键要贴切。也就是说,嗓音音色要与节目主体形象相贴切。贴切的嗓音音色,是指与节目形象相吻合的主持人嗓音音色。

[①] 中国社会科学院语言研究所词典编辑室.现代汉语词典:第7版[M].北京:商务印书馆,2016:1561.

赵忠祥在《动物世界》节目中的嗓音音色是贴切的;撒贝宁在《开讲啦》节目中的嗓音音色是吻合的;白岩松在《新闻1+1》节目中的嗓音音色是紧挨着的;任鲁豫在《唱出我新声》节目中的嗓音音色是天衣无缝的。

贴切的嗓音音色涉及两个方面:主持人本嗓条件的音质和演播中音高能力的使用。

我们先来谈谈主持人本嗓条件的音质。当你走进戏剧学院,无须询问,仅凭自己的听觉,就能分辨出谁是表演系的学生,特别是男生,一个个都有一副宽厚洪亮的好嗓子。从严格意义上讲,话剧演员一般不使用麦克风,好让剧场的观众听到演员原汁原味的台词表达。话剧演员嗓音音质都是宽厚洪亮的,俗称"大嗓门"。

既然有大嗓门,就会相对有中嗓门和小嗓门。

如果大嗓门是宽厚洪亮的,那么中嗓门就是圆润明亮的,小嗓门便是窄扁单薄的。

大嗓门宽厚洪亮的音质,容易使听众产生高大形象和特有气魄的联想;小嗓门窄扁单薄的音质,往往使听众不易入耳、不利于接受。

圆润明亮的中嗓门音质,听起来自然、放松,声带负担较轻,是人们日常生活中、人际交往中常使用的、常听到的一种音色。因为,人们对这种音色很熟悉,有熟人对话交谈之感,因而很容易为人所接受。这种正常使用的中嗓门圆润明亮的嗓音音色,被称为"正嗓声"。

电视节目主持人与嘉宾、观众是面对面、心贴心对话交谈的朋友,所以,主持人的嗓音音色应以正嗓声为主,并通过话筒播放的实践去检验,以便达到自然、圆润、轻松、柔和、富有磁性的亲切感和亲和力的要求。

主持人的嗓音音色往往在话筒前会出现这样一些现象:有些主持人的嗓音音色原本属于"花旦"型,但走到话筒前却变成"童声"了;有些主持人的嗓音音色原本粗中带点沙哑,但通过话筒却成了"青衣"型;有些主持人的嗓音音色原本属于"小生"型,但走近话筒后却变得干瘪不清了;有些主持人的嗓音音色原本尖中带点细弱,但通过话筒传出后却变得清晰明亮了;当然,还有一些主持人,生活中是什么音色,播放后还是什么音色,没有很大的变化,这也是事实。主持人有了在话筒前对自己嗓音的认识,再借助正确的发音方法,会更加有利于掌握自己音色的变化。

以气托声,音色是每个人声音的个性。传统的"气取丹田"的说法,就是要注意对气息力度的控制。

气息力度的加强,除扩展胸腔、膈肌下降外,必须同时增强小腹肌肉收缩顶气的力量,这样才可使高音明快、爽朗。

如何掌握好音色?关键在于使用和调节共鸣器,在掌握口腔、鼻腔、咽腔共鸣的基础上,适当运用胸腔共鸣,使声音呈现健美、饱满的色彩。

要获得与节目贴切的嗓音音色,主持人必须先读解自己的嗓音经电子传播后的音色条件,再借助发音方法和调音台的调试,去塑造声音,从而贴合节目定位。

我们再来谈谈播讲中音高能力的使用。每一个主持人都有自己可以变化的音高范围,主持人的音高变化可以使观众感到语言生动,有韵味。

主持人在演播播讲中的音高涉及两个方面:自然音高与音高变化。自然音高,是指没有剧烈感情色彩变化的一般语言所使用的声音高度。音高变化,是指利用音高去表现语言内容和感情色彩的变化。① 在日常的人际交往中,人们交谈沟通使用的就是自然音高的声音。自然音高具有自然、舒适的听觉特点,新闻类节目和社教类节目更适宜运用自然音高的声音,这是一般主持人都应该具备的,也是能够做到的。然而,在娱乐类节目中,特别是在一些游戏、竞技类节目中,主持人要喊分、叫号、控场、镇场,主持人既要使用自然音高的声音,又要运用声音的音高变化,这对主持人的嗓音条件有更高的要求,并不是每个主持人都具备、都能做到的。

每个人的嗓音条件、音域范围有所不同。音域有高音区、中音区和低音区之分。主持人的中音区一般都比较扎实、悦耳,有的主持人一到高音区就显得单薄,甚至发出尖刺声,而一到低音区就不够饱满,甚至出现吃字现象。有的主持人具备中音区,缺低音区;有的主持人具备中、低音区,缺乏高音区;有的主持人高、中、低音区都具备。

当你看到主持人李咏在《幸运52》中滔滔不绝时,声音高低变化不断,跌宕起伏升降有度,中音区娓娓道来、入耳入脑,高音区铿锵有力、动人心扉。主持话语通过李咏声音变化的处理,犹如一首歌曲,有张有弛。

敬一丹是一位优秀的新闻节目主持人,如果让她代替李咏去主持《幸运52》,即便主持能力能够胜任,她的嗓音条件也勉为其难。

节目主持人要有贴切的嗓音音色,就必须先认清自己的嗓音在音高能力使用上的音区界域,在属于自己的一档节目中,让声音伴随话语显现出游刃有余的音色。

节目主持人创造个性化形象要有贴切的嗓音音色,其中嗓音条件是前提,方法训练在其后,声音使用是完善。

有歌手问经纪人,为什么自己长得很好,歌也不错,可就是红不起来呢?经纪人问他:你有没有研究过你的嗓音呢?

嗓音看不到摸不着,却有着非凡的魔力,散发着一种独特的磁性。

周璇为什么被人称为"金嗓子"?她嗓音不高亢,也不浑厚,留给听众的印象是慵懒、随意、清新并带着一丝甜甜的感觉;还有刘欢,他的长相见仁见智,但是他的嗓音就是动听悦耳。

曾有过这样一则报道——在国外发生过这样一件事:一个广场上每当播放一名女歌手的歌时,广场上的鸽子就会飞走,不管她唱的是什么歌。可是放别的歌手的歌时,广场上的鸽子却没有这种情况。许多热情好事者多次验证了这一现象,百思不得其解。最后一位医生发表了看法,他认为这位女歌手的嗓音音色中有很难察觉的刺耳声波,人类对这种声波感觉不明显,但是鸽子对这种声波很敏感。

---

① 陈京生.电视播音与主持[M].北京:北京广播学院出版社,2000:54.

嗓音的音色经过后天训练是能改变的，但改变不会太大。

很多歌手常说，他们发觉自己感冒时的声音非常好听，这大概是因为咽喉发炎而改变了声带发声器官的部分结构。

无心将主持人的嗓音与歌唱家的嗓音做比较，借用歌唱家的案例只是强调嗓音与音色的重要性。

当然，歌唱得好的，未必说话就好听；而话说得好听的，未必歌就唱得特别入耳。

与生俱来的好的嗓音音色，对一个主持人创造个性化形象来说是幸运的；若与生俱来的好的嗓音音色又能与节目定位十分贴切的话，对一个创造个性化形象的主持人来说将是幸福的。

杨澜在《杨澜访谈录》中知性细腻的音色，让节目火了；赵忠祥在《动物世界》中舒展优雅的解说，让动物活了；李潘在《读书》节目中娓娓道来的解读，让书本更灵动了；白岩松在《面对面》节目中儒雅文气的音质，让评述更有味了。嗓音是主持职业一个非常重要的外在表现形式，受众对它的要求远远高于对常人的要求，受众要求声声"好听"，而这"好听"又必须与节目贴切对位才能够实现。

嗓音音色是主持人的一个资本，嗓音音色是构成主持人个性品质的一个要件。要获得节目主持人形象的个性化，应具有贴切的嗓音音色。主持人在镜头前的演播要找到与一个人谈话的感觉、一种"我要告诉你"的状态，让人感受得到被关注，进而想听下去。

（三）要有自我的用语习惯

俗话说，习惯成自然。习惯是在长时间里逐渐养成的，又是一时不容易改变的行为和倾向。

何谓用语习惯？所谓用语习惯，是主持人在长期实践中养成的思维和表达的惯常方式。这种惯常方式所呈现的语言状态，又有着各自的风格。有人爱调侃，有人善"唠嗑"，有人会俏皮，有人能逗乐，有人显张弛奔放，有人重潇洒思辨……

对于主持人来说，有的主持人有用语习惯，有的主持人还没有用语习惯。

有风格的用语习惯对于观众来讲，似乎只可意会，不可言传。对于任何一个富有个性化形象的优秀节目主持人而言，他们都具有一种属于自己风格且与节目形象相对应的用语习惯。白岩松重潇洒思辨，我们来欣赏一下他在《东方时空》节目《面对面》版块中，面对"外国老板罚中国雇工下跪一事"的结束语：

曾经的贫穷不该是我们觉得比别人低一等的理由，金钱更不是使我们双膝发软的原因。我要说，在奔向富裕的道路上，站直了，别趴下，更不要跪下！

具有思辨色彩，富有思想含量，是白岩松的用语习惯。

撒贝宁能在轻松中让人快乐，让我们来看他的一个采访片段：

撒贝宁：欢迎各位来到《今日说法》。大家好，这里是《非常静距离》之《今日说法》。在这里给大家报个料，今天下午在微博上面有消息灵通人士透露说，在北京地铁站，有一名男子妄图逃票乘车，在地铁工作人员将其阻拦的过程当中，该男子不仅与地铁工作人员发生厮打，而且口中还高喊着"我姐是李静"。这是继"我爸是李刚"之后又一起让公众感到非常震惊的事件，该男子究竟是什么身份？为什么他会在这个时候高喊"我姐是李静"？这个李静又是何许人也呢？今天我们的节目就把当事人请到了现场，掌声有请我姐李静。

李静：太过分了你！

撒贝宁：我姐是李静，以后大家坐地铁买票的时候只要高喊"我姐是李静"，太厉害了！这个新闻还有后半截呢，目前警方已将该名男子的身份查清，该名男子的身份是《今日说法》另一个主持人，叫张绍刚。哈哈哈……

杨澜很端庄、大方。在《杨澜访谈录》中，她介绍巩俐时，用了这样一段开场白：

大家好，欢迎收看《杨澜访谈录》。已经举办了四届的北京国际电影节，吸引了国内外影人的广泛关注和参与，让大家看到了中国电影的蓬勃发展和国际化水平的逐渐提高。回顾20多年以前，以张艺谋、陈凯歌为代表的中国第五代电影导演把他们的作品带到国际市场上，当时的步履何其艰难。今天的中国电影无论是它的多元性，还是被国际社会认可、接纳的程度都已经不可同日而语，而这一历程呢，有一位亲历者和见证者，她就是巩俐。作为第一位被国际观众认识、欣赏并且尊重的中国女演员，在叱咤影坛20多年以后，她最近与老搭档张艺谋合作，带着新片《归来》，再次成为公众和媒体关注的焦点。

端庄中不失亲切，简洁中信息明确，这就是杨澜的用语习惯。

在《奇葩说》节目中，马东总是能够合理、准确、恰当地将广告词与节目内容相结合：

我们真的需要"喝了就能愉快聊天"或者"才能愉快聊天"的雅哈咖啡吗？不会的，我跟你真撕起来的时候，喝什么都没用，除非我喂你喝毒药，但是它可以缓解我们交流的气氛，我们聊不下去了，来，喝一个雅哈咖啡，缓解一下气氛，咱俩好好聊。

调侃中带智慧，逗趣中有张力，这是马东的用语习惯。

……

言如其人，一人一貌。自我的用语习惯是一种个性，是主持人在上节目前平素养成的；自我的用语习惯是一种修养，必须是主持人在做节目中悉心提炼的。

主持一档节目，从确定选题到提炼主题，从准备材料到组织驾驭，整个过程无不渗透着主持人的创作才能，而其中最重要、最突出的，便是主持人的语言表达如何吸引人。

我们的主持人要让语言表达富有吸引力，就必须具有平素养成的且经悉心提炼的属于自我风格的用语习惯。四平八稳、平铺直叙也是一种用语习惯，但没有个性；七零八落、东扯西拉也算是一种用语习惯,但缺少修养。

主持人具有自我风格的用语习惯是一种内在气质的外化,这种外化使主持人的语言状态形成令人爱听而又易于接受的风格,这种风格具有多种多样的表现形式。主持人自我风格的用语习惯由内在气质得到语言外化,关键应掌握表达中的语言匹配。

首先,在入题立意上,应注重理性思辨,说话前要考虑从哪里入题,从哪里立意,不要杂乱无章。

其次,在遣词造句上,应注意简洁有力、逻辑性强,充分显示出语言的分量,一语中的,不要颠三倒四。

最后,在语言特色上,应注入朴素坦率、潇洒自如、生动活泼、幽默风趣等风格特色,不要求全,也无须等量。

我们要明确的是,主持人不同风格的用语习惯对应不同类型的节目形象,使节目富有各自的个性色彩;同一类型的节目也要对应主持人不同风格的用语习惯,使主持人节目的个性多姿多彩。

综观同一类型的谈话节目:《杨澜访谈录》中的杨澜、《鲁豫有约》中的鲁豫、《背后的故事》中的张丹丹、《非常静距离》中的李静,以及《锵锵三人行》中的窦文涛……这些优秀节目主持人各自的用语习惯,让属于他们各自的谈话节目各具风采。

所以,有风格的用语习惯才有主持人个性化的语言,有个性化的语言才有主持人个性化的形象。具有风格的用语习惯是主持人的一笔财富,具有风格的用语习惯是构成主持人个性化语言的前提。节目主持人要获得个性化形象,应具有自我的用语习惯。

(四)要有独到的叙议见解

叙事和议论是构成主持人节目内容的两大组成部分。

节目主持人说什么?说到什么程度?能不能说到观众心里去?又要出思想,又要出见解,还要被观众所接受,这是主持人的重头戏。

有独到的叙事与议论,才能出独到的见解;有独到的叙事与议论,才能显示出主持人的个性魅力和节目的吸引力。

2022年全国总工会在线上举办了庆祝"五一"国际劳动节暨全国五一劳动奖和全国工人先锋号表彰大会,表彰了本年度的"全国五一劳动奖"和"全国工人先锋号"的获得者,主持人陈伟鸿在5月7日的《对话》节目中,采访了其中三位获得表彰的最美劳动者,之后有这样一段议论:

谢谢今天做客《对话》节目的三位"全国五一劳动奖章"的获得者,他们有人是爱一行干一行,有人是干一行爱一行,无论什么样的方式,他们都用自己的脚踏实地和执着前行诠释了"爱岗敬业"这四个字背后真正的内涵。劳动模范是时代的领跑者,时代在变,但是他们的精神没有变,愿越来越多的劳动者在他们的身上汲取前行的力量,找到热爱的理由。跨越山海，热爱永存。我们在这里也致敬每一位在平凡岗位上绽放自己独特光芒的劳动者。谢谢各位收看《对话》，我们下周同一时间再见。

我们从陈伟鸿的语言中感受到独到的叙述、独到的议论、独到的见解。主持人的个性特点在叙述与议论中表现得更为鲜明，更富魅力。

我们来看东方卫视主持人曹可凡在一次谈话节目中的精彩议论。曹可凡在一期节目中，请四位中年画家结合自己的创作来谈如何看待中国画的继承与发展。

曹可凡开宗明义：

上海自开埠以来一直是中国经济文化中心。20世纪初，以任伯年、虚谷、吴昌硕等为代表的一批书画家开创了具有独特风采、富有历史意蕴的海上画派，为上海画坛的繁荣和发展奠定了必要的基础。

近年来，随着科学的昌盛、信息的便捷、交流的繁荣、视野的开拓以及观念的更新，画家对自身价值和艺术个性的认可和强化，包括上海人表现在艺术上的开明和大胆，涌现出像黄宾虹、林风眠、刘海粟、徐悲鸿、陆俨少、程十发等一批艺术大师，他们各自达到了艺术的高峰，表现出强烈的艺术个性，蜚声海内外。

而一些中青年画家在这千载难逢的盛世，更是义无反顾地力避风格上的清一色。在艺术创作中，他们擅长兼容并蓄、融会贯通，在继承传统的基础上，广泛吸收西方绘画表现手法，又力求在作品中融入民间艺术的精神，使作品既具有时代风貌，又富有民族色彩。这些中青年画家在艺术观念上大彻大悟，在表现手法上大破大立，塑造着崭新而丰满的自我，形成了一个百花竞放的艺术群体，于是我将请四位活跃在上海画坛的中青年画家结合自己的创作来谈谈如何看待中国画的继承与发展。

这一段开场白谈史说派，有品有味。

四位中青年画家关于"创新是建筑在继承的基础上""传统文化与现代气息的结合"的阐述，引发了曹可凡的一段议论：

现在艺术商品化的大潮强烈冲击着每一位中国画家，这种冲击绝非简单卖画与买画的关系，其实质是新形势的要求与以往旧观念、旧体制的冲突和矛盾，其中包括许多复杂问题，诸如中国画是否可以作为商品进入流通领域、艺术品的价值与价格之间的关系、如何看待经纪人和经纪画家等。

这段议论承上启下，围绕节目主题"中国书画与艺术市场"点出话题。

四位画家焦点集中，谈兴更浓，分别提出"绘画作品是劳动的精品，画家理应获得报酬""工笔画需要付出艰苦的劳动，艺术品的价格与价值关系并非简单的线性关系""画家在作画时决不能先去想我的画究竟可以卖多少钱""只要人家喜欢我的作品我就高兴，画家就要有点奉献精神"等观点。画家们各抒己见，畅所欲言。

主持人巧妙概括,进入结尾总结:

中国绘画步入商品流通领域势在必行,但艺术商品化并不等于艺术家的一切都商品化,那是对艺术商品化的曲解。商品化和开放性给画家带来新的刺激、新的生机,艺术商品化为画家终极追求的实现提供了现实条件,但商品化本身并不是画家的最终目标。时代呼唤更多艺术大师的出现。所谓艺术大师,应该对社会和人生有更多的体悟,对美有独特的发现和完美的体现,在艺术创作中敢冲破前人的樊篱,推陈出新,自成一格。无论是石涛、八大山人、齐白石、吴昌硕,还是达·芬奇、米开朗基罗、梵·高、毕加索,他们的作品总是反映出某种人类共同的情感和理想,体现出一种博大的情怀。艺术观念的更新、思维方式的转轨、艺术形式的变革以及艺术语言的创新将使中国画超越以往的历史高度,创造出新的审美理想、审美形式,同时将涌现一大批为人民所热爱的艺术大师。

结尾议论既辩证又有哲理,层层深入,耐人寻味。

从曹可凡的这三段议论中,我们可以体味到,如果节目中没有这些议论,仅就事论事,谈谈中国书画与艺术市场的现状,或者单一地让画家们阐述自己观点,那么这个节目的主题意义就会很单薄,无法引人思考。

独到的叙述见解最富主持人个性特点,独到的叙述见解最显主持人个性风采,独到的叙述见解是主持人重要的创作本领。

(五)要有精辟的短句点评

主持人获得个性化形象,既然有了独到的叙议见解,为什么还要有精辟的短句点评?

我们来做一个量化分解。崔永元的《实话实说》节目时长45分钟,如果除去现场嘉宾的讲话时间,崔永元的净讲话时间也许只占一档节目的三分之一。就在这十来分钟的时间里,除去开场白和结束语,崔永元大多数的谈话都是一次次的短句句式。

我们再回忆一下,每当《实话实说》节目快要结束的时候,崔永元照例让每位嘉宾用一句话来阐述一下自己的观点。当每一位嘉宾阐述完自己的观点后,崔永元立马即兴用短句来进行点评。精彩的短句点评,往往能赢得现场观众的一次次掌声。

综观《实话实说》节目中的笑声、掌声,以及乐队伴奏声,往往来自崔永元一次又一次的短句点评。

短句点评,一者必要,二者重要。

何谓主持人的短句点评?主持人根据现场语境中的人与物、事与理,即兴地用扼要的话语把自我表达的中心意思给点化评断出来。精辟的短句点评是精练的,是没有多余的,是精彩的,也是多彩的;精辟的短句点评是独具特色的,是彰显智慧的,更是富有个性的。

我们在《实话实说·儿女婚事》这期节目中,摘录三例,一起来品味:

例1.崔永元与"大女儿"对话——

崔永元:我们今天非常高兴把肖瑞芳的三个女儿,从深圳、从上海、从北京请到了谈话节目现场……刚才父母在这儿谈了你们的情况,在我听来,基本上就是一个血泪控诉,都不怎么听话,像婚姻大事,父母给操心,你们还不愿意,怎么想的这个事?

大女儿:我母亲对我管的程度,已经到了我惹不起躲得起的地步了。从我的初恋开始到现在,我跟我男朋友打电话,她在旁边听;我跟我男朋友写信,她也要看;我男朋友写给我的信,她都拆。你说我怎么忍受得了呢?

崔永元:这个别人看是不适合,但是她的心情你可以理解,是吗?她怕你浪漫了半天,对方是一个骗子。(笑声)

大女儿:我觉得我母亲这种做法是很难容忍的。我喜欢一个人,肯定是这个人有他的闪光点,是有原因的。我母亲从我初恋开始,就始终带有一种偏见来看待一个人。比如说,我最初的男朋友直到今天,我仍然觉得当年的他是一个非常有朝气、有理想、有追求而且敢于去拼搏的男孩子。他学矿冶,难道他就一辈子只能在矿上待吗?这是不可能的。我觉得对于我感情上的事情,跟我父母亲交流是很少的,因为我母亲对我干涉得太多太多,哪怕是我男朋友到我们家里来,我跟我男朋友坐在那儿聊天,我妈妈搬张凳子坐在我俩中间。我男朋友之后跟我说:"我这次来你们家,跟你说话的机会远远少于跟你母亲说话的机会。"

崔永元:你母亲可能希望你们通过距离来产生美。(笑声、音乐声)

例2.崔永元与心理咨询专家对话——

专　家:他们的出发点肯定都是为了儿女好。可以这样讲,随着儿女年龄的增长,每个做家长的都在勾画着他们心中女婿和媳妇的样子。有很多是理想化的,甚至可以说,得去定做。定做起来,也不见得你的女儿或者你的儿子就喜欢,就合适。所以这个事情,正确的态度就是你要关心孩子的婚事,要参与意见,但是当你参与意见之后,最终还是应该尊重儿女的选择,那是他们在追求自己的幸福。(掌声)

崔永元:就是您可以用两种方式:一种方式是定做;另一种方式是来料加工,弄到自己家里来,慢慢培养他们。(笑声)

例3.崔永元与现场观众对话——

观　众:我想起十几年前我干涉我女儿的事,我的女儿是知青,1978年考上大学的,长得很漂亮。毕业以后有一天,她带了一个男朋友回来,我想我的女儿这么好的条件,怎么找的男朋友有点窝窝囊囊的。当时我就跟我女儿说:这个对象可不行。可是我女儿死活不听我的,就为这点事,我一下觉得我人都老多了。最后我一生气,行,以后我再也不管你们的事,后来我也确实是不管了。后来他们结了婚,家庭很美满,很幸福。我这个女婿是个内向的人,在工作当中不断地搞科研,得了成果,自学硕士,两个人在家里共同探

讨,在事业上都有一定的成就。(掌声)

崔永元:过去您干涉过他们的婚姻,现在当着全国的观众来表扬他们,这事就算两清了。(笑声)

这三例,之所以是精练的,三段对比,长短便见分明;之所以是精彩的,三段短句,句句出智出彩;之所以是多彩的,三段短句,各有各的风格。

假设主持人不用精辟的短句点评,而用一般性的所谓"短句","你母亲的用心是好的呀!""专家的意见真是太棒了!""这位观众讲得太感人了,我们用掌声表示感谢!"如此云云,照样通畅,但个性全无,等于白说。

之所以称为短句点评,就是让短句要有点化,要有评断。要点化得让人有所启发、有所感悟,要判断精到、评论独到。

以即兴短句点评而著称的主持人叶惠贤曾颇有感触地说:"嘴里要想有,脑里先要有;要想会说,必须会写。一句话的标点应该是句号(完整的看法)、感叹号(独特的见解)、问号(让别人思考)、省略号(留下点回味),不应该老是逗号(尽是些水话)。"①

精辟的短句点评是主持人最见功底的看家本领。节目主持人的个性化形象塑造,应具有精辟的短句点评。

(六)要有神韵的亲和态势

有这样一种现象,中央广播电视总台的女主持人李红、桑晨、孟盛楠,还有男主持人任鲁豫、鲁健、杨帆、尼克买提,长久以来他们都受到观众的喜爱和欢迎。

他们的出现和精彩表现,使得节目的热度翻升,收视率不断提高。

现象可喜,原因何在?这些主持人都拥有具有神韵的亲和态势。

当今评断一个主持人的优与劣,往往有一个关键词——亲和力。"态势"便指一种状态和形势。主持人有时靠表情神态与手势姿势来传达丰富的信息和心理的情感,表情神态与手势姿势等非有声语言因素被称为"态势语言"。头眼身手情,站坐走看状,这些都是态势语言的具体表现。

所谓亲和态势,就是呈现在荧屏上的主持人的精神与状态,其能够对电视机前的观众产生一种由内而外的稳定持续的张力和吸引力。

神韵使主持人的亲和态势更富魅力。神韵使主持人的亲和态势更富魅力。李红面对嘉宾的眼神是那么善解人意,尼克买提那近似夸张的动作是那么深入人心,杨帆那一停一顿、一招一式的边做边说更是招人喜欢,桑晨在那滔滔不绝中总是带着一脸吸引人的灿烂,这一切似乎都是他们从骨子里由内而外流露出来的神韵。从第1期到第10期,乃至第100期,孟盛楠的和善有加、任鲁豫的奔放自如、鲁健的激情洋溢,这一路他们都档档稳定、期期持续,保持着一种新鲜感,让人百看不厌。更可喜的是,富有潜力的新生

---

① 郑可壮,楼世芳.叶惠贤主持艺术论集[M].上海:上海三联书店,1992:132.

代龙洋、王嘉宁、马凡舒，崭露头角，跃跃欲试。好一派后浪追前浪的亲和态势！

神韵的亲和态势绝不是可有可无的，在展现主持人个性形象中，往往有着至关重要的影响，甚至起到不可替代的作用。

试想，将李红、鲁健更换人选，大概都超越不了他们二人，因为李红和鲁健所具有的神韵的亲和态势，使他俩的个性形象与受众的整体认同所产生的那种张力和魅力，已达到了一种不可替代的境地。

同样，《焦点访谈》中的敬一丹、《今日说法》中的撒贝宁、《非诚勿扰》中的孟非、《天天向上》中的汪涵，还有新闻节目主持人劳春燕、水均益等，他们随着节目一亮相到今天，之所以深受观众的喜爱，除了节目的品质以外，与他们共同所具有的神韵的亲和态势不无关系。

神韵就是精神韵致，神韵就是主持人不断积淀、不断提升的高超境地。

亲和态势不仅仅是主持人有气质的精神风貌与有机的态势语言，更重要的是这两者互为合力而渗透出的一种稳定而持续的张力；亲和态势不仅仅是主持人所具有的修养、德性，更重要的是由修养与德性支撑起有气质的精神风貌与有机的态势语言而产生的一种由内而外的吸引力。

当今荧屏上有些主持人，相貌上看着挺顺眼，动作做得也顺畅，却给观众留不下太深的印象，原因之一就是他们缺少具有神韵的亲和态势。

亲和与亲和力不能直接画等号。亲和是属于个体的一种自然的面部气质，亲和力是在"亲和"的基础上不断积淀、提升、创造出来的。有神韵的亲和态势是主持人"形而上"的一种精神与状态，既是属于节目的，又是属于自己的。只有在精神与状态之间、自我与节目之间产生并保持神韵的张力，才能呈现主持人的亲和力。当今受众注意力的离散性在加大，只有呈现并保持主持人恒常的亲和力，才能更有效、更长效地对观众产生吸引力。

神韵的亲和态势是表现主持人个性形象的一种艺术修养和技巧境界。获得节目主持人个性化形象，应具有神韵的亲和态势。

以上这六个方面是综合一体的。这六个方面虽不能完全涵盖节目主持人整体融合的个性化演播形象的全部内容，但是最主要、最关键的内容。

节目主持人整体形象的最高表现——融合的个性演播形象，是最富有生命、生气的，是最富有活力、张力的。

要有得体的形象气质，要有贴切的嗓音音色，要有自我的用语习惯，要有独到的叙议见解，要有精辟的短句点评，要有神韵的亲和态势，六个方面的合力所形成的节目主持人整体融合的个性化演播形象，必将产生一种持续稳定的个性魅力。

三、个性的形象与形象的经营

传播者在本质上执行着大众传播的功能，在形式上又有着人际传播的某些优点，在受众心目中,媒体因为传播者而具有亲和力。

我们可以把传播活动理解为一个心灵影响另一个心灵的全部程序,传者与受者的人格互动影响着他们的整个心理活动的价值定向和实际效果。

我们每天面对的媒体是有人格、有特点的。对于一档电视节目来说,它的人格的载体就是主持人。主持人与受众之间是有情感交流和心灵感应的,这样的沟通使信息渠道自由畅通,从而达到传播活动所致力的最高境界:传而求通,传必求通。传媒的本质就在于沟通。①

美国后现代主义诗人威廉·卡洛斯·威廉斯(William Carlos Williams)曾这样写道:"说话的内容并不重要,重要的是说话的方式,这里才隐藏着大秘密。"②

电视台的竞争力在某种程度上就是主持人实力的竞争力,主持人是与观众的直接交流者,而且这种人才的最大特征是不可替代性。在电视业充分市场化后,在后台工作的人应该说在市场中都有许多备份人才,而主持人则很难寻找替代品,这个人没有了,整个节目的大厦就将倾斜。③

詹姆斯·辛德曼、拉利·克尔克曼、伊利沙白·蒙克在《电视表演》中指出:"与舞台工作不同,电视往往并不要求表演者去发展一个不相联系的人物或角色。作为一种信息和娱乐媒介,很多电视布局要求的是'个性'而不是演员。一个有个性的表演者也许是个谈话节目主持人,一个新闻广播员,一个叙述人、讲演者,一个供人娱乐的人……个性表演者给人的印象是他们在摄像机上下是一个样儿,他们不是在塑造角色,而是在表现真正的自我。"④

从哲学意义上说,个性就是优秀事物的规定性。现在的新闻媒体已逐步进入分类细化和个性化阶段。在这一阶段,个性化的名主持人的出现体现了历史发展的必然性。如今的传播者已经深切体会到,受者并非被动而是在积极地选择信息,其传播的过程就是一种富于情感的积极的认知过程。面对不同电视台的同类型节目,受众很可能会因对不同节目主持人的喜爱而选择频道。电视造就了越来越感性化的受众,而受众的感性化造成了对电视形象的追求:谁的魅力过人,谁就更吸引人!谁的魅力有过人的长久性,谁就更有吸引人的长效性。⑤

呼唤名主持、大主持是这个时代的必然,塑造品牌主持人形象是一种战略经营。

主持人要面对节目、面对台长和制片,面对编导和摄像,面对制作群体,面对广大受众,还要面对自己。形象的诞生、形象的成长、形象的培养是整体性的、系统性的、长远性的,也是战略性的。

---

① 陈晓申.塑造名主持人品牌战略谈[J].戏剧艺术,1999(6):109-117.
② 鲍登.看懂肢体语言[M].王笑笑,译.北京:中国人民大学出版社,2012:17-18.
③ 王利芬.对话美国电视[M].北京:中信出版社,2006:10.
④ 辛德曼,等.电影表演[M].纪令仪,译.济南:山东文艺出版社,1991:153
⑤ 郑可壮,楼世芳.叶惠贤主持艺术论集[M].上海:上海三联书店,1992:132.

主持人要有融合的形象、整体的形象、个性的形象。形象需要经营,经营形象需处理好六组关系:融合与磨合、定档与串档、造型与变型、中心与重心、简装与包装、使用与重用。

(一)融合与磨合

选中一个主持人不容易,做出一档节目更不容易。创造融合是主持艺术的终极目标。但是,我们必须认识到,当节目开播后,主持人与节目之间还存在一个磨合期,这个磨合期不可能很长,又不可能没有,这是一个必然阶段。说磨合期不可能没有,是因为任何一档新节目的出台,不管是做样带,还是录首播节目,总是匆匆忙忙、紧紧张张的,就像再长的恋爱,婚礼总是忙忙乱乱一样。做出样带,领导要三审五查;节目开播,观众要七嘴八舌。节目总有缺憾,主持人总有遗憾,不要求全责备,不要一棍子打死,要给主持人和节目一个磨合期,自我调整、自我整合,就像一辆新车要开一段时间才能开得顺手一样。

崔永元刚主持《实话实说》不到一个月,节目差点被叫停,"怎么会出现这么一个其貌不扬的主持人在荧屏上指手画脚?"幸亏制片人时间初衷不变、据理力争,崔永元加速磨合,《实话实说》才如期复播,才有了崔永元"舌卷天下"、《实话实说》威震南北。否则,中国电视节目主持人发展史上便少了可圈可点的一页。

龙洋刚上《中国诗词大会》表现平平,原先的受众群对她并不是十分满意。但龙洋依然以平和的心态淡定地坐在主持台上,潜心调整、提速磨合,终于找到一种让人心爱的"考官"状态,在节目中站住了脚、在受众心里扎下了根,让中国电视节目主持人的明星谱上又多了一个希望之星。

说磨合期不可能很长,是指磨合期的长与短表现在节目录制周期的播出量上。日播节目不到一个月可分高下,周播节目一个季度便见分晓。

当然,大浪淘沙同样是磨合期的正常过程,死拖活挨、当断不断,只能使节目与主持人两败俱伤。制片人要认同磨合期的客观存在,主持人要抓住有效期的主观磨合,受众期待更多具有潜质的主持新人诞生。

有效的磨合将产生高效的融合。

(二)定档与串档

相对固定的主持人在相对固定的节目中形成相对稳定的受众群,这是主持艺术的一个创作特征。也就是说,一个主持人要在一个相对应的节目中定档。

实践证明,《曲苑杂坛》中的汪文华、《实话实说》中的崔永元、《非诚勿扰》中的孟非,他们各自都拥有各自的历史。节目成了品牌,主持人成了明星,受众涵盖一代又一代。

从主持人层面讲,定档延长了主持人的艺术生命,更显个性风采;从节目层面讲,定档延长了节目生生不息的活力效应;从受众层面讲,定档延长了观众对明星主持、对品牌节目恒常持久的期盼感。

然而,现实操作中存在着两种串档的怪现象:一种是主持人自以为上的节目多,特别是上多种不同类型的节目,才能证明自己的主持能力比别人强;一种是编导为了保证一档新节目的所谓"保险系数",特别是大型游戏综艺节目,不敢起用新人,喜好在别的同类节目中去挖现成的或小有成就的主持人,以证明自己的眼力和成功率。一个想要,一个想挖,于是便形成了一个主持人一周主持多档节目的串档现象。

上海电视台有一位男性青年综艺节目主持人在一档颇有名气的节目中崭露头角后,也许是自己很想多上节目,也许是怕驳了编导的面子,居然一连上了四五个大型节目,有少儿的、竞赛的、游戏的、综艺的、情景剧的,结果是他不得不疲于赶场,匆匆录像。观众打开电视,只见熟悉的一张面孔,却没了个性的张扬。

中央电视台的王小丫从《经济半小时》中走出,走进了《开心辞典》,成了财经频道的品牌节目主持人。后来,《经济半小时》又请王小丫回去,结果《开心辞典》的受众群看到经济节目中的王小丫在一板一眼地播报,反倒产生了隔阂。

串档,模糊了主持人个性风格的棱角,模糊了受众对节目的收视定式。主持人上节目反对多、滥、杂、乱,主持人上节目应求专、精、深、远。

凤凰卫视的窦文涛,一曲锵锵鸣响,一路三人长行,涛声依旧。

严格地讲,一个主持人定档一个节目为好;宽泛地讲,一个主持人兼上一档同类节目为宜;恳切地讲,一个主持人做了三档以上为过。

伯乐与天才同样稀少,伯乐比天才更为重要,因为发现并爱护天才的人更是天才。聪明的主持人要天才地在节目中恪守定档而去追求成功;智慧的编导在节目中要善用天才而证明自己是个伯乐。

控制串档,为的是让进入主持艺术门槛的主持人更久远地成长。

杂乱的串档将淹没定档的生命。

(三) 造型与变型

在营销理论中,形象就是一种商品的品牌在人脑中所激起的图画、感觉或形象,产品的形象就是产品对于人的意义。对于主持人来说,形象就是根据节目的定位给主持人发型、化妆、服装等进行设计定型。

主持人的形象不仅是个人的,同时又代表栏目,甚至还代表着其所属的电视台。越来越感性化的受众群体要求主持人形象是既令人信服又十分可近的。电视观众对主持人的外在形象十分看重。

从现状来看,主持人的形象造型呈散兵游勇状:

第一,各自寻找不同的形象设计师为己服务。这些形象设计师大部分是美容店里的美发美容师,他们根据主持人的大致介绍,便凭着自己的经验,在不十分了解节目需求的情况下,给主持人设计一个时髦的造型。主持人找的美发师往往都有一定名气,不同的主持人如果找的是同一个美发师,那么有可能在荧屏上出现的主持人的发型,不论节目类型,几乎大同小异。

第二,由于节目要为服装提供商打广告,主持人便到指定店家挑服装。一般服装提供方都是名家大店,套套服装有款有型,加之主持人唯美至上,什么新潮就挑什么,怎么时髦就怎么穿,荧屏上的主持人服饰是形形色色,一派富贵气。有的主持人更是有过之而无不及,在采访明星时把自己打扮得比明星还明星,全然一个变形错位。

第三,自己没有想法,又不找人设计,就人云亦云、东施效颦,男的是西服革履,女的是白领套装,头发一丝不苟,衣服是同款同样。乍一看上去男的英俊、女的漂亮,实则千人一面,令观众分不清谁是谁。

面对此状,要把散兵游勇之状变成正规军作战。我国香港的电视台有一种专门针对主持人的职业叫形象服务。形象设计师在听取节目创作部门意见的基础上,为主持人专门设计整体形象,包括发型、服装、化妆等,为主持人塑造一个既符合节目内容要求,又显个人性格特征的形象。凤凰卫视窦文涛的背心马甲、吴小莉的短发裤装,如同名牌产品注册商标一般,形成了一种印记;中央电视台王宁蓬松的扁短发、多色彩的小领巾,李咏的特型彩边西装长套服,在观众的心中留下了深刻的印象。

正规军作战方法有三:

一者,电视台设置专门的形象设计室,专业形象设计师专门研究各栏目特征,全局在胸,为主持人分门别类定型。

二者,若没有足够的人力、物力,不能设置专门的形象设计室,电视台最好能聘请戏剧学院、服装学院的专门人才建立松散型组织。一个频道固定特邀人员,由频道主管提出原则要求,让设计师通盘设计方案,指导本频道的主持人造型。

三者,专门的或松散的形象设计师定期定量为主持人集中上课培训并提供咨询服务,提高主持人的审美理念、设计技能及护肤知识。主持人定型后的造型,不是一成不变的,但基调不能变,风格不能变。主持人要改掉随意变型的坏习惯。

要重视主持人形象造型的系统建设,打造有栏目特征的、有主持人个性特点的、有电视台整体风貌特性的品牌形象。

电视节目主持人就是要有型,随意的变型只能使定位的造型变了形。

(四)中心与重心

白岩松曾说:"当今中国电视是以编导为中心的时代。""这不是一个主持人中心的时代,而依然是一个编导中心的时代。"[①]

就是说,编导是中心,推出主持人是重心。

中国电视界有一种普遍现象:主持人在栏目组里总有点低声下气,主持人要求人缘、

---

① 白岩松.我们生活在什么样的时代:试论主持人的生存背景[J].新闻知识,1999(1):6-10.

求台缘,搞得性格都没有了。

电视台要确立中心,抓住重心,推出主持人。

在《鲁豫有约·大咖一日行》中,鲁豫作为主持人,每一期节目都会精心设计一些与访谈嘉宾有关的情节,深入嘉宾的生活环境,透过嘉宾的生活让观众更加了解他们。比如在2016年9月16日的节目中,节目的嘉宾为孟非。鲁豫到访南京,孟非以自驾的方式带鲁豫来了一次"私人订制"的南京一日游,孟非首度开放了自己的私人生活,同时也向鲁豫敞开了自己的生活与情感。孟非的妻子也惊喜现身,揭开神秘面纱。鲁豫在节目中既是嘉宾的朋友也是节目的主持人,这一身份的设定直接拉近了她与观众之间的距离,既让节目吸引了好奇的观众,又充分展现了主持人的形象和才华,主持人成了节目的品牌形象。

东方卫视要推出一档《娱乐在线》资讯节目。面对林林总总的娱乐节目,如何将《娱乐在线》打造成频道的品牌节目?那就是以推出主持人来打造节目品牌。节目组大胆起用新人,女主持人陈辰在不到半年的磨合中,以她一脸的灿烂、全身的活力、百灵鸟般的嗓音、快捷跳跃的语言节奏,告诉观众丰富多彩的娱乐资讯,赢得了当今白领,特别是大中学生受众群的喜爱,成了一颗耀眼的电视新星。《娱乐在线》节目组的中心是制片、编导,《娱乐在线》节目组的重心是推主持人,《娱乐在线》节目品牌打响了,节目组的上上下下、里里外外越干越有劲。

凤凰卫视为创造华语电视新文化,在较短的时间里推出了被观众所喜爱的陈鲁豫、吴小莉、陈晓楠、窦文涛、胡一虎,打响了属于他们的品牌节目:《鲁豫有约》《小莉看世界》《相聚凤凰台》《锵锵三人行》《一虎一席谈》,创造了凤凰卫视曾经的成功与辉煌。

凤凰卫视中文台原台长王纪言有一句名言:"在凤凰台,最有才干的不是台长而是主持人。"

优秀的主持人会让节目更优秀。以编导为中心,以主持人为重心,将会获得双赢。

(五)简装与包装

曾有人说:"在现代市场竞争中,竞争优势的获得20%来自技术创新,80%来自策略创新,策略创新就是包装、角度、口味的创新。"

包装,是外部形态具有张力扩展的表现手段。主持人的包装,就是如何对主持人宣传和推广。

1997年为配合新节目《时事直通车》的开播,凤凰卫视宣传部为节目主持人吴小莉制作了一个个人宣传片,该片获得了1997年国际Promax电视宣传推广大奖和新闻类主持人个人形象片的金奖。片中的宣传短语"当大事发生时我存在,有中国人的地方就有我。"极有感染力,也深入人心。听到这句话,人们就会想到吴小莉;看到吴小莉,观众就会想到这句话。

有人说,简装也是书,精装也是书,只要书的内容好,酒香不怕巷子深。然而试想一下，两本同样内容的书，一本是平淡无奇的简装本，一本是装帧独特的精装本，哪一本会吸引你的眼球呢？如果这两本书是同一个价钱，你又会买哪一本书呢？要知道，看电视一般是不花钱的。

包装为的就是显眼醒目，就是深深地吸引观众。

包装既是一种策略，也是一种经营。

主持人的形象就是宣传，就是推广。主持人形象可以通过以下途径进行推广：

- 在新媒体飞速发展的今天，科学合理地利用好新媒体平台对主持人进行包装将有效加速主持人在观众面前的正向输出。
- 利用频道或节目组的视频号为主持人拍摄短视频，进行宣传。
- 将主持人在节目中的精彩片段进行剪辑，制作成专门的短视频在社交媒体账号中播出，必要的时候加大流量输出。
- 将优秀的主持人节目在传统媒体和新媒体同步直播，扩大受众人群覆盖面，从而达到输出最大化。
- 帮助主持人拍摄个人 vlog 或者有意思的生活点滴，在其个人或频道、节目社交媒体账号播出，必要时增加点击转发量，以扩大宣传。
- 以主持人工作室的方式，将传统媒体和新媒体有效融合，通过短视频的剪辑或制作在各新媒体端宣发。
- 制作精美的电视个人形象推介片，每隔一段时间就更新一次，让受众常看常新。
- 推出"特别节目"，既能扩大节目的影响，又能宣传主持人。
- 鼓励支持主持人参与公益活动：献血、募捐、植树、陪孤儿过年等，树立主持人的公众形象。
- 为主持人量身定制适合其性格、风格、特长的栏目。
- 开设新媒体账号，借助抖音等短视频平台和电视节目互动。
- 为主持人出书，出节目画册，出节目纪录片，扩大宣传空间。

……

《东方时空》制片人时间很坦率地说："培养主持人、塑造主持人、强化主持人形象的唯一目的，就是让人们接受主持人，接受他以及他所带领观众收视的栏目，也就是提高栏目的影响力。与此同时，广告收入增加了——它是这样一种循环，这样一种因果关系。"[①]

听到这位中国电视行业中精英人物富有前瞻性的话语，你会有什么样的感想呢？

包装，贵在创新；包装，让主持人形象常新。

八仙过海，各显神通。简装的东西在包装的面前总是逊色的。

（六）使用与重用

各广播电视台都在用主持人，但主持人未必个个都优秀；如果在使用中有的放矢地

---

① 王维林.初识主持人[M].北京：中国广播电视出版社，2003：15-16.

重用,就会提升整体的使用价值。重用,一者要"输氧充电",一者要"知人善任"。

首先,重用要定期并系统地为主持人"输氧充电"。

主持人总是忙忙碌碌,忙得没有整块时间看书,忙得有时连自己的节目都顾不上回看。

制片人要定期组织召开节目评析"输氧会",并邀请专家、观众一道参加,给主持人一种压力、一种动力,不断完善艺术创新,保持长效的新鲜感,防止主持人形象提前老化;台领导要定期举办"充电班",邀请专家、教授、名主持讲授先进理念,指导主持实践,拓展个性风格,夯实主持人形象。

其次,重用还要重视对主持人的"知人善任"。

老将任鲁豫搭档新秀龙洋,联袂主持"第二届中国国际消费品博览会"。龙洋出镜率大幅攀升,并连续4天承担4场大型直播报道任务。

对主持事业全面开挂的新生代马凡舒来说,从主持2022年央视春晚开始,马凡舒仿佛打开了一道神奇的门,接连把2022年的元宵、五一、五四、端午、六一等大晚会主持了个遍,而马凡舒主持了这些大型文艺晚会是在主持完成体育常规节目以及冬奥会特别报道的前提下进行的。2022年8月15日,马凡舒在央视主持了两场重要活动,搭档都是央视重量级男主持。一场是马凡舒搭档康辉主持中央广播电视总台与澳门特别行政区政府新一轮合作协会启动仪式。另一场马凡舒又搭档尼格买提参与央视财经节目中心"818发现好物节"特别策划"花样好物节—马上买买买"主题直播活动。央视官方还给他们俩取了一个"马上买买买"的组合名,这个组合名称结合了两个人的名字,符合直播卖货的主题,同时还有过目不忘的功效。马凡舒和尼格买提性格活泼,直播主持放得开,营业额创了新高。

任何一场晚会主持人的选用都是对该主持人能力的考量,然而一家电视台不可能只拥有一位主持人,在此情况下,新上场的主持人,或者被顶替的主持人,就处在事业发展的两个方向,正如大家所熟悉的央视春晚,在主持阵容的选择上不断进行调整,张舒越、龙洋、马凡舒三位新面孔相继亮相,她们的出现展示出新生代主持人的一种新的力量,同样,央视对春晚主持人阵容的调整不仅局限在重用新面孔上,一些具备潜力的中生代主持人同样具备发展空间,这才让主持人队伍的出色和主持人荧屏形象的出彩提供了无限可能。

对于在使用中卓有成效、颇有知名度,又具有组织才干的主持人,应把他放在制片人岗位上,与"编导(制片)为中心,主持人为重心"的创作体式接轨,向"互联网+主持人化"的创作模式迈进。

从某种意义上讲,一个台要有一定量的著名主持人担纲制片人,而执行"以编导(制片)为中心,以主持人为重心"的创作体式,更证明了这个台有了相当实力的名主持与名节目。

主持人当制片人不是一种荣誉,而是一种地位,是一种责、权、利。让主持人走进这种体式,就要给主持人配备优秀导演、优秀编辑、优秀摄像、优秀撰稿人及优秀的第二制片人,让强强组合。

主持人制片制是激励名主持不断产生、个性风格不断形成、品牌节目不断持续的有效机制。

重用让使用更有含金量。

2011年,在第六届CCTV电视节目主持人大赛的舞台上我们看到了一位如今大家已经非常熟悉的主持人——王宁,她是那届比赛金奖的获得者。王宁在2012年进入中央电视台新闻评论部,2013年开始担任CCTV-13新闻人物访谈节目《面对面》和晚间新闻资讯节目《24小时》的主持人。

在一年的时间内,王宁从记者型主持人转型为播报类主持人,播出时间变了,节目播出的形式变了,主持人工作的方式和内容也变了,王宁何以胜任?一方面当然是其本身有着专业的素质和过硬的技能,另一方面也是央视知人善用、敢于把主持人放在合适的节目里,才能让主持人快速成长。

如今的王宁除了主持人身份之外又多了一重职责,2021年9月,她开始担任中央广播电视总台纪实采访节目《吾家吾国》制作人、主持人。作为一档针对国之大家的挖掘式纪实采访节目,《吾家吾国》以"为人民留史,为社会留记,为人物立传"为初心,对我国党史、国史及历史事件中的重要相关人物进行全方位的影像纪录,通过富有温度的真诚对话,撰写"中国国家影像人物志"。面对每一次的主持与采访,王宁用"强烈的愿望去深度了解他们,并把他们在这个世界活过、爱过、奉献过、滚烫过的人生点滴,鲜活地讲给更多的人。"①

无独有偶,上海广播电视台的主持人何婕也是被重用的幸运主持人之一。

何婕在2000年进入当时的东方电视台做记者,2003年走上新闻主播台。20多年来,何婕历经数不清的重大直播报道,并在《这就是中国》《今晚》《中国长三角》等"硬核"节目中精彩对话各个领域的专家学者……

《这就是中国》节目突破了传统理论宣讲的形式,由三个"角色组合"搭配两条主线来完成节目的多角度呈现。三个组合分别指:问题提出者——中国国内最有影响力的两个时政类自媒体"观视频工作室"和"观察者网"长期积累的热衷于讨论国家发展进步的爱国青年;问题筛选者——由中国国内资深时政记者、编辑和中国模式研究专家组成的策划组;问题解决者——张维为教授。两条主线则包含真人秀和演讲两部分,每期选择一个热门话题,把"演讲+真人秀"这一创新节目模式用平行蒙太奇的电视表现手法双线交叉呈现出来。

主持《这就是中国》,对何婕来说是全新的挑战,也是极为"过瘾"的工作。作为一档

---

① 主持功底强!王宁主持"大国工匠年度人物"发布仪式表现出色[EB/OL].(2022-03-04)[2023-02-11].https://www.sohu.com/a/527057439_121124716.

思想政论节目,它边界宽广,深入涉及政治议题,解构西方话语体系,用中国话语讲述中国自信。何婕在"圆桌讨论"环节对话张维为教授及其他专家学者,在"互动提问"环节担任现场观众与专家的沟通桥梁,可以说这档节目充分发挥出了何婕的优势——宽广的知识面、深厚的理论基础、强大的理解力与共情力。难怪有不少《这就是中国》的忠实观众把何婕视作节目不可或缺的元素之一:"通过主持人的'翻译',能更好地理解专家们所说的内容了。"[1]

《这就是中国》对何婕而言是一档挑战不小的节目,但也是一档足以让她有成就感的节目。

《中国长三角》是一个多维创新的新闻栏目。第一,这是第一档以展现长三角一体化发展成果,探讨长三角改革创新经验,整体推介长三角资源为目标的新闻栏目;第二,在内容上,这是第一档着眼于广度和深度,有机串联起三省一市改革创新发展相关资讯的新闻栏目,它将覆盖政治、经济、文化和生活等各领域内容,立足现实、面向未来,创造一个一体化展示长三角发展的媒体平台;第三,节目样态上,它创新推出"导入式播报"的形式,节目主持人走出演播室,以出镜记者、导览者、体验者的身份,实地走访调查,获取独家新闻,向观众呈现一个鲜活、动人、"接地气"的长三角,透视长三角在国家整体战略带动下的"微观改变"和"蓝本未来"。《中国长三角》还将逐步建立起一个覆盖广泛的长三角资讯中心,成为长三角地区以及国内外人士了解这一中国经济最具活力、开放程度最高、创新能力最强区域之一的一个窗口,更努力成为长三角向更高质量一体化发展的推动者。

何婕在这档节目中不再是拿着稿件面对镜头的播讲,而是要准备好文案,打好腹稿,走到中国长三角一线,深入地方去"发现"长三角的魅力和美丽。或许这又印证了何婕的那句话:"做好充分的准备,把思考的内容积淀下来,在需要的时候以合适的方式出现。"

何婕20多年的职业生涯,一路走来看似光环无限,实则勤奋有加。常说千里马常有,伯乐却不常有,如果说何婕是一匹不断向前奔跑的千里马,那么把一档档重磅栏目交给她的领导、专家应该就是她的伯乐。一个敢"上",一个敢"推",而不是拉进篮里就是菜,这才造就了今天的何婕。

对于一档节目,特别是一档顶级的节目,整体企划与战略包装尤为重要。

商场上有句朴实无华的至理名言:在商言商,生意要当生意做。当今的电视节目已被推向市场,我们的主持人已自觉或不自觉地被推向市场接受考验。面对市场,必须学会经营。塑造品牌主持人形象需要战略性经营。融合与磨合、定档与串档、造型与变型、中心与重心、简装与包装、使用与重用,弄清相互关系,认同先进理念,找准客观规律,运用有效手段,有助于塑造品牌主持人形象的战略经营,有利于品牌主持人形象的魅力发

---

[1] 何婕:新闻人的观察与思考[EB/OL].(2022-07-03)[2023-02-08].https://mp.weixin.qq.com/s?__biz=MjM5MjU5NjQwNQ==&mid=2650882356&idx=1&sn=a4c0f1aaba259b4e7b9680e2a888fc60&chksm=bd5609ee8a2180f8139324ccdff7264f64efee2358575989c2a82f9b445bc2d722844274fdeb&scene=27.

挥。经营是层出不穷的,经营需要勇气,经营需要智慧,经营需要恒心。

谁不知道"山不在高,有仙则名,水不在深,有龙则灵"的道理呢？形象的经营是塑造节目主持人与主持人节目品牌战略的时代必然。

当阐述完"走进整体融合的个性演播形象"这最后一个创作流程后,我们把在第一章与第二章中论述的相关内容汇集在一起,供大家阅读和体味。

作为一名电视节目主持人,他是在荧屏上自由跳荡的诸多播出内容的黏合剂和指挥棒,他使节目内容一气呵成,虎虎有生气;同时他又是安坐在千家万户客厅里的健谈客,在每个家庭和播出内容之间架起一座桥梁,利于彼此的沟通和贴近。

作为一名电视节目主持人,他理应对播出的节目从各个元件到结构过渡都了如指掌,理应在现场表现出一种如数家珍般的游刃有余,理应有敏锐的现场感受能力和快速的随机应变能力而成为广大观众审美心理的充分执掌者,理应有效地控制每个场面并流泻出大量的即兴创作。

作为一名节目主持人,他理应迅速理清并抓住观众的思路,随机生发、切合题意、引导话题向节目所播的主题发展,且点题切意、升华主题;理应对现场的氛围和节奏有效地进行把控,并对难以预料的变化,从容不迫地应变补救;理应准确地支配和掌握自己的情绪和理智,既要照章操持又能锦上添花,既要出色又不能出格,使节目在内容和形式,即从整体性上产生新的含义和效果。

合格的主持人对节目所起的作用不是简单的连接,而是对节目本身的一种协调、引导和加工,主持人要能把节目中的转折、高潮、冲突、变化有机地串成一根线,主持人知道在节目的什么时候起承转合、什么时候承上启下、什么时候发问、什么时候提醒、什么时候设计高潮、什么时候展现矛盾和冲突。总之,主持人的主要作用是要给节目发展进行铺垫,要制造一种非常吸引人看的氛围。作为一名主持人,在节目中必须有创造性的表现和发挥,应该驾驭节目而不是被节目驾驭,否则,何来"主持"之说？

在驾驭节目的演播创作中,主持人要有功力,语言通顺流畅,绘声绘色,而且要有自己的情感和态势;他又要控纵有度、亦张亦弛,不做无聊的插科打诨,而是随机生发、切合题意,他的主持语言将节目这棵坚实的大树点缀得枝繁叶茂,华彩斐然。

主持人在驾驭节目的演播创作中要有能力操控场面,显出一种高屋建瓴、游刃有余的气势,用一些随手拈来却富有生活情趣的精练语言和细小动作,把观众巧妙地吸引住,以获得驾驭节目的场面效应。

主持人在驾驭节目的演播创作中要有魔力,把现场的嘉宾与观众原来拘谨的变得不拘谨了、原来讲不出话的能讲出很好的话了、原来没有意思的语言显示出意思来了、原来直露的进程变得焕发光彩了,电视机前的观众被主持人营造的氛围所感染,被吸引到情境中去,感到贴近和亲切,由认同而产生极大的心理愉悦。

观众特别看重主持人的表达能力:出众地说、出色地说、出彩地说;观众特别看重主持人的现场发挥能力:即兴地说、应变地说、当下地说。

开场白介绍,主持人要说;一对一采访,主持人要说;一事一议,主持人要说;当众对话,主持人要说;收场语结束,主持人要说。

主持人要不断思考:怎样把话题沟通得兴致勃勃、心心相印,怎样把问答组织得趣味盎然、引人入胜,怎样把议论评点得丝丝入扣、深入人心。

主持人的说是与众不同的:既要深入浅出地说,更要浅入深出地说;既要直指人心地说,更要深入人心地说;说得既要口吐华章,更要说得让人心服口服。

主持人是用自己的话语与观众面对面、心贴心地直接叙述的,主持人是直接与观众沟通交流来表达思想和表达情感的,主持人是通过直接感受现场语言环境并遣词造句、妙语生花而对受众产生吸引力的——主持人的个性风格、个性形象,都是主持人在节目的交流沟通中说出来、问出来、议出来的。

从以上文字中,我们明显地读出了电视节目主持艺术四大创作流程的关系:

具备鲜明的主持意识,是主持人站在创作道路门槛上的重要前提;

从富有形态感的节目出发,是主持人进行主持艺术创作的关键保证;

具有最佳的演播状态,是主持人在驾驭节目中最核心的演播创造力;

走进节目主持人整体融合的形象而呈现个性演播形象,是电视节目主持艺术创作的最高任务。

一言以蔽之,主持人就是以鲜明的主持意识,从富有形态感的节目出发,用最佳的演播状态,走进整体融合的个性演播形象。

🎙思考题:

1.什么叫主持人节目?
2.主持人节目形态由哪五组元素构成?谈谈它们之间的相互关系。
3.节目主持人的类型划分系统是根据哪几个属性来划分的?谈谈它们的相互关系。
4.谈谈第二个创作流程"从富有形态感的节目出发"的作用是什么。
5."演播"的实践意义是什么?
6.什么是静态节目演播和动态节目演播?举例说明。
7.电视节目主持人演播状态的构成及其相互关系是什么?
8.什么是节目主持人的整体形象?
9.如何获得节目主持人个性化形象?
10.为什么说形象经营是塑造节目主持人与主持人节目品牌战略的时代必然?

第三章 主持要素

我们谈论了"主持理念"——什么是电视节目主持人,什么是电视节目主持艺术,以及电视节目主持艺术的表现方法是什么。我们还阐述了主持艺术的创作流程。

艺术具有技术性、审美性和形式性的特征。

艺术教育的可贵就在于把系统的理念分解成可训练的元素。现在就让我们谈一谈主持人在主持艺术创作中的十大要素。

第一节 人事叙述要素与演练

人事叙述指的是人物讲述和事物的表述。主持是一种传播手段,主持人的演播具有口语传播和口语交流的特点。媒体运用主持人样式的节目,目的就是吸引广大受众并提高传播效果。主持人主持节目不靠唱、不靠跳,靠的是说。

语言的形式逻辑就是主持人在言语组织过程中的"思维语法"。正因为主持人的言语组织不是写给别人看的,而是通过口语表达说给人听的,所以,只有主持人的言语组织得生动形象,口语表达才能富有吸引力和感染力。主持人在面对特定的语境进行自由创作时,要让句式与词语建立起多种关系,使每句话的词汇运用恰当,使每句话的语形更为鲜明,人事叙述才能显得特别。

让我们来看节目主持人宋世雄的一段话:"我们的视线热辣地盯着同一个目标,我们的嗓门热乎乎地喊出同一种腔调,我们的心热腾腾地在同一个节拍上跳动;我们热血沸腾,我们热泪盈眶,我们热火朝天,我们一起陷进一种热烈而又深远的感动热潮中来。"[①]没有独到的语感、语流的主持人,是不可能形成如此生动形象的口语叙述和言语组织技巧的。

在执行演播贯穿线"为什么人说—说什么—怎样说"时,在把握语法逻辑与语气、语调的技能运用来清楚地表述思想目的与准确表达情感任务时,主持人要有独特的叙述和情感。

---

① 宋世雄.宋世雄自述:我的体育世界与荧屏春秋[M].北京:作家出版社,1997:207.

中央广播电视总台节目主持人陈伟鸿在《对话》2022 年 7 月 30 日的节目《"凭空"制造："揭秘合成生物学"》中，用了这样一段开场白：

提到法国著名的科幻作家凡尔纳，相信很多人都不陌生。有人说呢，他是人类未来生活的预言师，他的作品当中的很多预测，比如说飞机、潜艇、把人类送上太空的火箭等，在 100 年后的今天都已经成为现实。唯独有一样预测，被很多人认为是太过于异想天开，几乎不可能实现。这到底是一个什么样的预测呢？他说，人类进入 29 世纪的时候，科学家会发现一种有营养的空气供人食用。恐怕连凡尔纳本人都没有想到，这种用空气变出食物的预测，居然在 21 世纪初就成了现实，比他当年预测的时间要早了将近 10 个世纪。这到底是一个什么样的技术？这种突破又是如何实现的？今天，我们在节目现场请到了三位嘉宾，他们会为大家带来谜底。

陈伟鸿这段开场白迂回入题，主持人用感慨万千的话语，用真挚的情感，点燃受众的情绪，提出"用空气变出食物的预测"，居然在 21 世纪变成了现实，以此来铺垫节目，一开场便抓住了观众的注意力，而让节目有了很强的吸引力。

主持人在人事叙述的节目中串联并进行二度创作，既要表现为再造想象，还要表现出创造想象，那么选取的叙述角度就显得尤为重要了，因为独特的角度能让主持人的言语组织出深度。

如新闻节目主持人康辉在新中国成立 60 周年的庆典上这样说道："60 门礼炮齐整地排布在天安门广场最南端，它将用穿透云霄的鸣响为新中国烙印峥嵘的纪念和和平的真言。60 声震撼的鸣响必将激荡千年古国的万里疆土，激荡中华民族的奔腾血脉。修葺一新的中国国家博物馆，厚重如山，巍峨毅然。60 年来，它见证了共和国奋勇前行的每一步，它珍存了共和国喜悦变迁的每一天。前行有声，岁月无言。新中国 60 年跌宕起伏，波澜壮阔，中国人民秉持着历来的艰苦奋斗，张开了拥抱世界的臂膀，坚定了开放发展的心态，从容涉过岁月的洪流。"

同样是新闻节目主持人，白岩松却选择另外一个角度来叙述："今年是牛年，60 年正好一个甲子，牛具有执着、勤奋的特点，永远绷着这种劲儿。每人都有一个属相，如果我们的祖国也有属相的话，那就是牛！但愿中国永远这么牛！"这话听起来既有趣，还能引起许多人的自豪与认同，并且也符合中国人的属性——勤劳、勇敢、坚毅、不折不挠，这就是中国的国民属性，因为新中国在 60 年征程中的表现确实牛。

在新中国成立 70 周年特别栏目中，白岩松以歌曲为角度来叙述："历史的事件当然是回望历史的坐标，人是更重要的回望历史的坐标，但千万别忘了，歌曲也是回望历史的坐标。比如说一唱起让《我们荡起双桨》，马上我就想起了童年时代；一唱起《校园里有一排年轻的白杨》，咱们就想起了大学时代。其实回望过去的 70 年的时候，很多的歌曲都立即能让我们想起那个特定的时代……其实歌曲在中国这 70 年走过的路程当中，不仅仅是路标，有的时候它甚至就是改革的一部分。举例……再比如说现在大家最熟悉的

《我和我的祖国》……一唱起来看到那么多人热泪盈眶,唱到今天成了 2019 年最火的一首歌,显然它跟人们的心非常近,所以在歌曲当中有我们走过的足迹。……《我和我的祖国》有多少中国人就应该有多少个版本,其实这个歌曲的确能让我们内心感动,然后被触动,最后变成了一种凝聚的力量!"

主持人在主持生涯中要在无数个场合说无数个开场白,说无数句串联词和结束语,主持人要时时、事事、处处建立起语言表达的吸引意识,选取独特的角度让言语组织出深度,诠释多彩的细节让语言生命多细胞,在流畅中出智、出彩、出情、出趣。

一则演练:连词演练

按时间、人物、事件的门类对应三个关键词,三人组成一组,面对同一组词,如"春节""姥姥""包饺子",思考一分钟后当众进行一分钟的即兴口语表述,出众者自我阐述后再由老师点评。每小组根据老师当场出的新词组进行表述,逐渐加大词组间的难度。

第二节 情理议论要素与演练

主持艺术的体现主要是靠主持人在节目中"说"出来的。从严格意义上讲,没有议论的主持人节目是不存在的,不会议论的节目主持人不可能是优秀的。议论,是指主持人在主持节目过程中对某一事物或问题发表自己的观点和看法。[①] 主持人在节目的操持过程中,面对对方话语的语境,其论点往往是具有多义性的,所以节目主持人的议论既要快速立论点,又要巧妙选择议法。

论点是指议论的立意和观点。议论有三个议法:宕开一笔,转述一言,拢收一句。宕开一笔,是指主持人对话题边介绍边议论,漫言他事,渐入主题。转述一言,是指主持人借用话题所提供的话语进入论点议论的一种方法。拢收一句,是指主持人通过事件内容直接概括出一句精练的理念性话语,对原意起到升华的作用。

需要强调的是:其一,宕开一笔中的"宕开",是主持人确立论点进行议论的切入点,是主持人围绕话题中心并调动积累再展开联想而主观"借用"的;转述一言中的"转述",同样是主持人围绕话题中心并依据对方的话语而客观"截取"的。其二,宕开一笔带有一种扩展性,它是以培养主持人联想能力、想象能力、分析能力为目的的议论技巧,宕开一笔的议法要求语言生动、形象、活泼;转述一言则具有一种概括性,它是一种以培养主持人截取能力、简化能力、浓缩能力为目的的议论技巧,转述一言的议法要求语言准确、简洁、灵活。其三,拢收一句属于短句点评的范畴,在提问与问答对话性的议论中占有很大的份额与分量,尽显主持人的议论功底;学会拢收一句议法,主持人进行议论可起到画龙

[①] 胡钟业,许良.材料议论文写作入门[M].南京:河海大学出版社,1994:50-51.

点睛的作用。

主持人的议论不要将叙事与说理截然分开，事、理、情应融于一体；主持人在节目中虽然不是句句议论，但议论却是无处不在的，既可用于节目开首、结尾，又可在主持中间夹叙夹议，更可在提问、答问中用议论起到引申与衔接的作用。

节目主持人的议论总是结合某一件事或某一个问题有感而发、生发开来的，以便引起人们的注意和重视，空泛的议论不会受到欢迎，主持人的议论只有将事、理、情有量有度地结合起来，不管是切中时弊，还是褒扬时尚，才有可能恰到好处。

1997年6月30日晚，中央电视台节目主持人白岩松在深圳皇岗口岸直播报道驻港部队冒雨入港过程时，因为站位移动出现了未能预料的与导播联系断档的问题，这时他灵机一动，对眼前邓小平曾经来过的一幢房子发表点评："各位观众，在我们这里往前面看，可以看到一幢白色的小楼房，这是皇岗口岸的办公楼。当年邓小平同志曾在这里登楼眺望香港，现在那幢楼里还挂着他视察口岸的大幅照片……我想，今天晚上，当驻港部队跨过这条边界线的时候，在所有为部队送行的人群中，肯定有一位老人在深情地注视着……"

主持人在节目中的议论要把对生活的感受、对人生的看法化成具体的真情实感，靠真情感染受众，靠实感吸引受众。

杨澜曾经在广州担任一场文艺晚会的主持人，在上场的时候却发生意外：她一不小心踩空台阶，滚落到台下。顿时观众哗然，有的观众还吹起了口哨。然而，杨澜镇定自若，重新上台然后开口说道："真是人有失足、马有失蹄啊，我刚才的'狮子滚绣球'滚得还不够熟练吧？看来这次演出的台阶不是那么好上的，但台上的节目会很精彩。不信，你们瞧他们……"

短短的几句话就用生活中的感受化解了这个意外事件所带来的尴尬，用自己的"不幸"来证明登上这个舞台的不易，这一段完美的解释将整场晚会的气氛推向高潮。

主持人寓理于事、理中有情的议论在叙事中起着升华主题、画龙点睛的独特作用。而精彩的议论常常赋予内容以理性的色彩、智慧的光芒，可增强节目的说服力；精彩的议论贵在抒发引导，给人以更多的思索、更深的启悟，从而升华节目的品位。

一则演练：看图说话

老师选择情节性的新闻图片，如"马戏团的两个小丑"，然后提出主题，学生三人一组，思考两分钟后，进行一分半钟的当众议论，先一事一议，再夹叙夹议。先由老师命题，后学生自我命题，并加大图片内容的难度，进行轮番演练，如"一个西装革履的人向一排衣着褴褛的人致礼"。

第三节　场面娱乐要素与演练

集新闻、教育、服务、娱乐于一体的综合性电视栏目已经成为传播的趋势。媒介日益注重内容生产的包装,这种包装就是将信息和娱乐结合起来,以吸引受众的注意力。那么,何谓场面娱乐呢?场面娱乐要素有三个层面的指向:第一个层面,是娱乐的种类样式;第二个层面,是娱乐的手段运用;第三个层面,是娱乐的点子创意。

娱乐节目的种类有游戏类节目、竞赛类节目、文艺类节目、综艺类节目等。娱乐节目既然以娱乐场面为主,那么人事叙述要素和情理议论要素就应为辅助。然而,在娱乐类节目的实际操作中,主持人往往注重场面娱乐单元程序的操持,却易忽略人事叙述要素和情理议论要素的存在及作用,使节目的形态感失去了完整性。

爱奇艺的《乐队我做东》是一档由马东担任主持人的访谈节目,其中有一期节目请来的嘉宾是《乐队的夏天》中的一些乐队成员。这档访谈节目区别于以往的访谈类节目,运用了大量娱乐要素:节目录制现场的设计别具一格,一般访谈节目都是一张桌子和几把椅子,或是大沙发,而《乐队我做东》将演播室搬进餐厅,主持人与嘉宾边吃边聊。更有新意的是,菜肴的选择也别具心思,它常常根据嘉宾口味或者记忆里的某个时期爱吃的食物搭配而成。《乐队我做东》第三期节目请来的是旅行团乐队,他们选择的餐厅是一家火锅店。之所以选择一家火锅店,是因为在旅行团乐队刚刚成立的时候,微薄的收入并不能够维持他们的生活,他们曾经吃了一个星期的火锅,从"辣锅"吃到"清汤",所以火锅更多的是一种情怀,这些都能勾起嘉宾当年的回忆,进而切入谈话的主题就不那么生硬了。

此外,娱乐元素的运用还可以有音乐、歌舞、戏曲、小品、物件选择、道具设置、悬念铺排、情节故事、风趣语言、游戏活动等。如,江苏卫视的《非诚勿扰》,主持人引导不同的男女嘉宾边谈话边做游戏,在玩笑中引出不同人的爱情观点,这样嘉宾和观众就在不知不觉中了解并谈出了关于爱情的故事和想法。这些"娱乐要素"的巧妙运用,让节目一下子鲜活了起来。再如,爱奇艺的《饭局的诱惑》是一档谈话节目,但该谈话节目里却加入了游戏——狼人杀,使节目形态更加有趣,悬念感也增加了。如果把一次谈话比作一篇文章,那么"狼人杀"的加入就像标点符号,激情洋溢地穿插其间,将谈话烘托得起伏有致。如果说马东和蔡康永是节目的第一主持,他们用风趣幽默的语言说话,那么,"狼人杀"这个游戏便是节目的第二主持,它用游戏参与谈话,推动节目进程。

节目中场面娱乐要素的娱乐点子往往决定着以场面娱乐要素为主的娱乐类节目形态感的新奇性。娱乐点子创意就是要求异,就是要创新,就是让节目与众不同,就是让观众耳目一新,就是让观众感到出奇、有趣、好看。

一则演练:综艺主持

5人一组,各备才艺,1人担当主持,其他4人的才艺现场表演。5人准备5分钟后进行5分钟的综艺主持,5人轮番担当主持(先预告5人一组,后当场抽签决定哪5人为一组)。同样的"菜",看谁先"炒"出更美的味道。

第四节　物件运用要素与演练

　　物件运用本属于娱乐手段运用的范畴,但由于物件运用的独特性及其相对独立性,物件运用可以单分一类作为要素演练。主持人在主持电视节目的过程中运用一些小物件既可以增加场景的趣味性,又可以增加与主持人之间的交互性,使得节目更加顺畅丰盈。

　　北京卫视的《档案》是一档非常擅用物件的节目。《档案》属于文化类节目中的后起之秀,这档节目最大的看点就在于节目形态中对物件的设置以及叙事手法的运用。每一期节目主题人物和事件的深入且厚重的背景内容,往往是讲述人通过运用现场所设置的独特物件、道具等来"讲述"的。

　　在每一期主讲人讲述一段段陈年往事时,演播室中都会放置幻灯机和 16 毫米放映机,通过它们,将历史影像资料、历史图片以及历史物品等转化为节目主持的重要环节、推动故事进程的重要手段,以增加节目的观赏性。此外,演播室的置景也是丰富节目的重要手段。如讲述孙中山与宋庆龄的不朽爱情时,第一个场景——酒店卧室就是通过舞美设计搭置出来的:床铺、昏暗的台灯、摆放整齐的书籍、一部老式电话。这时传来一阵急促的电话铃声,随后主讲人出场,开始讲述:"在 1922 年 6 月 16 日的广州,一个闷热的夏夜,树上越发嘶哑的蝉鸣声仿佛预示着一场巨大躁动的到来。半夜两点,粤秀楼里一阵持续不断的电话铃声打破了午夜的安宁。"

　　节目中有时还会根据当时的历史环境将办公桌、椅子、床、自行车、汽车等摆设于演播室中,使节目更加出情、出彩;甚至还会有演员来出演当时历史场景中的人物,营造一种逼真的历史画面,增强节目内容的可信度,以吸引观众。

　　物件道具的运用,不仅仅运用在综艺娱乐类的节目当中,也同样适用于新闻、经济等节目中。物件道具的运用也不单在嘉宾的采访中可以运用,主持人自身也可以使用。如白岩松在《新闻 1+1》中,反复使用到题板这一物件,来标示主要提问内容,使观众可以清楚地认识到重点所在。再如中央电视台经济频道《财富故事会》的主持人王凯,就很有特色和个人风格,主持节目时经常手持茶壶或是扇子,讲起故事娓娓道来,引人入胜。别小瞧一把扇子,就是这样一个小道具的使用,增强了讲故事的韵律,拉近了与观众之间的距离,增强了企业家故事与受众的沟通感。

　　借物说事、借物思情,物件道具的正确使用可为主持人、为节目增添色彩,使其风格更加鲜明、更有张力。

一则演练:物件故事

　　3 人一组,在新闻、娱乐、体育等门类的人物图片和事件图片中选择 3 张有关联的图片,准备两分钟后,按顺序展示并讲述时长为两分钟的故事。其后,分别把正方形、立方体、球形设想成一个纪念品,1分钟后准备讲述一个有意味的故事,时长1分钟。再将球体放置方盒中、立方体放置圆盒中,加强难度,递进演练。

第五节 语体风格要素与演练

生活中,书面语是通过书写、阅读来传递信息的,口语是通过口述、聆听进行沟通交流的。文有文体,字有字体,语有语体。主持人说话应该考虑语体,那么什么是语体?语体是人们为了适应不同的交际功能并经过有目的的选择与组合而形成的一种系统的语言表达体式。何谓主持人节目口语体?主持人为了达到表达目的与任务的需要,在节目中对语言的使用有特定的要求,进而形成的一种当众播讲的语体。这种语体被称为主持人节目口语体,这种口语体又被称为言说体。

主持人在节目的演播过程中要掌握并运用口语语体,就要弄清楚语体整体主基调所应有的"三变两合"特征。

第一,"三变"。所谓"三变"指把抽象的东西变为具体的,把静止的事物变成活动的,把内在抽象的东西变成外观可感的。一句话:生动+形象。举一例来说明:有一次外事活动中,外交部选用优秀地方戏《梁山伯与祝英台》来招待各国外宾,工作人员唯恐"老外"看不懂,就用了很多文字想让报幕员在演出前予以详细介绍。结果,口才出众的周恩来总理就用了一句话,让大家一清二楚、口服心服:"这是一出中国古代的罗密欧与朱丽叶的爱情悲剧。男主角是梁山伯,女主角叫祝英台。"

第二,"两合"。所谓两合是指这种语体介于日常生活口语与书面语言之间。在受众接受心理审美需求的制约下,将日常生活口语与书面语言这两种形态的优点进行有选择性组合而产生有机性的融合。一句话:流畅+文采。

让我们再来感受一下主持人"三变两合"特征的体现与能力展现。白岩松曾在《痛并快乐着》一书中这样评价中国足球:

中国足球挺难弄好的,您想啊……没钱的时候不行,有钱的时候也不行;业余的时候不行,职业化之后还不行;穿红衣服不行,穿白衣服也不行;苏永舜不行,戚务生不行;中国教练不行,外国教练还是不行。北京有"5·19",大连就有"9·13",连成都都是伤心地,中国足球的主场在哪里?442不行,352也不行,451更不行,中国队的阵型什么行?和东亚比赛赢不了,和西亚比赛也赢不了;1∶0领先的时候,守不住,0∶1落后的时候追不回来;裁判向着我们不行,向着对方也不行;主场不行,客场也不行;你骂它不行,你表扬它更不行。中国足球真的是病了,这个病西医还治不了,只能靠中医,因为必须治本。

在短短的评论中，无处不显示出白岩松对口语语体的纯挚而又老道的驾驭能力和不落俗套的思想智慧。

节目主持人的语用规律是具有相对性的，节目主持人的言语活动是具有动态性的，主持人是处在变化之中进行言语组织与表达的。主持人节目有着不同类型的节目，不光是在不同类型节目中有着不同类型的语言表达风格，就是在同一节目中，主持人语言风格也有着多种色彩的选择与表现。一个优秀的节目主持人在言语组织与口语表达中，只有抓住主持人节目口语语体"三变两合"特征这个总"纲"，在自我找准定位的节目中去面对不同的语境，再切合广大观众的接受心理，才能产生出既丰富多彩又合适得体的语言风格。这就叫"纲举目张"。

一则演练：一语三体

5人一组，各组预先拿到命题，如"喝茶"，每人用文字各书写出一段长约30秒钟的书面体、口语体和言说体，用PPT放大，当众朗读。然后老师当场命题，准备3分钟后，每人先后用书面体、口语体、言说体当众表达。前期，一文三体，后期，一语三体，日久天长，主持人节目口语体自然形成。

第六节　语境选择要素与演练

语境，是现场语言活动的环境。节目主持人要从现场语境出发，要从对象特点出发，就要智抓语核。所谓语核，就是在头脑里即兴产生一种触发语言智慧的核心媒介。语核在思路辐射中需与两方面乃至诸多方面的人、事、物勾连起表述关系，并进而出智出彩。核心，指语核，是即兴出智的主要动力；媒介，指语核要与两方面乃至诸多方面的人、事、物建立起表述关系。

一个主持人不管是在演播现场，还是在户外活动，他的表述都面对着各种各样的语境，要进行即兴表达，其进行即兴表达时应该有智抓语核的言语组织能力。而抓语核离不开特定的语境，主持人是面对现场语境而智抓语核的。主持人面对的语境往往不是单一的，是有多个语境点的，在操作中关键就看主持人采用哪一视角去发现、如何取舍、如何准确而又独特地建立起彼此间内在的关系。

9月10日是教师节，主持人在一所著名医科大学举行的新老师见面联欢会上有这样一段开场白：

各位老师，教师节好！大家一定知道，从生理学意义上讲，血液有O型、A型、B型、AB型之分，虽然，我不知道在座的各位老师是何种血型，不过我却要说，从非生理学意义上讲，我们全是AB型，我们都能接受任何"血型"；我们又全是O型，能输给任何"血型"。新老师的到来,如同给我们这所著名医科大学注入了新鲜血液。我们新老"血液"一定能心心相印、相处融洽,今天的联欢会将更充满生气,我们未来的医学教育事业将更加红火。

显而易见,这段开场白兼顾了"9月10日教师节"与"新老教师见面联欢会"这两个语境点,并紧紧抓住了"著名医科大学"这个语境点产生了语核——"O型与AB型"所进行的言语组织。应该说,这一语核抓出了准确而又独特的效果,既抓住了属于这一场面语境"独一份"的语核,又能被广大受众所认同并进而产生吸引力。当然面对同一语境有很多种读解,我们需要强调的是,既要准确又要独特,既要切题又要超旨。所谓切题,就是要扣紧题目不要节外生枝;所谓超旨就要超越"公共主题",立意新颖,见解独特。

只有感受语境,进行语境选择,只有智抓语核,进行言语组织,才能使我们的主持人在流畅的表述中超越"公共主题"。

一则演练:语境感受

3人为一组,先各自设置一个语境点的语境,如"在某校社团文化节开幕式晚会上",自我抓出语核,并撰写出150字的开场白。演练时,由一位同学大声朗读语境3遍后,由另两位同学当场感受语境,即兴说出语核,并进行30秒钟的开场白表达。随后,第一位同学朗读出自己写好的语核,以及150字的开场白,把准备好的文字表达与他人当场即兴的语言表述进行比对,3人轮番完成。

演练结果往往会证明:有备未必比即兴强,即兴甚至会比有备更好。

依照上面的演练,设置两个语境点,如"某校趣味运动会"的开场白。

依照上面的演练,设置三个语境点,如"秋季的一天,高校学生为慈善学校公益演出"前的开场白。

逐渐加大难度,递进演练。

第七节　节奏掌控要素与演练

我们清楚地认识到:节奏是节目的律动。主持人只有做到对节目整体性的节奏掌控,才能使节目在节节推进中环环相扣。

在节目主持中,不管是录播还是直播,节目的时间长度总是固定的,同时也是有限的。作为主持人节目的艺术节奏,它首先作用于观众的注意力,引起观众的兴趣。苏联学者格·尼·古里耶夫给节奏下了这样一个定义:"节奏就是一切运动的组织原则,节奏就是各个部分互相联系的规律性,它能够形成一个完整的过程,这就是有目的地把任何一个过程花费最少的力量而达到最大的效果,组成一个统一的整体。"张仲年在《戏剧导演》一书中指出:"节奏对于导演来说是一种理解,更是一种感觉,一种带有神秘色彩的感觉,节奏也可以说是一种精巧的算计、情绪刺激的铺排,在这里导演的感受力和判断力起着至关重要的作用。"[①]同时,张仲年又指出:"节奏是客观存在的东西,但是又是主观的,即要让观众感受到你为他安排的刺激,一般说如果观众生理上接受的刺激多于或快于心理反应,他们就会感到节奏过快,相反,则会感到节奏太慢。"[②]过快与过慢都是对吸引力与兴奋感的一种建立。

应该说,主持人在操持节目过程中,其内部心理的总体节奏是紧的,而外部表达的语速往往有三种情况:一种是紧中慢说运用,一种是紧中快说运用,一种是紧中快慢交替运用。速度是节奏的外部表现,而这三种情况又将在节目的版块与段落中体现出欲正先反、欲扬先抑、欲悲先喜,以及欲反先正、欲抑先扬、欲喜先悲的六种心理。

主持人只有掌握了这样的内在总体节奏与外部具体语速,才能使节目在内容深浅交替中跌宕起伏、错落有致。我们都知道谈话节目的灵魂是主持人,好的节目是与主持人融为一体的。以《实话实说》为例,不管是家长里短的素材,还是人们关注的社会热点新闻,崔永元都会以自己的冷幽默方式来处理,而他能够使节目做得好看,恰恰在于他外松内紧的表达以及对节目现场的节奏掌控,看似调侃轻松,却不乏节奏张力。联想到主持人朱军让做客节目的艺术家潸然泪下,又让熟悉节目并有心里设防的嘉宾泪流满面,从这一层面讲,朱军把握节奏的功力着实扎实。

沈力认为,主持人应该主动参与节目,全面深入掌握节目内容,通过富有鲜明个性的语言风格,"面对面"地和观众交谈。主持人的个性与他所主持的栏目的个性应该是一致的,服务性节目的主持人应该和蔼可亲、平易近人、真诚朴实,成为观众的知心朋友。[③]

研究和掌握节奏是主持人必不可少的基本功。

一则演练:接球说题

学生10人为一组,围成圆圈,老师脚踩足球站在圆圈中央,足球表面贴着写有10个题目的10张卡片。

1.学生按老师中速击掌的节奏绕圈行走。学生行走的过程中,老师将球随意抛出,并喊出题号,接球者看题后按节奏边走边说,说完后将球抛还给老师。依次进行,每人讲述一次作为一轮的结束。

2.老师快速击掌,学生快速表达,依次进行,每人讲述一次作为一轮的结束。

3.老师慢速击掌,学生慢速表达,依次进行,每人讲述一次作为一轮的结束。

4.老师快速击掌,学生慢速表达;老师慢速击掌,学生快速表达(老师可随意变换击掌速度)。

[①②] 张仲年.戏剧导演[M].北京:中国戏剧出版社,2010:136.
[③] 沈力[EB/OL].[2023-02-17].http://www.hudong.com/wiki/%E6%B2%88%E5%8A%9B.

老师击掌的节奏变了,但题目不变、内容思路不变。学生根据节奏要求,在规定的时间里自行增减字数。

足球表面的题目可以是:用 1 分钟描述一位同学;用 1 分钟讲述一个热闹场面;用 1 分钟讲述一个感人的场面;用 1 分钟讲述一个尴尬的场面等。

第八节　镜头感觉要素与演练

电视节目主持人区别于其他主持人的一个前提条件就是,一切演播活动都必须表现在摄像机镜头前。电视节目主持人在镜头前必须有一种镜头感。何谓镜头感?镜头感是电视节目主持人在演播中对摄像机镜头运动时的一种感受。① 主持人在摄像机前的镜头感,既要求主持人感受到镜头的存在,又要求将心理上的制约解除掉,使自己的演播在镜头前获得自由的美感。主持人在面对摄像机的演播空间时,镜头表现能力主要表现在四个方面:景别感、对象感、间距感和走动感。主持人感觉镜头的表现能力,使演播空间在镜头前获得有机的运动感。

何谓景别感?主持人作为镜头的被摄主体,在节目录制过程中,能够感觉到自己在画面上呈现的范围,这就是景别感。② 五种景别简而言之:带"人全"为远景(或称大全景),全身为全景,膝盖以上为中景,胸部以上为近景,肩部以上为特写。景别感与主持人感觉镜头要素的关系表现为:

其一,与平角度镜头的关系。所谓平角度镜头,是指摄像机处于与主持人站着或坐着的眼睛相等高度的视平线,高于或低于这一视平线的变化不可过大。③ 平角度镜头因接近人眼的平视而产生画面平稳的效果,以增加主持人的亲和力。

其二,与态势语言的关系。中景、近景、中近景的景别把人物放大了,主持人应找到运用态势语言的幅度与速度在镜头前的得体感觉。

其三,与空镜头入画、出画的关系。所谓空镜头入画,就是主持人走进静态画面的景物镜头④,俗称"空入画";"出画"便是主持人走出静态画面。主持人如果能够准确而巧妙地选择并运用"空入画与出画",便能在动态中让静态画面增添一份活力。

其四,与起幅、落幅的关系。起幅是指运动镜头开始的画面,要求构图讲究、有适当的长度,具体可根据创作意图而定,由固定画面转为移动画面时要自然流畅。落幅是指运动镜头终结的画面,要求由移动画面转为固定画面时能平稳自然,尤其重要的是准确,

---

① 吴淞.电视术语手册[M].上海:上海科学技术出版社,1991:118.
② 《广播电视简明辞典》编辑委员会.广播电视简明辞典[M].北京:中国广播电视出版社,1989:125.
③ 《电影艺术词典》编辑委员会.电影艺术词典[M].北京:中国电影出版社,1986:331.
④ 吴淞.电视术语手册[M].北京:上海科学技术出版社,1991:106.

即能恰到好处地按照事先设计好的景物范围或主要被摄对象的位置停稳的画面。① 对主持人来说,当运动镜头准确落幅时,主持人要适时开始播讲,提早或过晚进入播讲,都会影响这一镜头的质量。

电视节目主持人在演播空间中如何建立正确的对象感呢?所谓对象感,是指主持人把节目所定位的固定受众对象设想为具体的形象,并与其在镜头前进行一对一交流,从而获得一种犹如真实存在又贯穿始终的有机反应。

关键之一,就是要"具体"。主持人必须把"对象化"的受众群"设想为具体的形象",这种"具体的形象"可具体到对对象的职业、年龄、性别等外部形象的"设想",具体到对对象的心理、素养、性格等心理形象的"设想"。

关键之二,就是要"一对一"。对象感中的"一对一",前面一个"一"是指主持人,后面一个"一"便是指"非真实的人"。一个主持人与一个具有人际交往活力的"具体形象"在"你我"空间中进行"一对一"交流,便能产生一种人际交流的个性化效应。

关键之三,就是要获得一种"感觉"。用一个公式来表述:视线的可视点+心像的想象点=眼睛的神态。也就是说,主持人眼睛视线的可视点与内心视像的想象点,两点互为交织在所面对镜头上,产生了眼睛神态的看的感觉。

关键之四,就是能"贯穿始终"。"贯穿始终"的感觉贯穿在"看着镜头讲话"的始终,使对象感稳定;保持在"不看镜头讲话"的始终,使对象感有机。贯穿始终的对象感使眼睛的神态在整体节目的流程中流露出主持人对节目的态度并集中体现在对观众的态度上;贯穿始终的对象感有利于主持人在整体上进行调整、配置、主控,从而显得主持更加得体真实。

节目演播中的间距感,是指在双档主持演播空间中,主持人互相之间靠近和分开的距离与景别所建立的关系,并在镜头前进行对口接词与目光转换的一种相互交流的表现能力。节目演播中的间距感要把握两个基本要领:"两人共说一段词"与"两人冲谁说就对着谁看"。

何谓主持人的走动感?就是指主持人在镜头前有边走边说表现能力的一种交流感。中央广播电视总台中文国际频道重点创新节目《国家记忆》展现党史、国史、军史中的重大历史事件,揭秘重大决策背后的故事,记录讲述党的奋斗史、创业史、中国特色社会主义探索史、改革开放进程史。主持人桑晨在排满书籍的舞台前,从舞台的纵深处穿着职业套装,一步一个脚印地从远处楼梯上走来,当她站在沙盘前时,打开手中的平板电脑,横向左右走动,一边触控着手中的屏幕,一边讲述着节目的开场白。这种动态走动感的交流画面很容易吸引观众的眼球,这种纵深与横向走动感增加了节目的现场感,使观众产生听主持人讲述国家记忆的故事的愿望。

---

① 《电影艺术词典》编辑委员会.电影艺术词典[M].北京:中国电影出版社,1986:322.

一则演练：对视表达

演练者与一个高矮相等的同学面对面，演练者先注视对方的眼睛讲述 1 分钟的故事。随后，被注视的同学离开，演练者在无人注视的情况下，仍保持注视状态，再重复讲述 1 分钟的故事。两人交换演练两三个回合后，演练者单人保持注视状态：

1. 与摄像机镜头在同一视平线上，开机实录。
2. 面对镜头，走动上场，站位后，进行讲述。
3. 背对镜头，走动出场，站位后，进行讲述。

第九节　态势语言要素与演练

一个优秀的电视节目主持人，不管是面对静态节目的演播，还是面对动态节目的演播，都要具有一种积极、饱满、灵动的演播状态。主持人在节目中的一举一动、一招一式，就是电视节目主持人在展现态势语言时特别具有的一种行动状态。

何谓态势语言的行动状态？就是主持人以手势、眼神、体态等手段，辅助有声语言来传情达意时表现出的得体又有机的态势语言的创作活动。态势语言包括两层面含义：态势语言的得体展示和行动状态的有机展现。

马克·鲍登在他的专著《看懂肢体语言》一书中认为，"在人与人面对面的交流中，存在着三种常见易懂的方式：文字、语调和肢体语言。第一种交流方式是文字交流，这是一种语言交流形式；而后两种，语调和肢体语言则属于非语言交流的形式。在进行信息交流时，非语言交流显得尤为重要。因为在语言交流内容的背后，非语言交流形成了接收者的某些感觉、态度和意图。事实上，交流者所表现出来的感情、态度和意图，由肢体语言表达的占 55%，语调表达的占 38%，而通过文字表达的只占 7%。这项研究表明，我们在交流中流露的感觉、态度和意图几乎完全取决于非语言信息，而不是文字"[①]。

我们再来看谭江海在主持《档案》节目时的行动状态及态势语言。节目中，主持人的体态语言最明显地体现在他的表情、神态、动作三个方面。在这档节目中，主持人在传递信息时，会有意识地通过一些神态的变化、眼神的交流、动作的使用来营造节目的悬念感。例如在 2012 年 4 月 19 日的《蒋家王朝逃去台前最后的日子》中，他提到 1949 年重庆机场上演的一幕幕情景："1949 年 11 月底，重庆的九龙坡机场天天都在上演着这样的情景——溃逃的国民党军官的家属不但模样狼狈，而且还要忍受小兵的侮辱，箱子要一个一个打开检查，而且箱过人不过。不过，人要过可以，得摸，摸什么呢？硬货！啥是硬货？有分量的东西。瞅着分量差不多的就放行，但凡有点儿超重嫌疑的，也不再摸你，抓过来

---

① 鲍登.看懂肢体语言[M].王笑笑,译.北京：中国人民大学出版社,2012：17.

一通乱晃,这一晃硬货可就晃出来了。"他在讲述这段情景时,配合着自己的动作与表情,每一个动作代入感都极强,他的眉头紧锁也刚好体现了当时人们的一种无奈与焦虑,同时又让人感到诧异——这些小兵究竟为什么要这样?这是出于什么目的呢?

电视节目主持人要想呈现出有机得体的行动状态而产生"动中说"的演播创造力,就必须有感受地行动、有判断地行动和有逻辑地行动。

在深入探讨主持人、发言人的肢体语言时,马克·鲍登强调:"如果将人类的交流缩短到最简单的形式,即消息的发出者为了实现他的预期目标,将信息传递给接收者。想要保证交流的顺利进行,首先,需要确定一个信息的发出者(你自己);其次,要有信息传播的途径(你的肢体、声音、文字,或者是其他方法);最后,你的信息要有一个接收者(其他人)。但有一个问题常常被忽略,那就是你还需要有一个发出信息的原因和一个预期的目标。如果你不清楚预期的目标究竟是什么,你就无法为了实现这个目标而表现出你的最佳状态,那样的交流也就失去了意义。"[①]

主持人在态势语言的运用中,往往会表现两种幼稚的现象,在静态演播中天天做"广播操",在动态演播中像得了"多动症"。逻辑行动的分寸感与合理性就是让逻辑的行为既符合生活常态的规律,又让态势语言的行动状态有机,这样才能让"动中说"更富有创造力。

没有创作,态势语言的运用只是平淡的,甚至是大体相同的;有了创作,在"动中说"的创造力才是鲜活的,才能有助于风格的形成。

一则演练:一稿三态

演练者备用同一稿件话题:

1.选用坐姿,呈现轻松生活型的态势,进行不动手势的播讲。

2.走到椅背后,选用站姿,呈现轻快生动型的态势,进行伴随手势的播讲。

3.主持人从椅背后,转换情绪,站到椅子前面,选用走动姿呈现矫健、张狂态势进行播讲。

一稿三用,可自我微调内容,增减字数。一稿三态,必须一气呵成,连贯呈现。

第十节　空间处理要素与演练

空间处理就是给演练者一个准演播环境:把主持人静、动态的演播分解在站姿和坐姿、一桌二椅、前景后景、纵走横走这四个基本单元中进行演练。主持人既要面对镜头进行如何坐、如何动、如何走的空间运用处理,又要针对命题先背稿播讲,最后再现场即兴

---

① 鲍登.看懂肢体语言[M].王笑笑,译.北京:中国人民大学出版社,2012:12.

组织语言表达。

单人播讲的站姿、坐姿可有四种主持模式：一桌一椅的坐姿、无桌有椅的坐姿、有桌无椅的站姿、无桌无椅的站姿。在双人主持中，也有四种主持模式：一桌二椅的坐姿、无桌二椅的坐姿、有桌无椅的站姿以及无桌无椅的站姿。

空间处理的关键在于让内外拓展与空间建立关系——内要向外拓展空间，外要向内拓展空间。

步骤一：内景现场的纵横走动演练。根据内景现场的具体环境选择一个典型话题，在规定的纵横走动的空间路线中面对镜头进行3分钟单人即兴播讲。比如，我们选择教学楼里的一个教室，话题为"教师节有这样一位老师"。要强调"内要向外拓展空间"，一般习惯操作大都是站在教室门口讲开场白，再走到讲台前说一通。此演练在明确指定的空间路线中必须体现出：站—坐—走。

步骤二：外景现场空间的纵横走动演练。在外景现场选择一个有具体实物的场景，比如请每人面对停车场自拟话题，让学生面对镜头进行3分钟单人即兴播讲。这样的内外景现场的纵横走动演练，是要让主持人面对客观实景时，有一个善于发现的并能感觉空间的专业眼光。这种专业眼光能够让主持人对实景的发现，通过空间线路的纵横走动而与实景建立的空间关系变得有依靠、有着落，从而使画面充满张力，使播讲的信息充满内涵。

景区组合与高低变换可互相产生空间关系，关键在于景区组合。景区组合是指主持人在由多个相关联景区组合而成的整体大背景中，根据节目内容需要对分解成的局部景区进行空间处理，建立前后景关系。所谓高低变换，是指主持人在有高低层次变化的组合景区中通过运动有目的地进行空间表现。景区组合与高低变换两者结合就产生了：

其一，室内组合景区的高低变换演练。这种室内景是主观设置的，关键在于主持人要有对室内空间的运用能力。

其二，室外组合景区的高低变换演练。这种室外景是客观存在的，关键在于主持人要有对客观环境的概括能力。

空间处理不仅仅是为了让演练者做一档节目，更是让主持人在演练的空间中建立这些关系、懂得这些选择、掌握这些运用，进而在实践中做好每一档节目。节目空间形态的创意是属于编导的，而节目空间形态的体现则是属于主持人的。

《鲁豫有约·大咖一日行》是一档真人秀访谈节目。在节目中，主持人的访谈空间不仅仅停留在演播室内，更将访谈空间搬到了与嘉宾有关的熟悉空间。主持人鲁豫会与这些嘉宾一同体验嘉宾生活中比较重要的时刻，体验他们的生活，在体验中进行漫步式访谈，这些谈话内容多是即兴的。与此同时，节目组也会设置专门用来采访的会议室，在会议室中完成前期预设好的内容访问。例如鲁豫在采访万达集团董事长王健林时，就来到了万达总部，与王健林一同体验万达的食堂，在王健林的办公室欣赏他收藏的名画，一同乘坐王健林的私人飞机，一同参加南昌万达主题乐园的开幕。在不同的环境中，鲁豫将演播空间内的行动处理得游刃有余,这些行动处理配合着头、眼神、手等态势语言的处理同步完成。

一则演练:实景实录

选择学校礼堂前台阶与礼堂内大厅为演练实景,台阶上有栏杆、彩旗、花盆,大厅内有雕像、宣传栏、花坛。

设置话题,如"校庆前的报道"。

1.演练者先选择"由低向高、由外向内"的走向,从礼堂台阶拾级而上,在栏杆、彩旗、花盆之间走动,建立前后景关系;再步入礼堂大厅进行纵横走动,与雕像、宣传栏、花坛建立前后景关系。

2.反其道而行之,演练者选择"由高向低、由内向外"的走向,从礼堂大厅纵横走动到礼堂前台阶逐级而下。

3.最后,演练者将"由低向高"与"由高向低"连贯起来操作,按序轮番演练。

思考题:

1.节目主持的十大元素是什么?
2.什么是人事叙述要素?
3.什么是情理议论要素?
4.场面娱乐要素三个层面的指向是什么?

第四章 主持行为

在遵循电视节目主持艺术规律的主持创作中,主持人要面对两条创作道路:一者是主持人节目的创作体式,一者是节目主持人的创作流程。我们要强调的是,主持创作的两大行为表现,一者是现场的驾驭,一者是现场的演播。

创作流程中的"以鲜明的主持意识""从富有形态感的节目出发",就是主持人现场的驾驭;创作流程中的"用最佳演播状态""走进整体融合的个性演播形象",就是主持人现场的演播。

在主持创作中,现场驾驭与现场演播这两大行为表现又有着怎样的关联呢?主持人的现场驾驭关键是节目与节奏的关系,也就是节目的流程与节奏的张弛;主持人的现场演播关键是语境与语感的关系,也就是语境的形成与语感的运用。

对于主持人的现场驾驭与现场演播这两大表现,从电视机前观众的角度来感受,主持人"驾驭什么"往往是观众看不到的,观众更多看到的是主持人的状态,听到的是主持人的表达;从主持人操持节目的角度来感受,主持人如何起承转合、如何纵控有度地"驾驭",往往是通过主持人在有变化、有发挥的"演播"中得以实现的。

我们可以清晰地看到,驾驭是主持人内部的组织与掌控,演播是主持人外部的表达与沟通。从理性分析的角度来讲,驾驭与演播在主持创作中是一体两面的;从现场操持的过程来说,驾驭与演播在主持创作中是同体共存的。

第一节 现场驾驭与串能激活

本节和下节我们用一个典型案例文本来解读主持人的现场驾驭能力。

由全国艺术硕士教育指导委员会主办、上海戏剧学院承办、中国戏曲学院和北京舞蹈学院参演的"全国艺术硕士(MFA)优秀作品展演戏剧戏曲舞蹈专场开幕演出",于2008年12月2日在上海戏剧学院端钧剧场拉开帷幕。开幕式主持人由上海戏剧学院2007级艺术硕士、中央电视台节目主持人董卿担纲。

董卿于2008年11月28日收到由资深撰稿人方军发给她的串词原稿,于12月2日下午 4 时抵达上戏端钧剧场后台,晚上 7 时登台脱稿主持,晚 9 时 10 分连夜返京参加春晚排演。

　　演出是精彩的,主持是成功的。上海戏剧学院一位领导感慨地:"这篇串词原稿我审查过,写得很好,但一经董卿主持,这串词就变了样了,整台演出变得更细更精更活,真让人叫绝。"现将董卿现场串词与原稿串词的两个文本进行比较。

	串词原稿	董卿现场串词
开场白及舞蹈"巾帼"	今天,我们以 MFA 的名义相聚在这里。三年前,"MFA"这个名称对于我们来说还是那么陌生,而今天全国首届艺术硕士已经走出了校园,留下的是收获与精彩。 　　我们都曾有过难忘的校园生活,在告别了学生时代一段时间之后,我们是如此渴望充实,期待提升。MFA 成就了我们的梦想,我们再一次走进了校园,体验了一个学生才会拥有的幸福。就是基于这样一座平台,站在一个全新的起点,我们开始了又一次飞翔,又一次超越。今晚,我们将把上海戏剧学院艺术硕士教育所取得的部分成果奉献给大家,与所有关心 MFA 事业的领导、专家和朋友共享丰收的喜悦。首先请看舞蹈《巾帼》。	各位领导、各位来宾、老师们、同学们,大家晚上好!很高兴今天能有这样一个机会,与大家相聚在上海戏剧学院端钧剧场。今晚我们的相聚是以 MFA 的名义。三年前,我们对这个名词还感到非常的陌生,但是如今全国首届艺术硕士已经圆满地完成了他们的学业,今天我们就要一起来分享他们的艺术成果。MFA,Master of Fine Arts,在欧美的许多国家已经是一个非常成熟的学位,而在我国,国务院学位委员会是在 2005 年才确立这个专业。我想,教育领域的这个重大改革,它的目的用一句话来概括就是:希望那些有艺术才华的并且具有一段艺术经历的实践人才,能够得到重新学习和深造的机会,让他们有针对性地去提高自己的专业业务能力。于是我们看到这些年来,一批批年富力强、颇有艺术成就和教学成果的青年演员、青年教师、各个领域的艺术工作者重返校园,包括我在内。"重返校园",我想它的感受可能是我们今天在座的许多年轻的、20 出头的同学无法体会的。用我自己的亲身体验来说,就像是在感到快要窒息的时候,突然有人给你戴上了氧气面罩,于是你的眼睛又湿润了,你的肢体又柔软了,在平静当中感受到一种深刻的幸福。当然我说的是"平静",不是"静止",更不是"止步",否则就不会有今晚的演出。我们找到了一个支点,凭借这个支点也许可以找到又一次的飞跃,能飞得有多高,能走得有多远,留给各位领导、专家、老师和同学来评判。一起来欣赏今晚的第一个节目——舞蹈《巾帼》。
昆曲"牡丹亭"	一群英姿飒爽的巾帼英雄,让古老的《木兰辞》变换为现代的肢体语言。完成这一艺术构思的就是上海戏剧学院舞蹈学院编导专业教师赵慧萌。赵慧萌曾参与现代昆剧《伤逝》、多媒体舞台剧《寻衣记》、实验性小剧场舞剧《卡门》的编舞创作。《巾帼》既是赵慧萌 MFA 的毕业作品,也是她为 2004 级中国古典舞专业毕业公演创作的节目,这也鲜明地反映了 MFA 教学注重把专业知识运用于艺术实践的特点。培养高层次、应用型艺术专门人才,MFA 这一独特的教育理念和教学模式,使许多从事艺术工作多年的专业骨干再次接受了系统而有针对性的学习。享有"昆曲王子"美誉的张军就是其中的一位。作为一名 MFA 学生,他又将如何展现别样的风采?还是让我们先来欣赏由张军和沈弈丽、贾喆表演的昆曲片段。	**董卿**:想到了什么?刚才的那段舞蹈。 **观众**:花木兰(众答)。 **董卿**:猜对了。可能刚才这个舞蹈进行当中,大家也听到了画外的旁白,那就是《木兰辞》。《木兰辞》是南北朝,确切地说是北朝时期的长篇叙事民歌:"当窗理云鬓,对镜贴花黄。出门看伙伴,伙伴皆惊忙:同行十二年,不知木兰是女郎。"一千多年前的诗歌如今被我们的舞蹈者又一次活生生地搬上舞台,所以木兰又出现了,还是那么年轻、那么美丽、那么勇敢、那么善良。这就是艺术的创造力。这个舞蹈的编导是我们上海戏剧学院舞蹈学院编导专业的青年教师:赵慧萌。《巾帼》既是她的 MFA 毕业作品,同时也是她为 2004 级古典专业的同学们毕业演出创作的一个节目,由此我们也可以看出 MFA 强调的就是作品的创作、表演实践,我们要培养的也是高层次的、应用型的专业人才。那接下来要登台的这位啊,可以说在他的艺术领域里也相当有造诣,他被人们称作"昆曲王子"。今天,他要为我们带来的这个节目,既是他的 MFA 毕业作品,同时也是上海昆剧团成立 30 周年的一个重要的活动内容,那就是"于丹·游园惊梦互动主题讲坛"。让我们欢迎张军、沈弈丽、贾喆为我们表演《牡丹亭》片段。(掌声)

	原稿串词	董卿串词
对张军的采访	当张军他们在舞台上倾情演绎时，我们还看到了一位重要的参与者——于丹教授。今年春天，著名学者于丹欣然做客上海大剧院，与上海昆剧团演员共同向观众传播了昆曲之美。而这场活动就是在张军的积极运作下获得成功的，张军也由此向我们凸显了他的另一个身份——上海昆剧团副团长。作为一个剧团管理者，张军选择了MFA艺术管理方向。近年来，他策划组织了多场弘扬昆曲艺术的文化活动，于丹在大剧院讲昆曲就是其中一项。（采访提示：）"张军，由于两种不同的身份，你时常需要在演员和管理者之间进行角色转换。你认为MFA学习对你的这种转换起到了什么样的作用？"	（舞台出现小状况：节目结束后，董卿刚出场，发现灯光没亮，转身又退回后台，再次上场时，昆曲又突然响起） **董卿**：这《游园惊梦》也把我惊了一下，是要我也唱一段吗？（众笑） **董卿**：2008年的11月11日，也就是上个月吧，美国某杂志上发表了这样一篇文章，叫作《当爵士遇上昆曲》，说的是在中国有600多年历史的昆曲，它的表演者张军和来自比利时的一位爵士乐钢琴演奏家两人合作录制唱片的事情。美国人感到非常惊讶，但其实我觉得这一回呀是美国人孤陋寡闻了，他们不知道这个张军向来就出人意料，与他合作的除了爵士乐演奏家之外，还有像流行歌手呀、日本歌舞伎呀、芭蕾舞演员呀、现代作曲家，等等，他的每一次创新和探索都会引起广泛关注，但是也会引起争议，那么就此他本人是怎么看的呢？让我们掌声欢迎张军。（掌声） **董卿**：你好，张军，刚才我说的话你都听到了？ **张军**：都听了，非常认真地听了。 **董卿**：刚才在放"惊梦"这一段，下面有英文的字幕，我相信很多同学一定在看英文没中文，想试试自己的英文水平到底到了什么程度。但是你们能想象用昆曲的念白念英语的台词吗？想不想听一听？我呢，去不了阿姆斯特丹，但我能到端钧剧场。（掌声、笑声） **张军**：（现场英语念白）。穿这身衣服（戏服）念什么都挺奇怪。 **董卿**：当时你穿的是什么衣服呀？ **张军**：当时我穿的是意大利早期的一件有点像丑角演员的衣服。 **董卿**：你不是演李白吗？ **张军**：在国内演李白。我一共演了四五个角色，一直在不停地变换当中，刚才那段是我上场的第一个念白。 **董卿**：穿的是意大利的服装，所以就没有显得那么奇怪。不过时光之书打开，很有意思啊，唐明皇、柳梦龙叫Jeffrey张。其实我很喜欢谭盾的一位同学，也是中央音乐学院毕业的刘索拉，他的一篇小说名字叫《你别无选择》，张军看似是各种各样的选择让昆曲以不同的面貌出现在舞台上，在我看来都指向一个选择，那就是他作为21世纪的一位青年昆曲演员，要把这个古老的剧种传承下去，就这样来说，我们应该感谢张军。谢谢你。（热烈的掌声）
舞蹈《春江随想》《袖之韵》	上海戏剧学院舞蹈学院中国民族民间舞教研室副主任周蓓执教十年来，曾多次获得过全国"桃李杯"舞蹈大赛优秀园丁奖；中国古典舞教研室主任庄丽曾获得全国第六届"桃李杯"舞蹈大赛青年组银奖，并在张艺谋执导的歌剧《图兰朵》中担任舞蹈女主角，由她主演的大型舞剧《闪闪的红星》获得第二届全国"荷花杯"金奖。这两位青年教师在培育新人的同时，自己也步入了MFA课堂。接下来，就请欣赏由周蓓、庄丽分别编导并领舞的《春江随想》和《袖之韵》。	**董卿**：接下来的时间，我们要欣赏到的节目，同样也来自我们MFA舞蹈专业的学员，同时也是我们上海戏剧学院舞蹈学院的两位青年教师——周蓓和庄丽，她们两个编导又分别领舞的两段舞蹈《春江随想》和《袖之韵》。（掌声）

续表

	原稿串词	董卿串词
京剧"小吏之死"	上戏首届艺术硕士在学习实践的过程中，相继推出了不少受到关注的作品，如何念导演的《武林外传》、盛艳导演的《双面胶》、陈铭嘉导演的《父亲》、孟真宇导演的《家庭恩怨记》、韦京东导演的《黄梅戏流派研究展示演出》、张强导演的《云之南》、崔轶导演的电影《笛声何处》、黄溪创作的一系列舞台作品、周鸣晗主演的话剧《只有一个女人》、肖英等主演的《倒挂星条旗》等。下面，请欣赏由MFA学员龚孝雄编剧、MFA学员单跃进担任制作的京剧小戏《小吏之死》，表演者：严庆谷。	**董卿**：我们刚才欣赏到的第二段舞蹈叫《袖之韵》，它的领舞庄丽，是我们舞蹈学院古典舞专业的教研室主任，她在《闪闪的红星》中扮演过潘冬子的妈妈，今天她的孩子也来到了现场，可是我一点都没听到哭闹的声音，我真是太好奇了，后来我终于明白了，因为在妈妈肚子里的时候他就一直上MFA的课程，一生下来就极具艺术品位。(董卿有意识地往台下一看)哦，原来睡着了。(热烈的掌声、笑声) 　　在我们上戏首届艺术硕士学习实践的过程当中，他们真的是推出了不少受人关注的好作品，和大家一起来分享一下：何念导演的《武林外传》、盛艳导演的《双面胶》、陈铭嘉导演的《父亲》、孟真宇导演的早期话剧《家庭恩怨记》、张强导演的《云之南》、崔轶导演的《笛声何处》、黄溪创作的一系列舞台剧、周鸣晗主演的话剧《只有一个女人》、肖英等主演的《倒挂星条旗》等。那我们接下来要欣赏的是MFA学员龚孝雄担任编剧，由MFA学员单跃进担任制作的京剧小戏《小吏之死》，表演者：严庆谷。(掌声)
舞蹈"杨贵妃"	来自上海京剧院的MFA学员龚孝雄，从契诃夫的小说《小公务员之死》中获得灵感，创作了《小吏之死》。《小吏之死》于2007年摘得"中国戏剧奖·小戏小品奖"，为上海实现了该奖项上零的突破。在此，让我们衷心地为艺术硕士们所取得的每一个成绩而叫好！从《大梦敦煌》《花木兰》到《霸王别姬》，上海戏剧学院舞蹈学院青年教师邢桑在一系列国内外舞台上产生重大影响的舞剧中留下了自己坚实的足迹。在就读MFA期间，他主演的又一部新作东渡扶桑，轰动东瀛。这部作品就是由赵明编导的大型原创舞剧《杨贵妃》。请欣赏《杨贵妃》片段，表演者：邢桑、李萍。	**董卿**：谢谢，非常感谢严庆谷精彩的表演，还有我们的乐队，谢谢你们！我再考考大家，这个京剧小戏《小吏之死》，它的情节借鉴了哪部小说？ **观众**：《小公务员之死》。(众答) **董卿**：太有才了，什么专业的？准备考MFA吗？(笑声)对，是《小公务员之死》，这是契诃夫在1883年完成的一部小说。所以我就在想，如果说从《木兰辞》到《巾帼》这还算是一脉相承的文化的话，那从契诃夫的小说《小公务员之死》到京剧小戏《小吏之死》，那真的就是大胆的创新，也是他山之石可以攻玉的典范，不过这倒是挺符合契诃夫的精神的。作为俄罗斯最伟大的现实主义作家，他曾经说过这样一句话，我们的事业就是学习学习再学习，积累更多的知识，人类未来的幸福就在于此。而我们刚才欣赏到的《小吏之死》也在2007年获得了"中国戏剧奖·小戏小品奖"，也实现了上海在这个奖项上零的突破，所以我建议大家是不是用掌声向我们的各位艺术硕士所取得的成绩表示祝贺？接下来我们要欣赏到的是一段舞蹈，上海戏剧学院舞蹈学院的青年教师——邢桑，在就读MFA期间主演了由赵明编导的大型舞剧《杨贵妃》，并且带着这部作品出访日本，演出也是大获好评，接下来就让我们一起来欣赏邢桑和李萍表演的舞剧《杨贵妃》片段。(掌声)
结束语	我们以MFA的名义相聚在上戏校园。MFA教育是中国高等艺术教育中一项年轻的事业，它是耕耘，是探索，是创新。我们有幸和它一起成长，一起走来。今天，我们把这台演出奉献给大家，不仅是为了阶段性的总结，更是由衷地期待这一生机蓬勃的艺术教育模式在实践中不断完善，为上海、为中国的文化大发展、大繁荣注入无限的动力。 　　全国艺术硕士(MFA)优秀作品展演戏剧戏曲舞蹈专场开幕演出到此结束，谢谢大家！	**董卿**：MFA教育是中国高等艺术教育中一项年轻的事业，我们衷心地祝愿这种充满艺术生机的艺术教育模式能够在实践当中不断地完善，为上海、为全国的文化大发展、大繁荣注入新的活力。教育部原副部长吴启迪在全国艺术硕士指导委员会上曾经说过这样一句话："我们要让艺术硕士MFA成为这个行业里从业人员真正感到骄傲的品牌，一个在全社会叫得响的品牌。"这是我们的目标，我们也将会为此共同努力，不仅仅是现在，也是在今后漫长的文艺道路上。亲爱的朋友们，全国艺术硕士优秀作品展演戏剧戏曲舞蹈专场的开幕演出到这里就全部结束了，再一次感谢各位的光临。朋友们，再见！

通过以上典型案例的读解,我们可以认识到串联的整体效能。

"串"有连接之举,"联"有关联之意。

文本是串联的对象,词是串联的反映,主持人的串联就是在串接整体节目中让"词"产生通体关联。串能形合,就是要主持人在一个个节目中对文本形态进行整合构建,让串接起来的整场节目产生新形象;联有神蕴,就是要主持人在一个个节目间让串联词贯穿互搭关系,让通联起来的整体串联词富有神韵。

主持人在有文本的节目串联中进行再创作,就必须掌握串联的整体效能,就必须把握具体的语用转型路径;"串能形合,联有神韵"是主持再创作时的内涵之所在。语用转型路径是主持再创作中的方法之所指。串能形合了,联有神蕴了,主持人的"现场驾驭"就将整台节目激活了。现场驾驭就是要串能激活,这"活"就是活灵巧现。

第二节　现场驾驭与语用转型

主持人在节目实践中所表现出的文本样态不外乎三种:有文本实践、半文本实践和无文本实践。

有文本实践就是指有一个完整的串联稿,主持人反复背词、照稿播讲,如春晚、《感动中国》年度人物颁奖盛典;半文本实践就是指有一个提纲挈领的文稿,主持人强记大意、边想边说,如《开讲啦》《对话》;无文本实践,就是只有节目流程而没有文稿,是大脑即刻想到,一吐而出,如《非诚勿扰》《星光大道》。

面对有文本的节目实践,主持人应该进行再创作。

"根据语言、文字、图像、符号等对事物的描述,在大脑中形成这一事物的形象,称之为再造想象。"[①]不依据现成的描述,经过构想而独立地创造出新形象,称之为创造想象。

节目主持人的语用转型主要包括:第一,在语体上,由"以文为本"向"以语为本"转化。运用鲜活的口语已成为大家的共识。第二,在语言观上,由重视结构功能转向重视交际功能。如今,大家都很关注传播的效果。第三,在方法上,由静态传播转化为动态传播。主持人应随时注意受众的心理变化,在节目中随时调整自己的表达内容和表达方式。总而言之,这些年来节目主持人的语言更加贴近受众,贴近社会,贴近应用,因而受到人们的普遍欢迎和关注。[②] 主持人在有文本节目串联中的再创作,既表现为再造想象,更表现为创造想象。"再创作"让主持人在节目有文本的实践中彰显出串联的语用转型思维。

通过上节对两个文本的比较,我们可以看出董卿在"全国艺术硕士(MFA)优秀作品

---

① 张颂.播音创作基础[M].北京:北京广播学院出版社,1990:51.
② 应天常.节目主持语用学[M].北京:北京广播学院出版社,2001:2.

展演戏剧戏曲舞蹈专场开幕演出"的主持中,彰显出有系统、有规律的语用转型思维。下面,我们就具体来分析一下。

一、"让文变语",彰显串联的沟通感

"语"就是语言,"文"就是文章。

节目的文本往往是由编导事先起草的,书面语正是由于其有着缜密性,才会与观众产生一定的距离感,不易实现沟通。主持是一种传播手段,主持人的演播具有口语传播与口语交流的特点。主持人面对文本进行再创作,就是要把握口语自然生动、灵活流畅的优点,就是要运用口语句子短小而又精练、起伏大而又变化多的特点,寻找并建立起口语传播的语言形象。

综观全场串词,主持人既没有故作高雅的晦涩词语,又没有轻飘随意的口头水词,流畅中出文采,生动中有形象,让观众既易入耳,又易入脑。主持人抓到原文本中的"我们以 MFA 的名义相聚在这里。三年前,'MFA'这个名称对于我们来说还是那么陌生"这一核心句,将其变成了一段朗朗上口又意义非凡的开场白,在开场时一下子就让陌生的朋友对陌生的 MFA 感受到一种不陌生的、扑面而来的分量。抓住了领子,舞起了龙头,这就是主持时"让文变语"再创作中的善用之所在。

"让文变语"就是把书面文本变成主持人的口语交流,使传播的语言具有形象感并产生串联的沟通感。

二、"让远变近",彰显串联的现场感

毛时安曾说:"让观众情绪节奏和心理时间始终与晚会保持同步,同时需要空间上的临场感,让观众觉得晚会不仅发生在此时,而且就在此地、我的身边、我的家里。"[①]这里的同步感与临场感就是让观众在听觉与视觉上获得一种直接的满足。由编导事先撰写的文本往往无法反映现场浓烈的气氛,特别是感受不到主持人与观众面对面的那种动态感觉,所以节目的文本与现场的状态便相差甚远。

主持人面对文本进行再创作就是要针对现场观众心理情绪的诉求,在串联中把握好时间的同步感与空间的临场感。因此,我们清晰地看到,在现场,主持人在开场白中这样说:"各位领导、各位来宾、老师们、同学们,大家晚上好!很高兴今天能有这样一个机会,与大家相聚在上海戏剧学院端钧剧场……我们找到了一个支点,凭借这个支点也许可以找到又一次的飞跃,能飞得有多高,能走得有多远,留给各位领导、专家、老师和同学来评判。"

---

① 郑可壮,楼世芳.叶惠贤主持艺术论集[M].上海:上海三联书店,1992:67.

在《小吏之死》串词中主持人又这样说:"我们刚才欣赏到的第二段舞蹈叫《袖之韵》,它的领舞庄丽,是我们舞蹈学院古典舞专业的教研室主任……在我们上戏首届艺术硕士学习实践的过程当中,他们真的是推出了不少受关注的好作品,和大家一起来分享一下……"

在《杨贵妃》串词中主持人这样说:"谢谢,非常感谢严庆谷精彩的表演,还有我们的乐队,谢谢你们!我再考考大家,这个京剧小戏《小吏之死》,它的情节借鉴了哪部小说?(观众众答:《公务员之死》)太有才了!什么专业的?准备考MFA吗?"这就是"让远变近"再创作中的会用之所在。

"让远变近"就是把过去时转型变成主持人此时此地、此时此刻的话,并产生串联的现场感。

三、"让众变我",彰显串联的亲和感

吴郁认为:"主持人在节目中不仅仅以'我'的第一人称出现,还经常以'我'为话头,引出所要传播的信息。以'我'为话头是主持人传播的必要手段。"[①]"我"是第一人称的"我",要用"我"的称谓、"我"的态度、"我"的经历、"我"的所闻进行叙述和议论。这个"我"使得主持人变得亲切随和、神态自然、开怀畅叙,给受众耳目一新之感,增进人际传播的亲和力。

这个第一人称的"我",使受众在接收信息时感受到面对的主持人是活生生的人,感受到一种平等感,并产生一种"自己人"效应。如主持人在开场白中所说的:"各个领域的艺术工作者重返校园,包括我在内。'重返校园',我想它的感受可能是我们今天在座的许多年轻的、20出头的同学无法体会的。用我自己的亲身体验来说,就像是在感到快要窒息的时候,突然有人给你戴上了氧气面罩,于是你的眼睛又湿润了,你的肢体又柔软了,在平静当中感受到一种深刻的幸福。当然我说的是'平静',不是'静止',更不是'止步'。"

主持人在《小吏之死》串词中说到领舞庄丽刻苦学习的故事时:"我真是太好奇了,后来我明白了……"

在《杨贵妃》串词中,主持人说到艺术硕士们获得丰硕的成果时:"所以我建议大家是不是用掌声向我们的各位艺术硕士所取得的成绩表示祝贺?"用人格化的方式和手段,自我表露,增强传播的亲切感、人情味。这就是"让众变我"再创作中的熟用之所在。

"让众变我"就是把当众说的话转型,变为第一人称的"我",并以"我"为话头而使主持话语产生亲和感。

四、"让有变丰",彰显串联的深厚感

任何一个文本都是撰稿人有的放矢写出来的,这些文本都是有应用价值的。面对串

---

① 吴郁.主持人的语言艺术[M].北京:北京广播学院出版社,1999:119.

联的再创作,主持人在这有用、有效的串词背后,如果再深入加工,就能够使串联更有效用,这就需要主持人"让有变丰"。

在《牡丹亭》原稿串词中,全段只有一句"一群英姿飒爽的巾帼英雄,让古老的《木兰辞》变换为现代的肢体语言",主持人在此基础上深入加工,变成"那就是《木兰辞》。《木兰辞》是南北朝,确切地说是北朝时期的长篇叙事民歌:'当窗理云鬓,对镜贴花黄。出门看伙伴,伙伴皆惊忙:同行十二年,不知木兰是女郎。'一千多年前的诗歌如今被我们的舞蹈者又一次活生生地搬上舞台,所以木兰又出现了,还是那么年轻、那么美丽、那么勇敢、那么善良。"这就是主持艺术的创造力。

在原稿串词中,"从契诃夫的小说《小公务员之死》中获得灵感,创作了《小吏之死》",这一句串词主持人又深入加工,变成了:"对,是《小公务员之死》,这是契诃夫在1883年完成的一部小说。所以我就在想,如果从《木兰辞》到《巾帼》这还算是一脉相承的文化的话,那从契诃夫的小说《小公务员之死》到京剧小戏《小吏之死》,那真的就是大胆的创新,也是他山之石可以攻玉的典范,不过这倒是挺符合契诃夫的精神的。"真可谓骤添底蕴、文采飞扬,这就是"让有变丰"再创作中的俏用之所在。

"让有变丰"就是把有效、有用的串词转型,变成更加丰富、更为丰满的串词,并产生信息表达的深厚感。

五、"让无变活",彰显串联的充盈感

也许原文本很有条理性,很有应用价值,但是当主持人到现场采访调查后,那些鲜活的事迹、素材,便活生生地扑面而来,这也是原文本中所缺少的。主持人将搜集到的这些信息素材运用到现场主持中去,就能使传播更具活力。这就需要主持人采用"让无变活"的语用效应。

主持人在串联《小吏之死》前,关于《袖之韵》领舞庄丽孩子的一段插曲,堪称是全场主持中最为经典的"让无变活"的语用转型效应:"我们刚才欣赏到的第二段舞蹈叫《袖之韵》,它的领舞庄丽,是我们舞蹈学院古典舞专业的教研室主任,她在《闪闪的红星》中扮演过潘冬子的妈妈,今天她的孩子也来到了现场,可是我一点都没有听到哭闹的声音,我真是太好奇了,后来我终于明白了,因为在妈妈肚子里的时候他就一直上MFA的课程,一生下来就极具艺术品位,(此刻有意地往台下一看)哦,原来睡着了。"话音刚落,引来一片会心的笑声,全场顿时气氛热烈。这就是董卿"让无变活"再创作中的趣用之所在。

"让无变活"就是把刚刚获得的、文本所缺少的信息,进行选释运用,而让现场传播更具活力,并产生串联的充盈感。

六、"让泛变精",彰显串联的超拔感

可以说,"让有变丰"与"让无变活"二者是有着对应关系的。主持人既要面对文本中的"有",又要面对"无",还要面对"泛"(主持人手中的文本往往存在着空泛的词、浮泛的词,整段都在泛泛地说),面对串联的再创作,主持人必须进行挑选、提炼,既挑选出一句权威的经典名句,又提炼出一句主持人自己的精彩话语,使传播更为精当,这就需要主持人运用"让泛变精"的语用效应。

正如董卿在开场白中所说,"我想,教育领域的这个重大改革,它的目的用一句话来概括就是:希望那些有艺术才华的并且具有一段艺术经历的实践人才,能够得到重新学习和深造的机会,让他们有针对性地去提高自己的专业业务能力"。

又如董卿在《杨贵妃》串词中说:"作为俄罗斯最伟大的现实主义作家,他曾经说过这样一句话,我们的事业就是学习学习再学习,积累更多的知识,人类未来的幸福就在于此。"

再如董卿在结束语中说,"教育部原副部长吴启迪在全国艺术硕士指导委员会上曾经说过这么一句话:'我们要让艺术硕士 MFA 成为这个行业里从业人员真正感到骄傲的品牌,一个在全社会叫得响的品牌。'这是我们的目标,我们也将会为此共同努力,不仅仅是现在,也是在今后漫长的文艺道路上。"真可谓紧扣宗旨、凸显主题、高屋建瓴、高度概括。这就是主持人"让泛变精"再创作中的雅用之所在。

"让泛变精"就是把空泛堆砌的串词借用名人语句或自己概括的一句精彩话语,而使信息更为精彩、更为精当,并产生串联的超拔感。

七、"让繁变简",彰显串联的节律感

在现场主持中,由于主持人对文本的再创作而使串词的篇幅有了长短不一的增减与调整,如果再原封不动地按原稿串联下一个节目,就容易产生烦琐之感。为了整场串联的节奏,为了段落之间的有机衔接,主持人对下一个节目的串词必须进行相应的增减与调整,从而达到言简意赅的效果,这就需要主持人运用"让繁变简"的语用效应。

董卿在采访张军之后,为了衔接《春江随想》与《袖之韵》,特将原文本的串词简化:"接下来的时间,我们要欣赏到的节目,同样也来自我们 MFA 舞蹈专业的学员,同时也是我们上海戏剧学院舞蹈学院的两位青年教师——周蓓和庄丽,她们两个编导又分别领舞的两段舞蹈《春江随想》和《袖之韵》。"

董卿在串报《小吏之死》之后,为了衔接舞蹈《杨贵妃》,又将原文本中两百多字的串词简化为:"接下来我们要欣赏到的是一段舞蹈,上海戏剧学院舞蹈学院的青年教师——邢桑,在就读 MFA 期间主演了由赵明编导的大型舞蹈《杨贵妃》,并且带着这部作品出访

日本,演出也是大获好评,接下来就让我们一起来欣赏邢桑和李萍表演的舞剧《杨贵妃》片段。"这就是董卿"让繁变简"再创作中的巧用之所在。

"让繁变简"就是把在整体衔接过程中烦琐的串词经过简化而变成节奏紧凑、言简意赅的段落,并产生串联的节律感。

八、"让乱变畅",彰显串联的语智感

在现场串联中,主持人面对文本的再创作,总是主观的,是有备而来的。然而,在实践中,常常会有突发性的、属于文本之外的状况发生,它往往会打乱正常的串联程序,同时又会搅乱主持人的心理情绪,但是主持不能中断,串联不能停滞。要让流程通畅,要让衔接畅达,这就需要主持人运用"让乱变畅"的语用效应。

在我们所分析的现实主持案例中,当《牡丹亭》演完切光后,主持人董卿迈步出场,发现此刻灯光还没有亮,便转身退回后台。当灯光骤然亮起,董卿再次上场,未等开口,昆曲的音效又突然响起,让主持人进退两难。此刻董卿迈步走向台口说出一句饶有趣味的呼应语言:"这《游园惊梦》也把我惊了一下。"并即兴开口:"是要我也唱一段吗?"与此同时摆出一个云手甩袖的戏曲造型,随嗓亮出颇有韵味的昆曲行腔。一个造型赢得一片赞许声,一段行腔赢得一片叫好声,一句话语赢得全场阵阵掌声,这就是"让乱变畅"再创作中的智用之所在。

"让乱变畅"就是把突发性的事故或即将造成的混乱即刻变成通达的节目流程和通畅的串联衔接,并产生串联的语智感。

九、"让直变曲",彰显串联的统驭感

我们可以从原文本和现场主持的比较中看出一个突出的段落,那就是对张军的采访段落。原文本中采访提示只有一句:"张军,由于两种不同的身份,你时常需要在演员和管理者之间进行角色转换。你认为 MFA 学习对你的这种转换起到了什么样的作用?"

原稿串词中的这一句提示,在主持人现场主持时竟形成了 5 分钟(1 000 多字)的采访片段。这一段采访,让现场主持获得了两次会心的笑声、三次发自内心的掌声。这一个片段,竟成了一个营造氛围的亮点、推动全场情感高潮的抓手。这就需要主持人运用"让直变曲"的语用效应。

一般串报类节目的文稿,特别是晚会类节目的文稿,撰稿人往往是面对晚会节目单,凭着直觉和想象撰写的,整场串词往往显得单一且呈直线型。主持人的串联面对的是动态系统,现场整场串联段落的设置要铺设得曲径通幽、要铺排得曲线美丽。

主持人在文本再创作中如何让串联实现控制场面、营造氛围、轻重缓急,关键就是要正确选用语用转型思路,这在主持人对张军的采访中得到了突出表现。主持人在文本再

创作中如何让串联实现起承转合、起伏有度、渲染主题,关键就是要综合运用语用转型思路,这在董卿全场的串联中得到了呈现。这就是董卿"让直变曲"再创作的妙用之所在。

"让直变曲"的语用转型思路既是对整个节目的结构建立关系,更是对全部串联词的篇幅系统进行改造,从而产生主持人串联的统驭感。

"语用转型路径"是主持人在串联中对文本进行再创作的表现方法和思维路径,语用转型路径的合力就是对文本进行加强、减弱的串联再加工。富有"九感"的语用转型路径是主持人在串联节目时对文本进行再创作有效的实践支点和有力的理论支持。

主持是一门艺术,串联是主持人在有文本节目实践中的创作活动。我们的主持人面对文本,要么是照本宣科、一字不落,要么是有本不用、开无轨电车,即便是按本索意,也是漫不经心、若有若无,造成其在履行串联主持任务时要么是只串不联,要么是生串硬联,有的甚至是胡串乱联,使得受众于目不忍、于耳不入、于心不安。

"艺术形象性是艺术的基本特征,任何艺术形式都离不开形象的描绘与塑造。"[1]在节目有文本的串联中,一个个版块、单元与出演的节目是固定不变的,而一次次版块、单元与出演节目的串联,便成了主持人再创作的空间。面对有文本的再创作,主持人就是要让文本的文字形象变成串联的语言形象。

"历来谈论和研究成熟的艺术形象不外两个方面:一是内在的成熟,二是外部的成熟。"[2]主持人拿到文本的文字形象往往是平面的、粗线条的、不成熟的,而主持人串联的语言形象应该是立体的、深化的、细化的、具有动态感觉的。如何让文本转化为内外成熟的语言去履行串联任务,关键在于"串能形合,联有神蕴"。

第三节 现场演播与传必求通

本节我们再来剖析另一个即兴主持案例,以阐释"传必求通,功为胜道"的理念。

为传播而主持,这传播的本质在于沟通——传必求通。

传必求通的涵盖就是要在主持节目中达到有限时间的有效传播。

有效传播就是指主持人既要发表自己的意见,又能激发他人积极思考的这种通联两方有效沟通的能力。

主持人在传播中,会沟通就能吸引观众,就能征服观众。

传必求通是主持人的职业追求。

在2015年湖南卫视《我是歌手》第三季总决赛直播节目中,最后结果即将公布的紧张时刻,歌手孙楠出人意料地提出退赛请求。汪涵在现场五分钟的即兴主持驾驭了全

---

[1] 朱国庆.艺术原理[M].杭州:中国美术学院出版社,1994:203.
[2] 朱国庆.艺术原理[M].杭州:中国美术学院出版社,1994:203.

场，震撼了观众，体现了一个主持人应该具备的专业素养，被专家称为主持艺术教科书级别的经典案例。

以下文字为现场的忠实记录。

……对于一个节目主持人在这么大一场直播当中，一个顶尖级的歌手、一个顶梁柱一样的歌手，突然间宣布退出接下来的比赛，我想应该是摊上事儿了，甚至是摊上大事儿了。

但是说实话，我的内心一点儿都不害怕，因为一个成功的节目有两个密不可分的主体。除了这个舞台上的七位歌手之外，还有电视机前的亿万观众和现场的这么多观众。我之所以不害怕，是因为你们还真诚地、踏踏实实地坐在我的面前。我还可以从各位期待的眼神当中读到你们对接下来每一位要上场的歌手他们即将演唱歌曲的那一份期许；我还可以从各位的姿态当中感受到你们内心的那种力量，这个力量足够给楠哥、给红姐、红Soon Won（郑淳元）、给李健、给（谭）维维、给黄丽玲、给（胡）彦斌、给所有的歌手，已经准备好了，会有千万个掌声要送给他们。楠哥，不信，你听。（全场热烈掌声）

这是我要说的第一层意思。第二层意思我想表达的是，我虽然不同意楠哥的一些观点，但是我誓死地捍卫您说话的权利，所以刚才我由话筒听到那一段的时候，我并没有试图打断您要说的话，虽然我可以这么做。其实每一位歌手来到这个舞台，他都有权利选择我来或者是不来。

当然，您自然也有权利选择在您认为是对的时刻，依着自己认为对的那个心情做出你要离开的这个决定，所以我相信我们应该尊重一个成熟男人在这一刻做出的决定。

当然，我们在这里要提出一个希望和请求，就是希望您以一个观众的身份继续坐在这个地方，来看你最爱的弟弟妹妹们向歌王的舞台进军，我也相信我们现场的500位大众评审已经做好了准备，用掌声来接纳这位不期而至的观众。不信，你听。（全场长时间掌声）

接下来对于我个人而言，一个主持人，我在台上不可能有这么快的反应速度，也不可能有这么大的权利，来重新调整接下来因为楠哥的退出而要改变的比赛的规则。因为有一个歌手要退出，所以比赛规则都要做相应的改变，所以有请导播在这一刻给我放三到五分钟的广告，我要跟我们的制作团队、跟我们的领导一起商量，怎么来进行节目上的和赛制上的相应的调整……

汪涵的这段即兴主持一气呵成、前后贯通、上下呼应、高潮迭起；他的这段即兴主持通体贯穿着"现场生成"，整体达到了"有效沟通"。

——面对节目，主持人在大众传播中糅合人际传播，在现场即兴口语传播中让有限的时间产生心灵的沟通而达到有效的传播。

众所周知，大众传播是一种单向性很强的传播，大众传播因为缺乏有效的反馈渠道，而使受众容易产生疏离感；大众传播也是一种制度化的社会传播，这种特殊性使各个国家都将大众传播纳入社会制度的轨道，也使大众传播带有明显的强制性和权威性。

人际传播是个人与个人之间的信息传递,面对面传播的一个最大特点就在于互动性和直接性。人际传播面对面的直接性,有利于情感的交流与信任感的建立。与大众传播相比,人际传播是一种非制度化的传播,这种传播关系的建立具有自发性、自主性和非强制性,是一种相对自由平等的传播活动。

口语传播是一种最基本、最常用的传播方式,在大众传播和人际传播中都发挥着极重要的作用。文字出现之前,口语传播是最主要的传播方式;文字产生后,印刷媒介的大量扩散使口语传播丧失了其霸主地位;而电子媒介特别是广播、电视的兴起,使口语传播再度复兴。[1]

对于电视节目主持人来说,需将大众传播、人际传播等有机结合,集大众传播的导向化和引领力、人际传播的个性化和亲和力以及口语传播的独特感和吸引力为一体,可以说,主持让传播更好地沟通,沟通让传播更大化地完成任务。

基于这一点,电视节目主持人在大众传播中糅进人际传播面对面的直接性,糅进情感交流的信任感,糅进相对自由的平等感,糅进非语言符号的形象性,从而使口语传播更具表现力和感染力,得以实现个性化的最佳传播效果。

汪涵的"即兴主持秀"出神入化地达到了"传必求通"。

第四节 现场演播与功为胜道

功为胜道,是指主持是实践的艺术,成功的实践在于心智的功力。

常言道:"功到自然成。"此处的"功"主要指"功夫、功力"。

"所谓语言功力,就是语言的功底和能力。理解力、观察力、感受力、反应力、表现力、感染力、调检力,这些都是语言造诣和语言功力的体现,不可等闲视之。"[2]深厚的职业功力是获得成功实践的根本路径与看家本领,也就是功为胜道。

恩格斯说:"一个民族要站在科学的最高峰,就一刻也不能没有理论思维。"[3]

高强的演播智力与深厚的演播功力,以及强大的演播思维力,是获得成功实践的根本路径与看家本领——功为胜道。

功为胜道就是指主持人面对语境,运用"八语",在言语组织中实现成功的心智功力。

语境指主持人的语言活动环境,有物质性语境(比如情景和场合)和认知性语境(比如人对情景和场合的解读)两类。

"八语"由语核、语点、语序、语形、语义、语感、语流、语体构成。

"传必求通,通慧言智"是主持人的艺术标高与专业追求。

---

[1] 许静.传播学概论[M].北京:清华大学出版社,北京交通大学出版社,2007:135.
[2] 张颂.播音语言通论[M].北京广播学院出版社,1994:137.
[3] 马克思,恩格斯.马克思恩格斯选集:第3卷[M].北京:人民出版社,1995:467.

我们就上一节提到的汪涵即兴主持案例进行详细分析。

第一,功为胜道的语境选释。语境是语核、语点等生成的前提条件。

汪涵面对的语言活动环境有二:

其一,《我是歌手》大型综艺竞赛节目已进入即将宣布歌手名次的关键时刻。

其二,歌手孙楠举手示意,认真宣布退出决赛这一举动,既引起了全场观众的不安,又引起了直播现场编导的不安。观众需要安抚,因为他们想要继续观看演出;编导需要时间,因为他们需要拿出妥善的应对方案。

"我必须要镇住场子赢得时间",这就是汪涵面对的"语境选释"。

第二,功为胜道的语核运用。

要组织"镇场"语,就要先抓"语核"。

什么是"语核"？语核是指在头脑里即兴产生一种触发灵感的并在思路辐射中勾连起口语表述关系而达到出智出彩的核心媒介。

汪涵在头脑中抓出了"用掌声稳住现场,用广告赢得时间"这一紧扣语境的语核。

语核就是要独特,语核就是要超越一般的公共主题。有了语核,主持人的表述就不会节外生枝;有了语核,主持人的表述就能出智出彩。

语核不是写出来的,也许当时汪涵头脑中还没有产生一句完整的话,但他脑海里至少冒出了"掌声",冒出了"广告"这两个词,对于掌握了语核功力的优秀主持人来讲,他的即兴主持就有了底气。

主持人拥有了语核的功力,就能避免"心中无数"的尴尬。

第三,功为胜道的语点运用。

有了语核就要抓"语点"。

什么是"语点"？语点是指在面对客观存在的语言环境时,为起到进一步的交流沟通而由主持人主观感受并及时捕捉新的口语表述话语进行讲述与提问的切入点。

汪涵抓住了"直播退赛摊上大事了"这一紧扣语境的语点。这一语点是此时此刻的、是当下的,缩短了主持人与观众的心理距离,产生了主持人与观众的亲近感,不仅能吸引电视机前的观众,而且具有现场感与现时性。

主持人拥有了语点的功力,就能避免"无从谈起"的尴尬。

第四,功为胜道的语序运用

有了语核、语点,就要抓"语序"。

什么是"语序"？语序是指话语中的语句在话题中的先后次序。

人的独立思考是通过内部语言的组织而进行的。

主持人在打"腹稿"时,其内部语言便紧锣密鼓地在进行组织,这种"腹稿"是一种简缩性的,不可能是缜密的,只能是一种框架。

语序在操作时,就是让主持人对话语的每个单元进行框架结构。

结构有一个古老的模式:开头、中间、结尾,我们称为"三段式"。

对于"三段式",主持人在叙述与对话中可以通过合理的时空和话题的顺序而进行发挥。

我们用图表将"三段式"进行时空对位:

空间:开头 — 中间 — 结尾
　　　 |　　　 |　　　 |
时间:过去时—现在时—将来时

我们从"三段式"的时空对位中可以看出三种话题的语序:

第一种是从开头说起,为顺着说。

第二种是从结尾说起,为倒着说。

第三种就是从中间开始说,然后往回溯再向前推,就像挑担子一样,中间挑着前头与后头,为挑着说。

这样我们就可以看出顺着说、倒着说、挑着说的话题顺序与时空关系勾连的"三段式"思路结构:

顺着说——开头从过去时说起,然后中间说现在时,再说到结尾将来时;

倒着说——开头从将来时说起,然后中间说现在时,再说到结尾过去时;

挑着说——从中间现在时说起,然后说开头过去时,再说结尾的将来时。

在主持人的言语组织实际操作中,常用的是顺着说与挑着说。如果想出彩,不妨"挑着说",因为挑着说生动、活跃,有利于加大信息量,更能体现即兴表达的现场感与现时性。

语序就是要进入由时空关系所勾连出的"三段式"大思路的网线中。

在汪涵的即兴主持中,他就采用了"挑着说"的技巧。

第一次掌声中的段落里:

(现在时)但是说实话,我的内心一点都不害怕,因为一个成功的节目有两个密不可分的主体。

(过去时)除了这个舞台上的七位歌手之外,还有电视机前的亿万观众和现场的这么多观众。我之所以不害怕,是因为你们还真诚地、踏踏实实地坐在我的面前。

(将来时)我还可以从各位期待的眼神当中读到你们对接下来每一位要上场的歌手他们即将演唱歌曲的那一份期许;我还可以从各位的姿态当中感受到你们内心的那种力量,这个力量足够给楠哥、给红姐、给 SoonWon(郑淳元)、给李健、给(谭)维维、给黄丽玲、给(胡)彦斌、给所有的歌手,已经准备好了,会有千万个掌声要送给他们。楠哥,不信,你听。

在第二次掌声的段落中:

(现在时)这是我要说的第一层意思。第二层意思我想表达的是,

(过去时)我虽然不同意楠哥的一些观点,但是我誓死地捍卫您说的权利,所以刚才我由话筒听到的那一段的时候,我并没有试图打断您要说的话,虽然我可以这么做。其实每一位歌手来到这个舞台,他都有权利选择我来或者是不来。

当然,您自然也有权利选择在您认为是对的时刻,依着自己认为对的那个心情做出你要离开的这个决定,所以我相信我们应该尊重一个成熟男人在这一刻做出的决定。

(将来时)当然,我们在这里要提出一个希望和请求,就是希望您以一个观众的身份继续坐在这个地方,来看你最爱的弟弟妹妹们向歌王的舞台进军,我也相信我们现场的500位大众评审已经做好了准备,用掌声来接纳这位不期而至的观众。不信,你听。

汪涵的这两个即兴主持段落,"大"挑着说中有"小"挑着说,"小"挑着说的"挑中有挑"可称神来之笔。汪涵在"挑中有挑"的即兴言语组织中,紧扣"用掌声稳住观众,用广告赢得时间"这一语核,上下贯通,气场强大,再配以全场热烈的掌声,完成了"镇场子"的最高任务。

语序(特别是"挑着说")有利于言语组织快捷,有利于口语表达流畅,更有利于体现即兴表述的现场感与灵活性。

掌握了语序的功力,就能避免"语无伦次"的尴尬。

第五,功为胜道的语形运用。

如果说语序是结构一个大思路的网,那么,语形就是结构一段遣词造句的形。

文章是写给人看的,而话语是说给人听的。

文章可以让人反复翻阅,而话语则让人一听而过,如何让一听而过的话语给人留下深刻的印象,语形便是主持人的一大功力了。

我们来看看汪涵的即兴主持给我们留下深刻印象的大概要数这几个具有鲜明语形的句式了:

一个顶尖级的歌手、一个顶梁柱一样的歌手……我想应该是摊上事儿了,摊上大事儿了……我的内心一点都不害怕……我之所以不害怕……不信,你听……我虽然不同意楠哥的一些观点,但是我誓死捍卫您说话的权利……你自然也有权利选择在您认为是对的时刻,依着自己认为是对的那个心情……不信,你听……我在台上不可能有这么快的反应速度,也不可能有这么大的权利……

全篇的两个"顶(顶尖级、顶梁柱)"、两个"摊上",两个"不害怕"、两个"权利"、两个"对的"、两个"不可能"的语形句式,如一颗颗火热的心,暖人心窝。

全篇两个"不信,你听"如两个惊雷入耳,打出了节奏、调动了全场,充满了主持人汪涵的文化自信和责任担当。

这就是语形的力量。

什么是"语形"? 语形是指口语表达的语句结构形式,包括句式灵活与同义反复这两个重要组成部分相互之间的形式关系。

句式灵活是指口语的语句结构形式不像书面语那么完整和严谨;同义反复是指口语中相同的意思需要重复表达,而在重复时句式会有所变化。

句子要简短,句式要多变,同义反复要有韵律美和节奏感,这就是语形的特点和要求。

汪涵即兴主持中传神的灵活句式、有人情味的同义反复,让语形具有形象性、生动性和感染性,使观众的听觉感受产生深入感、深透感、深刻感,这就是语形的作用和魅力。

主持人拥有了语形的功力,就能避免"索然无味"的尴尬。

第六,功为胜道的语义运用。

什么是"语义"?语义是指正确理解并准确运用词语意义的语言能力。

语义的关键是寻找到句式与词语的关系。在通篇鲜明的语形句式中,汪涵运用词语的意义都十分准确。"我还可以从各位期待的眼神当中读到你们对接下来每一位要上场的歌手他们即将要演唱歌曲的那一份期许;我还可以从各位的姿态当中感受到你们内心的那种力量","我们在这里要提出一个希望和请求,就是希望您以一个观众的身份继续坐在这个地方,来看你最爱的弟弟妹妹们向歌王的舞台进军",其功力之好,不仅言语组织快捷,而且词语选择生动恰当。汪涵恰当地表述了所见所闻、所思所想、所情所感。

在演播中,特别是在即兴言语组织中,主持人表达时要告诉对方某种意思,传递某种信息。如果措辞不恰当,语句有歧义,就会让观众产生误解,或者引起观众的哄笑。

主持人拥有了语义的功力,就能避免"辞不达意"的尴尬。

面对语境,我们解读了语核、语点、语序、语形、语义五大功力,接下来,我们再来谈"八语"中的语感、语流、语体这三大功力。

第七,功为胜道的语感、语流、语体运用。

什么是"语感"?语感,不是指语言的感情色彩,而是指人对语言的感知和反应能力,这种感知能力是对语言的一种直觉度、一种敏感力。

在生活中,当某种事物呈现在眼前,通过听觉和视觉传入大脑时,你能否迅速而准确地释解其意,这就是对语言的敏感能力。

在交际中,当某种意念产生于脑海,你能否迅速地找到生动的话语,并使其连贯有序地表达出来,这就是对语言的感应能力。

主持人的言语组织,就要有这种一触即发的语感。

什么是"语流"?语流,就是口语呈线性结构连贯顺畅的表达,话语的表达是干净利落的,是不拖泥带水的。

在交际中,我们常见到有些人,尽管想用词精彩,想表达丰富,可说起话来慢慢吞吞,断断续续,就是语流不畅的典型表现。

主持人的口语表达,需要连贯顺畅的语流。

客观地说,汪涵的这段"用掌声镇场子,用广告赢时间"的即兴主持是没法事先准备的。面对歌手孙楠的临时退场,汪涵的现场操作只能应变地填空这有限的时间,只能在边说边想中、边想边说中,一气呵成,不露痕迹,这不能不说是汪涵在长期的主持实践中拥有了语感和语流的高强功力。

语感是敏锐中明晰;语流是快捷中顺畅。

有语感的人,一般都有语流,但是,有语流的人未必都具有语感。像地摊上卖狗皮膏药的,尽管能口若悬河,但就是没有语感。

有语流的人通过训练,加上知识面的拓展与心理素质的调整,是最能够获得语感的。

语感和语流在口语表达中是相依相靠的,是密不可分的。

需要强调的是,语感和语流有共同点,又有各自的特点。语感和语流有着一种天赋的灵性,有着一定的先天生理条件。有的人有,有的人少有。多练的会有,不练的永远没有。

什么是"语体"?语体是人们在不同的社会活动交际中使用的特有的语言表达体式。

主持人为了表达目的与任务的需要,对语言的使用有着特定的要求,进而形成一种当众播讲的语体,这种语体被称为"主持人节目口语体"[①]。书法家写书法要讲究字体,文化人写文章要考虑文体,主持人说话应强调语体。

主持人节目口语体是介于日常生活口语与书面语之间的一种语言,在受众接受心理审美需求的制约下,把日常生活口语与书面语这两种形态的优点进行有选择性的组合而产生有机的融合,这就是主持人节目口语体所具有的"两合"特征。

日常生活口语有着书面语所没有的优点:自然而又朴实、灵活而又生动、通俗而又流畅、起伏大而又变化多、句子短小而又精练、声音抑扬顿挫、语气助词得体、情感色彩较浓,这样使语言易于入耳。

书面语有着日常生活口语所没有的优点:准确而又鲜明、庄重而又文雅、话题比较集中有层次性、句子比较完整有逻辑性、句式比较丰富有连贯性,这样使语言易于入脑。

正如李树荫在《实用口才》一书中所指出的:

——把抽象的东西变为具体的;

——把静止的事物变成活动的;

——把内在性质的东西变成外观可感可见的。[②]

这就是主持人节目口语体所具有的"三变"特征。

汪涵的即兴主持既没有故作高深的晦涩词语,又没有轻飘随意的口头水词,它经过"两合三变",流畅加文采,生动加形象,通篇形成了——简练而不简单、平易而不平淡、通俗而不粗俗、轻松而不轻浮、既不文绉绉又不油滑、既源于日常生活又高于日常生活、既能入耳又能入脑的主持人节目口语体的整体主基调。

[①] 吴郁.主持人的语言艺术[M].北京:北京广播学院出版社,1999:127.
[②] 李树荫.实用口才[M].北京:知识出版社,1995:203.

我们可以看出,节目主持人口语传播中的语核、语点、语序、语形、语义以及语体、语流、语感,恰好与语法对词、句的研究方法相似,但笔头文章是深思熟虑、反反复复写出来的,而口头文章是一触即发、一吐为快说出来的。所以,言语专家将其比喻为"思维的语法",思维的语法是主持人在构建口头文章时达到流畅中出文采的生成语法。

客观地说,主持是一门有准备的艺术,开场白和结束语都可以提前打腹稿,承上启下的串联词可以上场前做些准备和预案,但谁都不会料到,在总决赛的关键时刻会有选手宣布退出比赛。所以汪涵在当时突发状况下,临场发挥,完成了一次完美的即兴演播创作,这是优秀主持人汪涵成功的"即兴主持秀"。

"八语"功力在解读时是分述的,在运用时是综合的。口语传播中的"八语"功力起初运用起来可能是理性的,但后来会变成一种职业的用语习惯。这种用语习惯就是主持人对语言的一种文化驾驭,是对生成口头文章的一种文化自觉。

功为胜道——面对语境,主持人用语感、语流、语体来带动语核、语点、语序、语形、语义,心智的功力支撑着言语组织,从而实现成功的实践。

功为胜道是主持人职业的功力。

第八,心灵与心智链接的"通道"。

传必求通——为是,功为胜道——则何以为是。传必求通是总体目标,是属于战略的;功为胜道是具体手段,是属于战术的。传必求通是主持艺术最本质的体现,功为胜道是演播主人高本领的表现;传必求通是主持意识支配下的自觉驾驭,功为胜道是演播状态支撑起的自主实践;传必求通引领着功为胜道;功为胜道呈现出传必求通。

传必求通在于心灵的沟通,功为胜道在于心智的功力,拥有心智的功力才能达到心灵的沟通。传必求"通"了,功为胜"道"了,这就是主持人与受众之间心灵与心智链接的"通道"。

传必求通、功为胜道,这是职业主持人终极的整体追求!

🎙️ **思考题:**

1. 如何理解传必求通、功为胜道?
2. 请以《我是歌手》中"孙楠退赛"汪涵的应对为例,对传必求通进行分析。
3. 请试举一例分析功为胜道在节目中的运用。

第五章

主持能力

美国新闻节目主持人华莱士曾说:"确实有一种'占据屏幕'的素质,当你在屏幕上出现时,你应该在控制着观众的注意力。一些人,第一流的新闻从业人员、一流的记者、一流的撰稿人,只是没有吸引观众注意力的能力。如果你具有这种能力,突然间你就会成为新闻从业人员中更有价值的一员。为什么呢?因为更多的人会收看你的节目。"[1]

彼得·詹宁斯是美国广播公司《晚间新闻》节目主持人、首席记者、高级编辑。王利芬在《对话美国电视》中说:"彼得是我见过的所有人中最具性格魅力的一个,在他与你交谈的一分钟内,他会迅猛拉近你与他的距离,让你感觉十分愉快,再过几分钟你就会尽量地将所想到的告诉他。彼得有趣、鲜活而幽默,他身上那种极富人性感的东西简直难以用语言描述。在采访他的半个小时内我不得不感叹他身上具有作为一个最好的传播者的特殊才能——一种特殊的人性魅力,而这种才能无法后天学习和复制,这种属于一个人独有的东西是许多成功中最难表达清楚的,也是最关键的。就这一点,其实是一个好的主持人的秘密武器,我着着实实地在他身上感受到了这个秘密武器的存在。"[2]

进入新媒体时代,以主持人为代表的内容创作者在经历收视率思维、点击量思维、流量思维后,要以时间占有思维来指导自己的创作。

何谓时间占有思维?

融媒体时代,信息碎片化程度进一步加深,社会生活的节奏进一步加快,这使得人们关注"长内容"的注意力进一步降低。所有生产出来的内容都必须在第一时间吸引内容消费者的注意,让消费者付诸阅读、观看的时间超过 10 秒钟。在这样的背景下,内容之间的竞争已经不是同类产品之间的竞争。与节目竞争受众的不只有节目,还有网络直播、电子游戏、知识付费、短视频等。以主持人为代表的内容生产者的第一要务,就是用自己的能力和魅力,占有受众的一部分时间,让受众在这一时间段内,只关注主持人和主持人所生产的内容。

如何占有受众的时间,需要主持人的"双专"能力。

也就是说,知识传授要逐步转向能力塑造。

---

[1] 王维林:初识主持人[M].北京:中国广播电视出版社,2003:59.
[2] 王利芬.对话美国电视[M].北京:中信出版社,2006:34.

第一节　节目主持与"双专"能力

什么是节目主持人的专业？

主持人必须建立起全新的"双专"意识理念，这"双专"意识理念就是指主持人要具有专门知识和专业技能。专门知识是指本频道内容的专项知识及其主持学理的结构知识；专业技能是指主持人对节目的话题、场面以及自我的驾驭能力。

之所以把专门知识和专业技能作为"双专"意识的理念提出，是因为在实践中存在着"跛足"的现象和认知上的误区。

在培养主持人、评价主持人的过程中，专业技能的比重应远超专门知识所占的比重，即"专业的事由专业的人来做"。主持人在节目创作过程中，应懂得专门知识，不外行；应让有专门知识的人充分表达；应把专门知识深入浅出地解释给受众；应做好专家的发言人、受众的提问者。以上主持人应完成的"专门任务"，无一不靠主持人的"专业技能"。

一、"双专"意识中的专门知识

我们的主持人习惯了把本该正常存在的专门频道误称为专业频道，一代代地接过来，一波波地传下去，其结果有碍传受双方的传播之道。

我们应该知道，由于窄播理论的诞生，不同的频道依据定位而选择了各自播出的内容门类，如财经类、体育类、生活类，这就成了观众所看到的不同内容门类的频道，这就是"专门频道"。

我们更应该知道，"专门频道"的主持人要拥有这个频道的"专门知识"，这是必需的；但由于"专业频道"的误读，我们的主持人往往把"专门知识"当成了主持人"专业"的全部甚至是唯一，这就成了误区。

主持人应拥有主持学理的结构知识，包括播音学、主持学、新闻与传播学及文学、英语、哲学、美学、心理学、社会表演学等；主持人应拥有本频道内容的专项知识，比如体育频道的"田"与"径"、大球与小球，音乐频道的古典与美声、民歌与通俗等。

需要强调的是，专门频道≠专业频道。

同样强调的是，从严格意义上讲，主持人的专业频道是不存在的。

作为一名合格的节目主持人，要掌握本专业的基础知识，更要努力丰富自己的知识结构、扩充自己的知识量。同样作为语言艺术的创作者，相声演员常说"相声演员的肚，是杂货铺"，主持人更应这样，作为传播者在知识上领先别人"一个身位"是理所应当的。不过没有必要把自己培养成方方面面的专家，而应该成为一个知识体系比较健全的杂家，这不是对知识浅尝辄止的不良态度，而是提升自己水平的必经之路。

二、"双专"意识中的专业技能

从哲学层面上讲,一个倾向会掩盖另一个倾向。正由于把"专门知识"当成了主持人专业的全部,所以完整意义上的"专业"在主持艺术实践中就变成了缺失,甚至缺席。

而今面对被网络培养的口味刁钻、思维不走寻常路、注意力又易于分散的受众,传统媒体培养的主持人如果只靠字正腔圆的吐字与归音和少得可怜的思想与见识,实在难以征服人心。而今面对多屏时代融媒体的主持人,如何让节目做得好看爱听,如何让节目做得更有吸引力、感染力、征服力?我们确实应该花大力气"补课",否则我们的传播力与影响力便力有不逮,等于将网络空间拱手让于形形色色的网红,自己却无能为力。

新闻与传播教育是从美国起步的。1908年,世界上第一个专门的新闻传播系——密苏里大学新闻系在美国成立,到1996年,美国有近500所学校开设了新闻与传播学院,其培养目标已从"新闻专业"转向"传播通才"。

当下中国的新闻与传播学院都在考虑同一个问题,那就是新传播环境下播音与主持艺术专业教育的新变化。艺术教育的新变化就是由"知识传授"转向"能力塑造"。传播高手、沟通达人,是主持艺术培养的新目标和追求的新方向。

专门知识是智能的基础,专业技能是成功的阶梯。专门知识支撑着主持人专业技能的底蕴,专业技能引领着专门知识的传播。主持人既要有专门的知识,还要有专业的技能,两者缺一不可。这就是"双专"意识理念的学术意义与实践意义之所在。

主持是门艺术,但绝不是主持后面加上了"艺术"这两个字,就自然而然地变成了艺术。

艺术是需要创造的,艺术创作是需要专业功力的。

叶昌前曾指出:不能说具备了一两门知识就可以做主持人,或者说以是否具有这些专门知识来衡量主持人的水平,这个理论的误区如果不打破,就不可能对主持人有客观和公正的认识。[①] 艾丰强调,节目主持人的优势并不只在于有广博的知识,更确切地说,这些知识对于主持人来说,主要是起沟通工具的作用。[②]

各门艺术同出一源,区别就在于每一门艺术的特定表现方式:驾驭是主持人内部的组织与掌控;演播是主持人外部的表达与沟通。驾驭与演播是同体共存的,现场驾驭与现场演播是主持艺术在"双专"意识支配下的两大行为表现。也就是说,由"专门知识""专业技能"构建成的"双专"意识理念,在"主持"这门"艺术"创作中的行为表现就是"现场驾驭"和"现场演播",这就是主持人的专业行为表现。专业技能"强"则现场演播"精";专门知识"懂"则现场驾驭"活"。

---

① 叶昌前.节目主持人:专门化 ≠ 专业化[J].电视研究,1999(12):51.
② 艾丰.新闻文化和电视节目主持人[M]//杨伟光.话说电视节目主持人.北京:文化艺术出版社,1989:163.

需要提醒的是,这两大行为的相互关系是"双专并用"的;更要提醒的是,这两大行为表现的专业标高是"传必求通"的现场演播和"串能激活"的现场驾驭。要主持人干什么?说白了,要主持人来主持,这节目就变活了,就让人爱听爱看了。

"人活在世就要与人打交道,打交道就要懂得交流学。""中国急需交流学,交流也是生产力。"[1]外交学院原院长吴建民如是说。

"传必求通"的新标高表现在,主持人在现场演播中,必须追求演播的沟通。主持人的传播是在大众传播中糅合人际传播而表现在口语传播上,传必求通就是要直指人心,这样沟通了,主持人与受众便心心相通了。"串能激活"的新标高表现在,主持人在现场驾驭中,必须把驾驭的节目激活,串联是主持人驾驭节目的外部特征,主持人串联在一个个版块中、一个个单元间、一个个场面里,主持人让串联起来的整场节目产生新形象、富有神韵。

那些只串不联、生硬串联、胡乱串联的,会让观众觉得惨不忍睹;那种四平八稳、苍白平淡、与内容不协调、与节目不合拍的,会让观众于心不安。一经主持人串联,节目就激活了,让老百姓爱看;一经主持人传播,节目就沟通起受众了,让老百姓爱听。

定位是首位;纲举才能目张。"传必求通的现场演播"与"串能激活的现场驾驭"是"双专并用"的,是"双专"意识理念中的一个纲。一个"双专并用"的纲之举在节目主持创作中将引领以下六个"双管齐下"的目。

(一)双管齐下之一 { 要腹有诗书气自华
要口有语智吐莲花 }

《中国诗词大会》节目成功后,媒体用了苏轼的一句诗句来点赞主持人:"腹有诗书气自华。"难道熟读唐诗就能在节目主持中有精彩的驾驭吗?难道背诵宋词就能在节目主持中有精美的演播吗?对于节目主持人而言,还要对上另一句话,那就是"口有语智吐莲花"。

主持人在说话,老百姓也在说话,凭什么要听主持人说话?

汉代哲学家王充在《论衡·自纪》中说过:"口则务在明言,笔则务在露文。高士之文雅,言无不可晓,指无不可睹。"戏剧家老舍曾这样说过:"我们应该有点石成金的愿望,叫语言一经我们的手就变了样儿,谁都能说,但又都感到惊异,拍案叫绝。"

我们常说当主持人难,难就难在主持人是否拥有了主持的文才,是否拥有了演播的口才。要拥有这些,可谓难上加难。这就需要主持人的语智,语智就是主持人"通智言慧"的语言活动。

智慧是一种辨析判断、发明创造的能力,是文化进程中独创的执行力。主持人在流程中的流畅当属正常表现,主持人在语流中的语智才是非常表达。

"在美国那个信息过剩、娱乐过度发展的国度,人们并不缺信息和娱乐,而最关心的是什么?谁在说,说什么,怎么说。只有那些'快嘴'才会让老百姓感到可乐,只有那些

---

[1] 李彦春.吴建民:交流也是生产力[N].北京青年报,2005-05-23.

'名嘴'才会引发老百姓的兴趣,只有那些'大嘴'才会让老百姓感到可信,只有那些'秀嘴'才会让老百姓感到可亲。"[1]

假如有三家电视台播出同一题材内容的新节目,假设这三家电视台的规模相等,那么是什么因素促使观众选择收看其中一家的节目呢?这就要看主持人的语智了。

在节目主持创作中,主持人要双管齐下,既要腹有诗书气自华,又要口有语智吐莲花。

(二)双管齐下之二 { 要有高出半个头创作状态的艺术质感
要有第三种语言口语传播的文学质地

大家都知道,演员在剧中的创作身份是角色,而主持人在主持艺术实践中的创作身份便是节目的演播主人。

从严格意义上讲,主持人不完全等同于演播主人。主持人是一个职业的具体行当,演播主人是一个艺术的创作身份。这种创作身份,具有固定性,尽管主持人要跟观众面对面、心贴心,但在创作中必须有"高出半个头"的创作状态,这样才能成为节目流程的主导者、节目节奏的主控者、节目沟通的主宰者。如果没有建立起"高出半个头"的主人身份,那么主持人在主持艺术创作中,便会使节目失去艺术的质感。

从传统意义上讲,语言分为书面语言和口头语言,而白岩松则直言不讳地说:"我一直认为,我是第三种语言系统。"[2]白岩松一直认为的"第三种语言系统",也就是一种介于书面语言和日常生活口语之间的言说体(也就是我们之前所说的"节目主持口语体"),要把书面语言与日常生活口语这两种形式的优点进行组合而产生有机的融合,这就是言说体(节目主持口语体)的"两合"特征。

把抽象的语言变成形象的,把静止的事物变成活动的,把内在心理的活动变成外观可见的,这就是节目主持口语体所具有的"三变"特征。主持人要拥有第三种语言系统,就要拥有"两合三变"的语体用语习惯。"高出半个头"的创作身份就要说出属于这第三种语言的"高出半个头"的话,正如钱谷融、鲁枢元在《文学心理学》中所说:"语感是一种文学修养,是长期规范的语言运用和语言训练中养成的一种带有浓重经验色彩的比较直接、迅速地感悟、领会语言文字的能力。"[3]

在节目主持创作中,主持人要双管齐下,既要有"高出半个头"创作状态的艺术质感,又要有"第三种语言"口语传播的文学质地。

(三)双管齐下之三 { 要有话筒前会说善问能评的言语组织
要有镜头前会看善动能走的空间处理

主持人在操持节目流程的创作过程具体表现在两个方面:一方面,主持人在话筒前

---

[1] 杨博一.美国脱口秀[M].北京:京华出版社,2000:3.
[2] 邹煜.一个人与这个时代[M].上海:上海交通大学出版社,2013:66.
[3] 钱谷融,鲁枢元.文学心理学[M].上海:华东师范大学出版社,2003:252.

要具备演播言语组织的技能;另一方面,主持人在镜头前要具备演播空间处理的技能。

口语传播从完整意义上说,它是由言语组织和口语表达两个方面组成的。言语组织就是遣词造句、妙语生辉,而口语表达就是吐字发声、声情并茂,两者的关系就是通过有力的言语组织达到有效的口语表达。

演播空间是主持人工作的场所,那么属于电视节目主持人的"空间"又在哪里呢?说白了,与摄像机面对面就是电视节目主持人的演播空间。

作为一个电视节目主持人,要想在节目中与摄像机建立关系,就要在这面对镜头的演播空间处理中,让呈现在荧屏上的画面对受众产生吸引力、感染力,这样节目主持人的形象才能被观众所喜爱。

演播言语组织与演播空间处理两者的关系是互为关联的:主持人话筒前的言语组织是在镜头前的空间处理中所进行的动态表达;主持人镜头前的空间处理将使话筒前的言语组织更富有演播的活力。主持人的会说善问能评,便是主持人在话筒前的直接表达,也就是如何会说话、如何善提问、如何能评议;主持人的会看善动能走,便是主持人在镜头前的动态处理,也就是如何会看镜头的对象感、如何善于让身躯动起来的态势语言、如何在空间背景中呈现带关系的走动感。演播言语组织是主持人在话筒前流畅中心智的触发;演播空间处理是主持人在镜头前流动中空间的占据。

在节目主持创作中,主持人要双管齐下,既要有话筒前会说善问能评的言语组织,又要有镜头前会看善动能走的空间处理。

(四) 双管齐下之四 { 要把有意思的话题做得有意义
要把有意义的话语说得有意思

主持人的工作千头万绪,而绕不过去的是每期节目的选话题、做话题、说话题。

每一期节目都有新的话题,每一次采访都有新的嘉宾。节目期期做,采访次次问,为了避免老生常谈、落入俗套,为了避免浮光掠影、徒有其表,而让节目做得富有新意,让采访不断问出富有新意的话题,要在叙述中有精辟的议论,要在提问中有精准的追问,要在主持中有出趣的表现,主持人就要把有意思的话题做得有意义,要把有意义的话语说得有意思。

互联网时代,知识是基本配置,现在任何知识都可以轻而易举迅速获得。相比之下,更重要的是,当今主持人做节目要从"知识"向"智慧"迈进,即如何能有意思,如何能有意义,如何在有意思和有意义之间转换,这就是做节目的大智慧。

主持人要有一种有魔力,把现场原来拘谨的嘉宾与观众变得不拘谨了,让原来讲不出话的能讲出很好的话了,把原来没有意思的语言包装出意思来了,把原来简单直白的过程变得焕发光彩、生气勃勃了,而观众也常常被吸引到情境中去,感到贴近和亲切,由认同而产生极大的心理愉悦。主持人把话题讲得兴致勃勃、心心相印,把问题组织得趣味盎然、引人入胜,这就是"有意思"与"有意义"转换间的魅力之所在。

在节目主持创作中,主持人要双管齐下,既要把有意思的话题做得有意义,又要把有意义的话语说得有意思。

（五）双管齐下之五 $\begin{cases}要用信息能量强的词语去表达\\要用信息能量强的画面去表现\end{cases}$

医生与病人是医患关系，如果医患关系搞不好，就会带来意想不到的麻烦。主持人与观众是什么关系？说话人与听话人存在着一种"传受关系"。一个是传播信息的人，一个是接受信息的人，如果这种传受关系搞不好，那么同样会带来意想不到的麻烦。

这种传受关系有两大特征：其一，传者总是在有限的时间给别人留下美好的第一印象；其二，受者总是想在最短的时间得到最重要的、最有用的信息。

对于传播主体的主持人来讲，该怎么办？那就是要用信息能量强的词语去表达，要用信息能量强的画面去表现。如何感受信息能量强的词语呢？有一回，余秋雨受邀到上海师范大学举办讲座，余秋雨对导演谢晋进行评析时曾说过这样一段话："如果将20世纪分成前后两半，要举出后半个50年中影响最大的一些中国文化人的话，那么即使把名单缩小到最低限度，谢晋导演的名字必在其中。"主持人立马回应这样一句话："同学们，余老师未评价任何一部作品的高下，而谢晋先生的人品伟大却尽在其中。"在主持人的话语中，"作品"对应"人品"，"尽在其中"对应余秋雨的"必在其中"，这种表达让人当场便能获得强烈的感受，事后又能留下强烈的印象。

实践证明，信息能量强的词语，不在于词语的叠加、修饰拗口、句式冗长、刻意装扮"亚学者"状，信息能量强的词语恰恰是那些让人听得进、记得住、传得开、用得上的词语。

主持人对内容精准选择要有角度、力度与温度，主持人对表达精练组织要有共鸣点、共振区和共享感。

如何获得信息能量强的画面呢？首先，电视节目的信息和思想是通过画面而呈现在观众面前的，信息结构的立体性便成为电视媒体在传播过程中的一个重要课题。电视节目信息的立体性，要求最佳的声画组合，即如何自如地运用素材图像、同期声、画外音、音乐音响、字幕、图表、特技等综合化传播符号，对呈现在画面中的信息做全方位再现。这种涵化后的综合符号的程度越高，电视画面的符号总体特征就越有特色、越发鲜明。其次，电视节目往往有三条串联线，那就是主持人与人事叙述线、情理议论线和场面娱乐线。

主持人运用的娱乐手段有音乐、舞蹈、戏曲、小品、物件选择、道具设置、悬念铺排、情节故事、风趣语言、游戏活动等。场面娱乐线这些手段的运用将决定节目形态的吸引力与出彩性，这也是主持人用信息能量强的画面的一个表现。

在节目主持创作中，主持人要双管齐下，既要用信息能量强的词语去表达，又要用信息能量强的画面去表现。

（六）双管齐下之六 $\begin{cases}要让没有刻画痕迹的形象形真而圆\\要让出于完整个性的神韵神和而全\end{cases}$

每当问及中央电视台主持人崔永元主持过什么节目时，大家都会异口同声地说是

《实话实说》,这是事实,但这种回答至少可以给我们带来两个思考。其一,崔永元先后主持了《实话实说》《小崔说事》《电影传奇》等多个节目,为什么大家都记住了《实话实说》?其二,崔永元主持节目的时间跨度大概有20年,按常规,人们应该回答离时间最近的节目,为什么回答的恰是离时间最远的《实话实说》呢?

主持是门艺术,艺术是需要创造形象的。从深层艺术的角度来讲,什么是严格意义上的节目主持人形象呢?用公式可表示为:主持人的个体形象+节目的主体形象=节目主持人整体形象,这种整体形象的最高呈现就是节目主持人的个性演播形象,崔永元在《实话实说》中成功地创造了整体融合的节目主持人形象。

历来谈论和研究成熟的艺术形象不外两个方面:一是内在的成熟,二是外部的成熟。形真而圆的标准就是形象真实饱满且没有刻画痕迹,神和而全的标准就是不仅传神且所传之神是充分而完美的。

电视节目主持艺术的融合形象是主持人与节目"你中有我,我中有你"。这种融合的形象是属于整体的,既是表现的艺术,又是表达的艺术,或者说是整体的表现、表达的艺术。这种整体形象的融合是富有生气的。形象的表现要富有生气,语言的表达要富有生气,或者说富有生气的语言表达呈现出富有生气的形象表现,这种整体与生气就是个性。

个性是主持人魅力的核心,语言是主持人个性展示最重要的手段,整体形象的表现是靠主持人个性化的演播状态来体现的,所以说,电视节目主持艺术是一门创造主持人与节目整体融合的个性演播形象的艺术。个性就是优秀事物的稳定性。

如今的主持人已经深切体会到,受众并非被动而是在积极地选择信息,主持人传播的过程就是一种富于情感的、积极的认识过程。面对不同电视台的同类型节目,受众很可能会因对不同节目主持人的好恶而选择频道。电视造就了越来越感性的受众,而受众的感性造成对电视形象的追求:谁的魅力过人,谁就更吸引人;谁的魅力有过人的长久性,谁就更有吸引人的长效性。

值得提醒的是,能够得到观众称赞的主持人,以至达到无以复制、不可替代的主持人便是最棒的,最有能力的电视节目主持人也便拥有了电视节目主持艺术最形象的成熟体系。

值得思考的是,一旦这些主持人离开节目,一旦这些成熟的个性演播形象消失,节目便会黯然失色,以至节目的艺术生命也跟着消亡,这就是电视节目主持人创作融合的成熟艺术形象的哲学。

一个电视台不可能人人都是主持大家,但一个成熟的电视台必须要有各类各路领军的主持大家。主持人只有领悟电视节目主持艺术的真谛,并不断去实践、提升,主持形象才会日益成熟。

在节目主持创作中,主持人要双管齐下,既要有"让没有刻画痕迹的形象形真而圆",又要有"让出于完整个性的神韵神和而全"。

"双专意识"的理念,涵盖"专门知识"和"专业技能",两者缺一不可。缺一不可的

"专门知识"与"专业技能"在节目主持创作中的行为表现是"现场演播"与"现场驾驭";现场演播与现场驾驭这两大行为表现在节目主持创作中的标高呈现就是"传必求通"与"串能激活"。

"传必求通的现场演播"与"串能激活的现场驾驭"在节目主持创作中的关系是"双专并用"的;双专并用的"传必求通的现场演播"与"串能激活的现场驾驭"是"双专"意识理念中的一个纲;一个"双专并用"的纲之举,将在节目主持的创作中引领出六个"双管齐下"的目之张。一个"双专并用"是"纲",是主持艺术专业的行为表现的能力提升;六个"双管齐下"是"目",是主持艺术专业的展现方法的完整呈现。这就是纲举目张。

"非常1+6"的亮相,是节目主持艺术高点的一种提炼、一种概括;"非常1+6"的表达,是面对知识与技能、艺术与专业的一种整体梳理,是一种合规律的核心理念。

在"双专意识"理念中,"双专并用"的行为表现与"双管齐下"的展现方法将呈现出节目主持人与主持人节目"两全齐美"的主持理想。

第二节 主持能力与现场驾驭

无论传播介质发生怎样的变化,无论受众的接受习惯发生怎样的变化,培养主持人的理念和评价主持人的标准都应该够经受住时间和行业的检验。

归根结底,主持人应注意两点:

第一,抓住主持人的两大基本能力:现场驾驭、现场演播。

第二,抓住节目和主持人的基本要求及内在联系,修炼主持人的内功。

《现代汉语词典》对"主持"词条的释义为:负责掌管和处理;负责掌管、处理某项活动的人。

早期各类专业书籍对"主持人"的定义为:驾驭节目进程的人。

由此可见,主持人应负责节目的掌管,在节目进行过程中处理各类情况、平衡各种关系、把握整体节奏、驾驭节目进程。

于是,我们对节目及节目主持人的客观要求便是:

节目要有形——设置出好的节目形态应是节目创作的基础;

主持要有态——主持人的现场演播状态应与节目形态相符;

关键怎么说——主持人的创作工具就是语言,用语言驾驭现场;

短句点评见功夫——用短句产生亮点、要点、记忆点、共情点。

在众多节目类型中,综艺节目的特点尤其突出。综艺节目形态多种多样,但万变不离其宗——变的是节目的主题、形式、环节等要素,不变的是综艺节目的根本,融合各类艺术和娱乐元素,使人产生愉悦。

综艺节目的流程极其复杂元素,对主持人的要求相应更高——演播状态更积极、驾驭能力更突出、语言运用更即兴。

综合观察各类综艺节目,我们总结出综艺节目主持人现场驾驭的五大根本能力(即5A):一个模式、两大支点、三条贯穿线、四种"放大"、五项整合。

我们以江苏卫视主持人孟非主持的《非诚勿扰》其中一期节目为例,分析综艺节目主持人现场驾驭的能力体现。

《非诚勿扰》是江苏卫视制作的一档综艺节目。节目于2010年1月开播。据广电总局"中国视听大数据"(CVB)统计,2022年10月1日至31日,《非诚勿扰》平均收视率名列地方卫视晚间首播文艺节目第一位[①],可见节目的影响力和吸引力。

我们选择分析的第371期节目属于《非诚勿扰》历史上非常有代表性的一期。通常,一期节目播出5位男嘉宾上场相亲的故事,平均每位男嘉宾的播出时长不超过20分钟。可在2013年9月21日播出的节目中,一位男嘉宾的播出时长将近40分钟。

一、一个模式(A1)

要能有一个一句话便可说清楚的综艺竞技的刁钻模式。这便是节目的"形"。

举个例子。在进行新节目开发的过程中,编导进行创作汇报、节目进行招商融资、开播前宣传造势等环节,必须要完成的一项任务就是,让还从未看过这个节目的人一下子明白这是一档怎样的节目。即用一句话把节目形态叙述清楚。

一句话说不清、一句话说不完、一句话没有趣,说明节目创作者也没有搞清楚要创作一档怎样的节目,也说明节目形式有可能太复杂而增加了观众的理解成本,让观众难以抓住节目的"乐趣点",从而失去了综艺节目最大的功能。

对主持人来说,心里清楚能完全概括节目的这"一句话",才有了主持这档节目的主心骨。所谓"驾驭",最重要的是明确方向。节目的进程不能是脱缰的野马,漫无边际地狂奔;也不能是蒙着眼睛瞎奔,那样的话稍不小心就会失蹄。

主持人在驾驭节目的过程中,时刻想着这"一句话",才能使节目流程的起承转合向预想的方向进行,才能在驾驭的过程中掌握好节奏,才能让驾驭的过程出彩,才能让自己时刻保持高昂的演播状态。

《非诚勿扰》节目历经十几年,它基本上没有改变过节目看似简单的模式,其间有过试图改版的尝试,但并未得到观众认可,于是又改回到最早的节目模式。《非诚勿扰》的节目形式可以概括为:一档每期由24位单身女嘉宾和5位单身男嘉宾参与的相亲交友节目,女嘉宾以亮灭灯方式来决定男嘉宾的去留,经过"爱之初体验""爱之再判断""爱之终决选""男生权利"等规则来决定男女嘉宾是否速配成功。

---

① 中国视听大数据2022年10月收视综合分析月报[EB/OL].(2022-11-21)[2023-02-09].http://gdj.zj.gov.cn/art/2022/11/21/art_1229251768_5027313.html.

二、两大支点（A2）

主持人要能借用好"用赛制做节目,借节目说故事"的支点关系。

有意思的节目吸引观众,有意义的节目让观众记住。好的"赛制"为综艺节目提供了竞技性,竞技性在节目中带来好看的场面,给观众带来参与感,成为现代综艺节目的必备属性。主持人在"竞技"的过程中,充当多个角色——裁判员、解说员、啦啦队员。

当好裁判员,需要秉公裁决,保证竞技的公平性,这是比赛能很好进行下去的基础。

当好解说员和啦啦队员,赋予了竞技故事性、趣味性、话题性。主持人通过现场的语言,在进程中金句频出,既可以保证节目有意思,又可以让节目有意义。

从这一点来说,《非诚勿扰》节目的"竞技性"是一条暗线。没有游戏、竞猜等环节,但一旦出现优秀的男嘉宾,则24位女嘉宾会迅速展开竞争,希望得到优秀男嘉宾的更多关注。而一些长期"霸占"席位的、有特点的女嘉宾,也会成为男嘉宾"争抢"的对象。

从故事性的角度来说,俗话说"三个女人一台戏",节目编导精心挑选出的特点鲜明、善于表达的24位女嘉宾本来就给节目带来了太多故事。随着节目的进行,观众会越来越了解女嘉宾,知道她们的更多故事。而每一期5位出场的男嘉宾,则不断带来新的故事,让节目始终保有新鲜感。

本期节目中的主角,是男嘉宾樊刚和他心仪已久的女嘉宾李莉娜。李莉娜是《非诚勿扰》一位"话题性"很强的女嘉宾,她样貌出众却从事汽修教学,年龄不小却单身未婚。在之前的节目中,有过疯狂追求她却被拒绝的男嘉宾,也有过她非常心仪却没有得到垂青的男嘉宾。可以说,当时大家看《非诚勿扰》的一个重要看点,就是李莉娜何时牵手、跟谁牵手。

而男嘉宾樊刚一登场就因为俊朗的外形被全部24位女嘉宾"留灯"肯定。第一条介绍自己的VCR播放完毕后,更树立了他柔情铁汉、"多才多财"的形象,大大提升了女嘉宾对他的好感度。可以说他一登场,已经把节目的气氛推向了一个小高潮。推动这股"小高潮"的动力,就是男嘉宾本身的故事。

三、三条贯穿线（A3）

要能配置三条互为作用的贯穿线,在场面娱乐线中既要加强人物叙事线,又要强化情感议论线。

综艺节目的"综",既指节目内容和元素的丰富,也指节目创作手法的丰富。单纯的娱乐、单纯的竞技,都不能称之为"综艺节目"。在综艺节目的创作过程中,主持人必须在赛制的基础上,依托嘉宾互动,紧抓现场灵感,通过事先的精心准备和现场的即兴能动,梳理出贯穿综艺节目的三条线:场面娱乐线、人物叙事线和情感议论线。

这三条线不是孤立、平行的,而应该在整个节目进行中相互交织。线条的每一次交会,都能产生节目新的兴奋点。主持人必须促成线条的交织,捕捉交点,用语言进行驾驭,让"点"闪耀。

场面娱乐靠赛制——出彩有趣靠抓点。
人物叙事靠对话——生动立体靠提炼。
情感议论靠升华——谈情说爱靠共情。

只有场面娱乐记不住,只有人物叙事不娱乐,空有感情议论太"腻歪"。主持人从容驾驭三条线,才能让节目更加精彩。

在本期节目中,男嘉宾樊刚登场后,可以说主持人孟非把"三条线"运用得淋漓尽致。

(一)场面娱乐线

节目组的预期,是"优秀"男嘉宾牵手"知名"女嘉宾。他们认为这两个人的牵手是必然的。所以在现场,用各种各样的手段来渲染浪漫的气氛。

比如,大屏幕铺满女嘉宾的照片;动员全体观众高高举起手机里女嘉宾的照片;为了让男嘉宾送给女嘉宾她梦寐以求的婚纱,在演播室让婚纱从天而降……

这一系列动作,让这期节目把"娱乐"发挥到极致,把"综艺"尽情放大,把场面尽量做足,把浪漫贯穿始终。

(二)人物叙事线

《非诚勿扰》的节目叙事很多:男嘉宾的三条 VCR、女嘉宾的议论、女嘉宾最后反选环节的视频等。在这期节目里,主持人孟非很好地利用访谈技巧,帮助嘉宾更好地完成自己的叙事。

男嘉宾的 VCR 中介绍自己在英国求学,学习体育相关的知识并且在英超俱乐部打工实习。视频中抛出了这个趣味点,但没有说全。孟非通过对嘉宾的引导很好地补足了这条叙事线。

孟　非:你在英国待了多长时间?
男嘉宾:3 年。
孟　非:这段生活给你留下最多的是什么?
男嘉宾:我在曼城俱乐部打工,当时只有我一个中国人在俱乐部里面。当时孙继海在我们曼城俱乐部踢球。孙继海在英国的知名度很高,当我在球场听到 4 万多球迷一起喊孙继海的名字的时候,我心情非常激动,而且很为中国人自豪,我觉得中国人还是挺棒的!

这段访谈,使叙事超旨、深入、吸引人。

(三)情感议论线

同样,孟非在节目前期筹备策划中,以他对二人的了解,肯定也"预测"他们会顺利牵手。用孟非的话说,"台上啊,我们每个阶段都有几个被观众特别关注的女嘉宾,也有很多的男生前赴后继地为她们而来,也有很多男孩为李莉娜来,选她做过心动女生。但是就我的观察来说,年龄、气质、性格,包括职业,你们俩的契合度都特别高。刚才他(指樊刚)给我印象最深的,我觉得特别打动我的一个镜头,就是在车间里边,可能也跟我一样,我也在工厂干过,在车间里干过。就是在工厂车间里上过班的人,对那个画面的感觉……我觉得两个人真是太般配了!……包括你亲手做的礼物,我都觉得这是一个男人最拿得出手的东西,这比什么包啊、车啊更像男人干的事。"

但是,事与愿违。所以人都认为一定会牵手的结局并没有到来,女嘉宾前后三次明确拒绝了男嘉宾的深情表白。

这样的结局发生后,所有人都非常错愕。而孟非此刻的表现非常优秀,他采访了之前为男嘉宾"爆灯"的女嘉宾。

孟 非:这个有点意外,看来我们把事情,估计得有点出乎我们的预料。现在我们不要忘了19号爆灯的女生……看到这一幕你想说什么?

女嘉宾:我觉得,如果有一个男嘉宾这样为我来,我毅然决然为他走。你今天所做的一切,我看到了。就是这个VCR播出来的时候,我特别地意外,我真的没有想到你是为一个人而来的,因为我对你感觉特别好。说别的也太虚了,我喜欢孟非老师那个风格,就是一句话解决。我一句话就是,如果今天12号不跟你走,那我跟你走。

孟 非:我觉得一个姑娘说出这个话来,佩服!

现场观众对女嘉宾李莉娜拒绝樊刚表示出极大的不解。为了缓和现场气氛,也为了安慰男嘉宾,孟非又说:

孟 非:好吧,这个时候再猜测什么都没有多大的意义,她可能内心里边有一种东西也许不适合在这个舞台上表露出来。(对樊刚)我觉得我感到遗憾的程度,跟你差不多。

在这一段对话中,孟非把"情感议论"用现场驾驭技巧发挥到"最大化",使嘉宾真情流露、观众共情感动、节目升华出义。

四、四种"放大"(A4)

批评一出戏剧,仿佛有三个字是万能的——"平、松、散"。评价一个节目也是如此。那么如何避免常态化播出(如周播)的节目在主持人、主题、环节、赛制甚至嘉宾都相似的情况下还能吸引人,避免"平、松、散"呢?这就需要主持人掌握四种"放大":

把过程放大,切忌杂。
把细节放大,切忌碎。
把背景放大,切忌平。

把场面放大,切忌沉。

即用"放大"让视听更大化。

在这期节目中,高潮迭起。前半部分的高潮,在于节目组和主持人对气氛的烘托,而后半部分在大家都非常惋惜、不解的情况下,还能不断制造高潮,体现了孟非超强的现场驾驭能力。

比如,男嘉宾樊刚两次被拒绝后,依旧有三位女嘉宾为他"留灯"。孟非此时的评论是这样"放大"的:

孟非: 在刚才12号第二次拒绝男嘉宾的时候,我当时在想一件事情,我们继续把节目走到这儿,我想对这个男嘉宾、对刚才继续留灯的几位女生表示我的感谢。我对你们刚才的表现非常地满意,因为在这样的一个场景下,我们很多人会习惯认为这个男生是专门为12号来的,12号一拒绝了他就走了。但是我们的节目是有规则的,要对所有人都公平,12号拒绝了,场上有灯亮着,我们节目还要继续往下走。而另外几个女生,看到了这么感人的一幕,继续勇敢地把灯留下,我觉得这是起码地表现出了,人与人之间的尊重和对节目规则的尊重。作为节目主持人,我对你们表示感谢,谢谢大家。

这样的一段议论让节目恢复了进程、保留了场面、突出了细节。而最后,男嘉宾没有准备给女嘉宾的提问,因为自己没想到会走到最后一个环节,问出了一个无关痛痒的问题。孟非在现场说,

孟非: 他没有准备问题,他就是为12号来的嘛。我在想,要是我,会问什么问题呢?我会问另外三个女生,如果我跟你们当中的一个人牵手下去了,你们介意刚才发生的那一幕吗?(众笑)大家说我这个问题是不是更好一点儿?要不怎么是优秀主持人呢,对不对?我向你免费赠送刚才这个问题(全场顿时响起掌声笑声)。

五、五项整合(A5)

要能整合五项创意手法:两极嫁接法、正反逆向法、内外淘汰法、系列连环法、综合混搭法——在整合中让"懂"变活、出新、生优。

为了能够让综艺节目主持人的现场驾驭实现"五项整合",综艺节目主持人还要通过提升主持能力、提升综艺感觉,做到以下五点(即5B):善于制造悬念、善于串联版块、善于渲染主题、善于唤醒状态、善于调节节奏。

(一)善于制造悬念(B1)

综艺节目主持人创作常态化节目,几乎都要面对周播的创作压力。在赛制、环节等相同的情况下,如何还能出新、出奇,制造出一波未平一波又起的悬念就成了吸引观众继

续看下去的关键。所谓的悬念,是节目中情理之中、意料之外的内容。在相似的赛制中出现不同,依靠的是主持人现场驾驭的抓点。

(二)善于串联版块(B2)

《非诚勿扰》的节目主持人孟非,2012年获得第九届中国金鹰电视艺术节"金鹰奖最佳主持人",2022年又获得首届中国播音主持"金声奖"。在一次颁奖典礼上他发表获奖感言时曾谦虚地说:"我的工作其实很简单,就是'你说、你说、看片子'。"从这句话中我们不难看出,面对十几年不变的、相似的节目流程,主持人的任务就是推进环节的展开,完成各个版块的有机切换。那么如何切换呢?如果真的只有"你说、你说、看片子",那么孟非一定不会成为优秀节目主持人。孟非之所以受观众喜欢,就在于他的"你说、你说、看片子"期期节目不一样、各个嘉宾有惊喜。

孟非的成功驾驭在于把每一个相同版块用不同的方法展示,把每一次版块切换都做到妙语生花。

所以,综艺节目主持人要善于在流程与版块的两大块面中,既要有照章办事的表现,又要有锦上添花的表达。

(三)善于渲染主题(B3)

善于呈现、渲染节目主题,调节现场气氛,不断说出体现受众意愿的短话、实话、新话。

(四)善于唤醒状态(B4)

善于唤醒出自我灵动的四大支柱状态格式:心态自信,让即兴自觉起来;欲望兴奋,让应变敏感起来;感受快捷,让思路活跃起来;倾听专注,让发挥积极起来——心态决定状态,状态产生语态。

(五)善于调节节奏(B5)

善于调节出节目的五大节奏:抑扬的张弛、冲突的强弱、褒贬的轻重、转折的丰简、高潮的起伏——举重若轻、驾轻就熟、熟能生巧、以巧智胜。

总而言之,综艺节目主持人必须完成现场驾驭,用四句话总结:

胸藏节目要成形,现场主持更有态。

关键当众怎么说,短句点评见功夫。

我们用图表的形式将主持人的现场驾驭能力总结如下,见表5-1。

表5-1 现场驾驭课题 ● 综艺竞技（5A+5B）

胸藏节目要成形，当众怎么说，现场主持要有态，短句点评见功夫。

5A

1. 一个模式：要能有一个一句话便可说清楚的综艺竞技的刁钻模式。
2. 两大支点：要能借用两个"用赛制做节目，借节目说故事"的支点关系。
3. 三条贯穿线：要能配置三条互为作用的贯穿线，在场面娱乐线中既要加强人物叙事线，又要强化情感议论线。
4. 四种"放大"力度：要能掌握四种"放大"——过程放大、切细节；把场面放大、切忌杂；把细节放大、切忌平；把背景放大、切忌沉。——用"放大"让视听更戏剧化。
5. 五项整合：要能整合五项创意手法：两极嫁接法、正反逆向法、内外淘汰法、系列连环法、综合混搭法——在整合中让"蕾"变话，出新，生优。

5B

1. 善于制造出一波平一波又起的悬念。
2. 善于串联：在流程与版块的两大块面中既要有照章办事的表现，又要有锦上添花的表达。
3. 善于呈现：渲染节目主题，调节现场气氛，不断说出体现受众意愿的短话、实话、新话。
4. 善于唤醒出自我灵动的四大支柱状态：心态自信，让即兴自觉起来；欲望兴奋，让应变敏感起来；感受快捷，让思路活跃起来；倾听专注，让发挥积极起来——心态决定状态，状态产生语态。
5. 善于调节出节目的五大节奏：抑扬的张弛，冲突的强弱，褒贬的轻重，转折的丰简，高潮的起伏——举重若轻，驾轻就熟，熟能生巧，以巧智胜。

第三节　主持能力与现场演播

很多开设播音与主持艺术专业的院校，都把创作访谈节目的能力作为评价学生的重要标准。在研究生教学中，有的院校更是要求硕士毕业作品必须独立策划、撰稿、拍摄、制作完成一档人物专访。诚然，目前的电视荧屏上，访谈节目，尤其是人物专访节目似乎是越来越少了。那么为什么还要以创作人物访谈节目的能力来评价学生的学业水平呢？

现场驾驭与现场演播是电视节目主持人在主持创作中的两大行为表现能力，是相交相融、缺一不可的。作为专项实践训练，综艺竞技节目课程实践更能凸显学习者现场驾驭能力的习得，而人物访谈节目课程实践，则更有助于学习者现场演播能力的获得。

如果说综艺节目主持人主要考验的是现场驾驭的能力，那么人物访谈节目主要考验的就是主持人的现场演播能力。

作为节目的主要创作者，访谈节目主持人在节目策划、创意、拍摄、制作等所有环节中，相较于其他类型节目都会更重要。访谈节目作为最典型的"主持人节目"，主持人能力的高低极大程度上影响了整个节目的质量。衡量一个访谈节目主持人的能力，不光是看他在台上的表现，更要考察他从台前到幕后各方面的综合能力。

在访谈节目中，主持人要始终有"五个意识"（即 5A）：

第一，一个既有故事又能说故事的嘉宾的定向与确立（A1）。

嘉宾"有故事"很重要，但是因为做节目的需要，"会讲故事"往往更重要。有"会讲故事"的嘉宾，才能实现主持人的创作意图。

第二，两个问中有谈与谈中有问属性的关系与勾连（A2）。

只有两者有机结合，主持人在访谈节目中才会有灵动的演播。

第三，三个"三角形路径"的选择与组合（A3）。

先易后难的倒三角形、先难后易的正三角形以及正倒三角形的访问与答问的思路组合，让主持人在访谈中的演播胸有成竹、引人入胜。

第四，四个视觉元素的组织与运用（A4）。

四个视觉元素主要指屏幕资料、物件道具、游戏活动、才艺呈现。这四个视觉元素的调配使用，可让节目变得丰富、多样，可让节目的节奏有变化。

第五，五个提问方法的贯穿与铺排（A5）。

五个提问方法指正问、追问、设问、潜问、反问。

访谈节目不是问答节目，不能做成主持人和嘉宾一问一答的"记者招待会"。访谈节目首先是节目，关键在如何提问与如何叙述。

访谈节目做得好,需要节目主持人现场演播能力的支撑。主持人还应该注意五大要点(即 5B):一个标高(B1)、两大表现(B2)、三个议法(B3)、四个抓点(B4)和五个"要能"(B5)。

我们以中央广播电视总台中文国际频道《鲁健访谈》2022 年 5 月 6 日对话王蒙这一期节目为例,分析访谈节目主持人现场演播的能力体现。

一、一个标高

会说话的主持人让嘉宾把话说得更好。

正如前文所述,主持人创作综艺节目首先要完成的任务就是要选择一个既有故事又能说故事的嘉宾。即便是一个会讲故事的嘉宾,也很有可能因为紧张、不适应等原因没能像平时生活中一样把故事讲好。这个时候,主持人必须通过现场演播,也就是访谈节目中的"谈",来引导嘉宾把故事讲好。

《鲁健访谈》是由中央广播电视总台华语环球节目中心策划的高端人物访谈栏目,由金声奖获得者鲁健担任主持人。节目聚焦海外杰出华人代表、中国国内各领域知名人士,通过"记录+访谈"的方式,讲述中国故事。

从这样的节目定位来讲,本身就有了自己的"标高"。区别于一般的人物访谈,这档节目定位高端,符合现在的观众审美需求。中国正处于近代以来最好的发展时期,世界处于百年未有之大变局,在这一时代背景下,《鲁健访谈》着眼全球,聚焦大格局、大风范的时代人物,用开阔的视野、丰富的角度、细腻的表达,为观众塑造、展现前所未有的"中国形象"。

本期节目的采访对象是王蒙。王蒙是中国当代作家、学者,文化部原部长,中国作家协会名誉主席。他的作品,影响了几代人。所以很多观众都希望了解他的近况,听听他对现实问题的评述。身为部级干部、著名作家的王蒙面对采访可谓"身经百战"。会讲话的鲁健让王蒙把话讲得更好,这是主持人的本事。

二、两大表现

主观未知让有备变有机;客观未知让无序变有序。

电视传播具有现场感和现时性,观众在观看访谈节目的时候,会不自觉地产生一种代入感,认为自己在"偷听"主持人和嘉宾的谈话,认为主持人应该"替"自己来提出问题。在这样的背景下,主持人保持"未知"是符合心理预期的。

所谓客观未知,就是主持人和观众一样,确实不知道嘉宾的有关故事。把这样的故事问出来、谈出来,通过现场演播让这些故事串联起来,就可以将看似无序的对谈、故事变得有序。

所谓主观未知,就是主持人在"前采""预采"等做功课的过程中,已经了解到的有关嘉宾的故事和经历。但因为这样的经历很重要,必须由嘉宾自己讲出来,主持人就应该用主观未知,即主持人已知但呈现出未知的状态,引导嘉宾把故事讲出来,和观众达到心理节奏上的契合,让准备好的内容有机呈现出来。

在本期节目中,采访的对象是王蒙。他在观众中有足够的知名度,很多观众非常了解他本人和他的作品。主持人如果问的问题外行,问的是众所周知的问题,一定会让观众失望,观众会认为主持人不够"专业"。我们在节目中处处可以看出鲁健做的功课,他在提到王蒙的文学作品、影视改编作品时如数家珍。鲁健在节目中,没有客套、拉家常,开始时直入主题,中间部分直接提问,结尾部分引导超旨。虽然整期节目鲁健问出的问题只有10个左右,但让人感觉节目整体节奏很稳,嘉宾叙述非常舒服。这也就是说,鲁健通过访谈让节目"有序推进",让有备而来的问题产生了"有机联系"。

三、三个议法

宕开一笔、转述一言、拢收一句,事、理、情的议论让叙事变得更有意义。

宕开一笔:文学中的"起兴"笔法,欲言此物,先言他物,让主持人的叙事吸引人。

转述一言:既可以用名人名言为自己背书,也可以借用嘉宾的一言一事进行拓展转述。

拢收一句:每个环节用精彩短句收尾,更显主持人的语言水平、主持功力。

三种议论方法在鲁健的采访中使用得当。比如,他想问王蒙是否因为作品而被"发配边疆",去新疆是否是被迫的,到达新疆后是否有消沉的情绪等。不是直接提出问题,而是把提问化解在"对谈"中,引导嘉宾说出自己的故事和真情实感。

鲁健:在整个创作过程当中,您也谈到新疆这16年的经历对您的影响最大,像《这边风景》就是那时候创作的,很多人把它称作新疆的风情人物画卷。您觉得在新疆的这16年经历,对您的创作意味着什么?……那您对新疆的这种爱是从哪儿来的呢?

王蒙:新疆的文化很好玩,很有特色。比如它的歌舞很有特色,它的农业生产也很有特色。比如说浇水吧,咱们都是把地弄成畦,扒一口让水流进来,差不多了再用铁锨拿土把它一拍,把这封上,水才往前走。可是新疆是大水漫灌,一块地这么大,哗……那个水就来了,这都很有趣味啊……

鲁健:但我们也知道您去新疆实际上也是因为文学作品《组织部来了个年轻人》受了一些政治上的影响。

王蒙:是的。

鲁健:然后去的新疆,但是为什么去新疆没有看到您的那种失意或者沮丧、低沉,反而看到的还是那种积极、乐观,那样一种浪漫主义?

王蒙：我这人,有一个光明的底色。我在不满14周岁的时候,我已经加入了中国共产党。解放以后我身上穿过北平市军事管制委员会的服装,我值过班、戴过左轮手枪,所以我是在革命的凯歌行进中走向的生活、走向了革命、走向了工作,所以我是一个光明的人。……看到人家还是抱着很大的善意、有很多关照、有很多帮助,我没有理由跑那儿(新疆)哭哭啼啼,那不可能的。

四、四个抓点

抓可兴奋点、可渗透点、可渲染点、可思考点,让叙事更具有对话性和递进感。

在谈话的过程中,有"点"就要抓住。主持人可以通过抓点来控制节奏,也可以通过抓点来让节目出彩、出价值、出意义。

五、五个"要能"

要大题中能小问,要小问中能见大,要切题又能超旨,要问得典型又有个性,要问得具体又有形象,让传必求通最大化。

对重要人物,尤其是对大家都熟悉的人物进行访谈,四个"抓点"和五个"要能"是比较困难的。但鲁健采访王蒙中间这一部分做得很成功,在恰当的节点插入恰当的提问,让王蒙自然而然地谈出自己的观点。

鲁健：我看到您除了保持旺盛的创作力,还提到自己晚年的一个梦想——就是中国人的全面发展。您说中国人要有更崭新的模样和更开阔的精神境界,那您觉得这个开阔的精神境界指的是什么？

王蒙：我喜欢一个词叫精神空间,就是我们这个精神空间要越来越扩大。我们要理解世界,要理解中国的传统,我们也要了解外国,尤其要了解作为社会主义的现代化和整个人类的现代化,也了解一定程度的全球化。您光会手机不行,还得会点信息科学,还得会看真正的经典。不但应该会现代的、当代的汉语,还应该懂古汉语,还要尽可能地多学一点本民族的语言以外的其他语言。我想这些都有利于开阔我们的精神空间。

鲁健：现在很多年轻人追的网络文学,都是穿越题材或者逆袭故事等,甚至感觉经典文学被冷落了,您有这种感觉吗？

王蒙：经典的作品很重要的一点,就是经得住时间的考验。有很多热闹一阵的作品现在就没了,但仍然有很多的人、很多的读者在关注这些经典的作品。我们相信,真正经典的作品是不会永远被冷落的。比如说波斯的诗人欧玛尔·海亚姆的诗集《鲁拜集》,最早是郭沫若翻译的,它是经过英国人的翻译后才在全世界红了的。《红楼梦》当时是禁书,只能偷着看的。可是《红楼梦》现在热到什么程度？所以这个您放心,真正好货您一时看不到,但您底下还是会看得到。《青春万岁》是写了以后26年出版的第一版,《这边风景》是大概写了39年以后出版,因为(它们)没出来以前已经经受了时间的考验了。

鲁健:《组织部的年轻人》也是这样。

王蒙:那个是66年前写的。所以作品要经受时间的考验,我不怕这个时间的考验。

鲁健:它没有被岁月的风尘给遮盖了,还是让大家看到(它)以后有眼中一亮的感觉。我看到您这些年还在研究中国传统文化,而且专门出了一本《写给年轻人的中国智慧》……您觉得在当今世界当下的时代,中国传统文化能够帮助人们解决今天面临的这些问题吗?

王蒙:古典的文化,不管你现在看着写得多么神秘、多么深,都是跟当时的社会生活分不开的,人家有人家对生活的体会,所以我实际上是从古典的文化、经典的文化、传统的文化来寻找和我们的生活、和我们的时代相接轨的地方,就是要致力于传统文化的创造性转变和创新性发展。

鲁健访谈"与共和国同成长"的作家王蒙,从"新疆16年的经历意味着什么"谈起,谈到《这边风景》,谈到《青春万岁》,谈到"晚年梦想",谈到"网络文学与经典作品",谈到"写作原则:写给年轻人的智慧",层层深入、丝丝入扣,大题小问、小中见大。鲁健的采访给观众留下了这样的印象:真正的作品是不会被冷落的,真正的作家要用文字书写时代。

总而言之,访谈节目主持人必须完成现场演播,用四句话来总结就是:

画好格子往里填,子母话题套中连。

起承转合要过渡,包托接送更关键。

我们用图表的形式将主持人的现场演播能力概括如下,见表5-2。

表5-2 现场演播课题 ● 人物访谈（5A+5B）

5A

1. 一个既有故事又能说故事的嘉宾的定向与确立。
2. 两个问中有谈与谈中有问属性的关系与勾连。
3. 三个"三角形路径"的选择与组合。
4. 四个视觉元素的组织与运用（即屏幕资料、物件道具、游戏活动、才艺呈现）。
5. 五个提问方法的贯穿与铺排（正问、追问、设问、潜问、反问）。

画好格子往里填，子母话题套中连，起承转合要过渡，色托接送更关键。

5B

1. 一个标高：会说话的主持人让嘉宾把话说得更好。
2. 两大表现：主观未知有备变有机；客观未知让无序变有序。
3. 三个议法：岔开一笔、转述一言、拢收一句，事、理、情的议论让叙事更有意义。
4. 四个抓点：抓可兴备点、可渗透点、可渲染点、可思考点，让对话性和递进感。
5. 五个要能：要大题中能小问题又能超自见大、要切题又有个性、要问得典型又具体得具象。让传必须通最大化。

第四节　主持艺术与主持传播

面对日新月异的媒体环境,面对不断变化的传媒工具和受众的接收习惯,主持人也必须提高传播能力、丰富传播手段。在主持艺术的加成下,构建属于主持人自己的语言形象、提升主持人的语言传播力,实现传播最大化。

通过研究过往的主持人传播样态,观察当下的传播环境,我们总结出中国电视节目主持人传播样态的嬗变历程,规划出主流媒体的使命引领路线图,指出主持人未来职业的发展方向。

随着科学技术的发展,信息传播的介质不断发生着变化。传播介质的变化也会使传播的样态发生变化,直接影响主持人口语传播语态的发展。媒体从业者,尤其是主持人必须不断调整自己的语言传播样态,使内容的传播效率更高。

梳理中国电视节目的发展历史,观察中国电视节目主持人的传播样态,总结出主持人传播样态的发展变化规律。

一、照稿播读录放的传统线

播音员这一职业随着广播这种传播介质的诞生而诞生。最开始,播音员的工作就是将文字"有声化",他们的工作就是照稿播读。随着广播成为主流媒体,后来随着电视的诞生,人们不断提高播音员"照稿播读"的标准,对播音员的业务能力要求也逐步提高。

二、文本样态创作的基准线

早期的播音员和主持人,是非常依赖"文本"的。要注意的是,这里所指的文本,不是简单的台本、文字,而是在电视传播过程中由诸多异质的符号系统构成的综合性、整体性结构。比如语言与非语言、听觉与视觉、形态与状态、静态与动态、时间与空间等。

主持人的文本样态主要表现为:有文本的"背稿创作";半文本的"有稿创作";无文本的"无稿创作"。

改革开放以后,传统媒体迎来了最好的发展时期。在20世纪90年代电视更是迎来了自己的黄金期。在这期间,节目样态屡屡创新,主持新秀人才辈出,观众热情空前高涨。这一时期,也正是媒体特别需要和观众进行交流互动的时期。在这一时期,电视传播提升了对主持人的专业要求,也出于商业的考量,在整体上使主持人改变了传播样态。

放低身段、降低调门的同时,更多地要求主持人进行半文本样态的节目创作。

这种语言传播样态比传统的背稿式更加亲和、更让人感到舒服,因为在当时,大部分的节目主持人还是采用"背稿"和"有稿"的方式进行演播,完成节目流程的驾驭、言语的组织。这一时期真正的无文本节目创作、无稿即兴主持还比较少,但正因为比较少,所以能够实现无稿创作、即兴主持的主持人会获得更多的赞誉。

再到后来,随着电视传播的发展和主持人综合能力的提升,节目文本样态创作将独白文化上升到现场生成的对白文化,在有文本样态的背稿节目创作基础上,主持人格外强调半文本样态的腹稿节目创作和无文本样态的即兴节目创作。主持人从"播讲"变为"对谈",电视传播从独白文化上升到现场生成的对白文化。

三、动态纪实直播的标高线

动态纪实直播的标高线可总结为"两大一新":
一大:重大突发事件的现场直播主持。
二大:特大背景空间的多机演播创作。
一新:新媒体主阵地的主体形象出新。
在"大"和"新"的背景下,文本的作用变弱,文本的节奏跟不上传播的节奏,所以,"两大一新"是对传统照稿播读的颠覆。

同时,"两大一新"又是"三个文本"外延的升级。"两大一新"要求主持人既有"有稿"播读的能力,又要有腹稿、无稿演播的能力。新的传播样态是文本外延的升级,也是对主持能力的升级。

要用主持艺术加持主持传播:
要善于用讲故事、举事例、摆事实的方式同频共振、凝聚共识;
善于用大白话、大实话和群众语言深入浅出、解疑释惑;
善于用聊天式、谈心式的语气娓娓道来、触及心灵;
善于用极其凝练、高度概括的话语提纲挈领、大开大合;
善于用问题开刀,拿现象作靶开诚布公、振聋发聩;
善于用古今中外的优秀文化元素广征博引、纵横捭阖;
善于用诗一般的语言抒发大情怀、展现真性情;
善于用可亲可敬、平易和蔼又从容淡定、沉稳大气的肢体语言和语态眉宇传神、灵动善融。

"大家相信的真相,才算真相;可如果人们听不懂你在说什么,他们就不可能相信;如果他们根本就不听你说,也就根本不可能知道你在说什么;如果你不够有趣,那他们就根本不听你说话;而如果你不是用有想象力的、原创的、新鲜的方式来讲述,你就不可能有趣。"[①]

---

① 东东枪.文案的基本修养[M].北京:中信出版社,2019.18.

我们面前有两个主持专业术语——主持传播与主持艺术。

主持艺术的本质特点是传播性。

虽然大家对"传播"还没有统一的定义，但有一点是不可否认的，传播是有意图地施加影响，它的根本目的是传播信息。

艺术的影响力在于它的吸引力、感染力和征服力。它改变简单的、直接的传播方式，从而让传播产生意义并引起人们的关注。

"现代电子技术飞速发展，在某种意义上改变了播音主持的创作生态，技术含量成为媒体时代播音主持创作价值的重要元素，但思想含量在创作活动中仍起着提纲挈领的作用。失去艺术含量这个创作核心，传播的感染力也将失去……创作主体、文本主体、接受主体三者融为一体，产生彼此间的共鸣，才能让接受主体感受到作品、节目的内在魅力。它既是作品、节目有声语言和副语言创作艺术含量的检测标尺，也是播音主持创作价值最终实现的可靠保证。"[①]

"艺术的存在说明人类传播本能的存在，人类又在艺术中不断探索，强化着传播的本能。在大众传播中要注重艺术的传播方式和传播形态，因为形象性是美的主要属性，只有让传播具有艺术性，才能让传播更好的发展。"[②]

主持人应自觉地把提高节目的精神高度、文化内涵、艺术价值作为追求，给观众提供一种精神审美，不仅仅是给人们提供思想的力量和道德的教化，更多的是一种审美的启迪，形成一种震撼心灵的时代美。以美求真，审美存真。

主持艺术与主持传播：

——主持失去了艺术，传播便失去了魅力，节目就失去了观众。

——艺术让传播更大化。

🎙 思考题：

1. 什么是节目主持人的"双专"意识？
2. 节目主持人"双专"意识的六个能力指的是什么？
3. 以综艺竞技节目与人物访谈节目为例，阐述主持人现场驾驭与现场演播的相互关系及作用。

---

① 金重建.融媒体时代播音主持创作价值论[M]//高贵武,杜晓红.中国主持传播研究.北京:中国传媒大学出版社,2019:113-127.
② 曾耀农.艺术与传播[M].北京:清华大学出版社,2007:3.

第六章

主持人格

　　一个优秀的节目主持人应把每一期节目都当成第一期节目来做,更应把每一期节目都作为最后一期节目来做。

　　我们所知道的美国电视节目主持人中的开拓者沃尔特·克朗凯特,在哥伦比亚广播公司的晚间新闻主持岗位上从中年一直干到老年,创造了"克朗凯特时代"。沃尔特·克朗凯特大叔形象赢得了观众之心,成了美国公众最受信任的人。

　　我们同样知道的美国脱口秀女神奥普拉·温弗瑞,20多年来,她的日间谈话节目在国内每天有2 000万名左右观众收看,同时向全世界132个国家播放,她的聪明与智慧激励并影响着世界上与她从未谋面的亿万观众,吸引着他们每天收看她的节目。1998年,44岁的奥普拉·温弗瑞当选为美国最受推崇的女人并排名第二,仅次于当时的美国第一夫人希拉里·克林顿。

　　电视节目主持人长期地、固定地、反复地为一个稳定的受众群去做节目。

　　节目制作靠的是艺术的较量,靠的是技能的较量,而拼搏到最后,靠的是主持人人格魅力的较量。一提到"人格",有人会觉得有点空,甚至还会感到有点玄妙。那我们就看看大家是怎样谈论人格的。

　　人格在《辞海》中的解释为:"①个人的尊严、价值和道德品质的总和。是人在一定的社会中的地位和作用的统一。伦理学意义上的人格,常称为道德人格。马克思主义认为,人格不是超历史、超现实的抽象,本质上是人的一种社会特质。②在人格主义哲学中,指具有自我意识与自我控制能力,即具有感觉、情愿、意志等机能的主体。它是唯一真实的存在,是一切其他存在的基础。人格主义者将人归结为能进行各种精神活动的统一体,并认为'人'、'我'与'人格'是同义词。……③在心理学上亦称'个性'。指个人稳定的心理品质。包括两个方面,即人格倾向和人格心理特征。前者包括人的需要、动机、兴趣和信念等,决定着人对现实的态度、趋向和选择;后者包括人的能力、气质和性格,决定着人的行为方式上的个人特征。这两方面的有机结合,使个性成为一个整体结构。由于各人的遗传素质尤其是社会实践活动各不相同,使各人之间在人格倾向性和人格心理特征方面各不相同,形成不同的人格,即个别差异。这种个别差异不仅表现在人们是否具有某种特点上,而且还表现在同一特点的不同水平上。"①

一个人只有具备健全的人格,才能真正自觉地把美德外化为具体的言行,从而体现自身的价值观念。

主持人在节目主持过程中的一举一动、一言一行,都是其内在人格的自然外露。观众看节目的同时也在看主持人的生命体验及人格魅力。一个优秀的节目主持人,不仅具备健全的人格,还能够站在媒体的高度,将自然人格与媒介人格完美地结合,最终实现主持人和节目的水乳交融。节目主持人一旦在价值的坐标中迷失了自我的定位,就很难正确驾驭自己的人格方向。高超的主持技巧可以使主持人名噪一时,若没有健康的人格支撑,就不会有长久的真正的成功。健全的人格魅力必须要有健康的人格素质。

一个优秀的电视节目主持人健康的人格素质主要表现在:情感、情操、情绪、意志以及自我等方面。

第一节　节目主持人的情感

人格素质与情感包括真诚、真情、真挚。

主持人的人格魅力,必须以"真诚"作为第一支点。

对于电视节目来说,我们并不苛求期期节目都那么精致与无懈可击,但我们必须让观众时时感受到主持人每次主持的真诚。窦文涛的《锵锵三人行》一说就是好几年,说得香港与内地的老百姓期期都想看,它是靠什么来赢得观众的呢?窦文涛曾这样说过:"我觉得我过去没做过什么,所以我把宝都押在《锵锵三人行》上了。"窦文涛的一句大实话说明他为这个节目付出了全身心的真诚。当杨澜主持《正大综艺》这样一个分量较重的节目时,她只有22岁,她又是靠什么来赢得观众的呢?杨澜曾这样说过:"我不是演员,不会像演员那样表演,我面对的观众都是我最好的朋友。我发自内心的话,他们会接受的。"杨澜这一番话是发自内心的,是真诚的。

也许有的主持人要说:"我和那些嘉宾、观众是第一次见面,怎么会真诚起来呢?"只要主持人具备一颗对人真诚的心、一种营造真诚氛围的心理人格行为,去真诚沟通,去真诚倾听,去真诚问答,就能"见面熟"。

也许有的主持人要说:"节目天天做,很难保证期期都很真诚!"要知道,真诚不仅仅是一种主持态度,更是一种人格修养,需要日久修炼,需要平素养成。冰冻三尺,非一日之寒。要真诚,不要伪真诚。

故作老道,轻描淡写,不是真诚;毕恭毕敬,假模假样,不是真诚;逢场作戏,故弄玄虚,不是真诚。

---

① 夏征农.辞海:1999年版缩印本:音序[M].上海:上海辞书出版社,2002:1393.

真诚是真情,真诚是真挚:真诚待人,真情投入,真挚交流。真诚、真情、真挚,关键在于主持人的内心真实感受,一种心悦诚服的感受,一种天天、年年、时时、处处、字字、句句的感受。真诚是一种态度,真诚更是一种人格修养,真诚是人格魅力的第一素质。

第二节 节目主持人的情操

人格素质与情操包括博爱、厚爱、深爱。

节目主持人是在与一座城市对话,节目主持人是在与整个社会交流。法国国际广播电台节目主持人玛霞·贝朗治主持的《喂,玛霞!》节目,听众遍布西欧、中东、北非和大洋洲。节目每天凌晨一点到三点以现场直播的形式播出。每当谈到主持节目创作体会时,玛霞都动情地说:"我并不是一个不知道累的人,我也不是不想爱惜身体,但想到我的听众有那么多忧愁烦恼,我的心情就不能平静。我要尽一切努力尽量帮助受众解决困难,给他们送去温暖和幸福。我热爱人生赛过爱我自己。"[①]

博爱是人格魅力中的一个重要素质。如果要在那些魅力四射的主持人身上寻找共同点的话,那么,爱就是最大的共同点之一,这种爱便是人们常说的博爱。也许这不完全是他们的本来面目,一旦站在媒体的高度,他们能如此受欢迎,毫无疑问是因为有了"博爱"这一共同点。讲述老百姓身边的故事,"下岗""求职"要关心,"造假""腐败"要鞭挞。来自社会基层的观众,要在屏幕上看到自己最想知道的事,听到自己最想听到的声音,他们会把积压在心底的话向主持人倾诉,他们会把主持人主持的节目当成沟通宣泄的一个重要渠道。

主持人的博爱是一种大智慧,博爱里面渗透着厚爱,博爱里面渗透出深爱。主持人张越,为了聆听一个新农民妇女致富的新困惑,跋山涉水奔向远乡僻壤,汽车熄火了,她下车帮着推,泥泞小道车子不好开,她卷起裤管自己走;走到村口,她举起话筒,在镜头前一采访就是一个多小时,嘘寒问暖,爱心备至,传经送宝,爱意满满,主持人张越似乎要把这位新农民如何致富的山海经送至每一位乡亲的心中。

因为有厚爱,他们受到人们的欢迎;因为有深爱,他们才被人们所敬重。对社会有着博爱,对观众有着厚爱,对手中的话筒有着深爱。博爱、厚爱、深爱,因为有了爱,主持人才得以优秀。

第三节 节目主持人的情绪

人格素质与情绪包括平和、平等、平常。人们往往把情绪与情感看作是同义词。就

---

① 王维林.初识主持人[M].北京:中国广播电视出版社,2003:104.

本质来说,情绪和情感都是人脑对客观事物与主体需要之间关系的反映,是人的主观体验。然而,二者又有着各自的区别。首先,情绪比情感更为广泛;其次,情感较为稳定、持久,很少受情境影响,而情绪常由一定情境引起,并随情境变化而变化,常处于不大稳定的状态。

人的一切心理活动都带有情绪色彩,且更多地从人的心境中显露出来。主持人,更是如此。孟盛楠的成功,绝不是依仗着外表得来的,她曾袒露过自己之所以有现在的成绩,一个是能耐得住寂寞,而另一个便是要踏踏实实、脚踏实地。孟盛楠毕业后直接入职央视,曾经主持过《百年歌声》《歌声与微笑》《中国音乐电视》等,但她的代表作品是《中国文艺》。从播报新闻到演播室人物专访,再到大型直播晚会,孟盛楠能驾驭不同类型的节目,她重视学习,却又不会被条条框框所限制;她重视实践,总能从嘉宾的交流中获得灵感,碰撞出思想的闪光点。生活中的孟盛楠是一个低调、谦逊又平和的人,真正能体现生活中美和真谛的人是会做"减法"的,如果心灵上没有过多的欲求,人与人相处时多一些善意,还有一份"放下",其心里就会减负,心里减负之后就会快乐。懂得取舍的人,大多轻盈通透,她主持的节目始终情绪饱满,她在节目中有着非常好的心态,"邻家小妹"的称呼是观众对她满意认可的表现。在每一期的《中国文艺》中,我们都能感受到孟盛楠这种平和情绪状态的自我控制能力。

对自己的情绪状态有很强的控制能力是一种非常可贵的品质,一个优秀的节目主持人应该具有这种可贵的品质。主持人不要觉得自己高人一等,把观众看成是一群无知的庸民,老百姓喜欢的是不摆架子的主持人。

平和的心境出平等的交流;平等的交流说平常人家的家长里短。平和、平等、平常,就是主持人要控制情绪状态,培养积极的心境,学会做心境的主人。

第四节 节目主持人的意志

人格素质与意志包括恒常心、自信心、求异心。意志是为了达到一定目的自觉地组织自己的行动,是与克服困难相关联的一种心理过程。在人的意志行动中表现出稳定、鲜明的心理特征叫意志品质。意志和意志品质基于人的人格。大凡优秀的节目主持人都有某些相同的人格品质,这些人格品质展现出他们的意志特质:恒常心、自信心、求异心。

白岩松大学毕业后,被分配到《中国广播报》工作;后来,他被推荐到中央电视台的《东方之子》栏目做策划,提问题,写稿件;再后来,白岩松穿着借来的西装,开始了人生的第一次电视录播,于是这个戴着眼镜,还有几分书呆子气的主持人开始每天早上准时和观众见面。电视屏幕上的白岩松,言辞犀利,见解独到,他的主持风格和《东方之子》节目引起了巨大的反响。随着节目的成功,压力随之而来,观众的期望越来越高,白岩松的压力越来越大,从选题、策划、实拍、剪辑、主持稿撰写,事事都要操心,加之他是个完美主义者,不允许自己和节目有任何的缺陷,白岩松患上了抑郁症。然而他凭借着自己的意志,逐渐走出病症的阴霾,于是广大观众才又看到他在《新闻周刊》《新闻1+1》中的回归,以及他在网络节目《白问》中的闪亮登场。

白岩松——是一位"不说白不说,说了不白说"的主持人,犹如峻石山崖上活力永驻的青松。

当一个人确立了目标,考虑好了通向目标的途径、步骤后,就可以按计划开始行动。这时,他的意志行动就由采取决定阶段进入执行决定阶段。执行决定是意志行动的重要阶段,因为主持人在执行决定中要有创新力,要达新目标。然而,人的意志行动不可能全部达到目的,有时候由于某种内部困难或外部困难,意志行动没有达到预期目的,这就是遇上了挫折。

一个人的自信心是他对待挫折时的一种态度。一个充满自信心的人,当他面对失败时,往往认为自己之所以遭受挫折,不是因为自己能力不够或任务难度太大,而是由于自己努力不够或运气不佳,因此,他愿意再下一番功夫,再进行一次尝试,而不是自暴自弃。面对工作要有求异心,面对挫折要有自信心,关键要有意志上的恒常心。一个演员可能因一部戏而走红,一个优秀的主持人在一档节目中必须有较长时间的出色表现,才能得到观众的认可。

现在有两种怪现象:一种是,主持人在主持一档节目时没有打响,就立马改换另一档节目,再遇上挫折就改头换面跑到下一档节目匆匆亮相,结果是什么节目都没主持好。另一种是,主持人在一档节目中声名鹊起,就觉得什么样的节目都能胜任,一会儿主持综艺节目,一会儿主持谈话节目,而原先属于自己的那档节目开始滑坡,结果是什么节目也没主持好。

主持人节目不属于短跑项目,节目主持人必须要有足够的意志去迎接长跑。只有具备了恒常心,自信心才会有效;只有具备了恒常心,求异心才能落到实处。

恒常心、自信心、求异心,节目主持人必须胸怀这"三心"才能事业有成,才能事业永恒。

第五节　节目主持人的自我

人格素质与自我,此处的"自我"与有我、无我、唯我有何区别?每一个人都希望能够体现自我的魅力、美感和创造力。作为人格心理结构的核心部分,人的自我关系到作为一个人如何去使自己的人格或个性得到充分和谐的发展。主持人以怎样的人格形象出现在受众面前,是以受众接受怎样的人格形象为前提的。主持人必须有我,无我不对,唯我又走向了反面。

鲁健,首届中国播音主持金声奖获得者。鲁健是为数不多的偶像外表与实力内涵兼具的主持人。他是一个喜欢挑战的人,也是一个不安分的人,在主持节目过程中,不断地寻求变化,不论是新闻节目,如《中国新闻》《中国报道》,还是其他类型的节目,如《鲁健访谈》《中国舆论场》《中国地名大会》。

继《中国汉字听写大会》《中国成语大会》之后,《中国地名大会》一时人气直升,人缘极旺。任何一个参与节目的竞猜者,不管是赢家还是输者,在鲁健这位"考官"面前都得到一种心理上的满足。考官鲁健不温不火的准确提问、不多不少的插话垫托、不紧不松的应答期盼、不快不慢的平等沟通,使每一个竞猜者在现场都有一种被尊重、被接受的心理感受。胜者开心,败者也开心。因为考官鲁健心里装着观众(竞猜者)。如果你是一位竞猜者,你需要什么样的提问态度和竞猜氛围?考官鲁健想到了,考官鲁健做到了。《中国地名大会》每一场最大的赢家是鲁健,因为,他在受众面前展示了一个健康人格的自我形象,而这个自我形象又同时被受众认同称道——鲁健是属于"有我"的。

同样是竞猜益智类节目,有些主持人照本宣科、按题诵读、对视无言、到时读秒,最后大喊一声:"时间到,减去十分。"更有甚者,自己对竞猜题意都未搞懂,断句不断、破句连篇、语意不准、含混不清,让对方"丈二和尚摸不着头脑",还自命不凡地说:"请听下一道题",整个现场冷冷清清、平平淡淡、索然无趣——这类主持人是属于"无我"的。

同样是竞猜益智类节目,有些主持人画蛇添足、故弄玄虚、气势逼人、废话连篇,自以为很卖劲,结果扰乱对方思考。更有甚者,无视竞猜者、轻视竞猜者,凭借着刚刚知道竞猜答案的"资本",洋洋自得地说:"这样的题目你都答不上来,真是太让人遗憾了",让对方坐立不安、哭笑不得,整个现场看似热热闹闹,其实观众与主持人的心理距离越拉越远——这类主持人是属于"唯我"的。

自我实现是人格魅力的一个重要组成部分。马斯洛在人的"需求等级"排列中,把自我实现的需求排在最上层。[①] 一个主持人要想成功地把握自我,就必须对自己实施最佳程度的控制。积极的自我概念就在于促进自我健康发展,而不是有着自欺欺人的心理状态。

无我,就是在主持中失去了自我;唯我,同样是在主持中失去了自我。失去了自我,何谈价值的产生?何来魅力的体现?

主持人应该"有我",要对"小我"负责,要对情感负责,要对情操负责,要对情绪负责,要对意志负责;主持人应该"有我",要对"大我"负责,要对真诚负责,要对博爱负责,要对平和负责,要对恒常心负责;主持人在节目中具有独立的审美价值,要对"会说"负责,要对"善问"负责,要对节目负责,要对受众负责。一句话,电视节目主持人既要做节目,更要做人。也就是既要负责地做节目,更要负责地做人。

我们不要孤立地看待人格魅力,而是要放在主持人创造新的审美价值的框架内观

---

① 戈布尔.第三思潮:马斯洛心理学[M].吕明,译.上海:上海译文出版社,1987:41-47.

察;人格魅力也已完全进入艺术范畴,是艺术表现力的超拔,因为它给我们的已不仅仅是审美的愉悦,更是灵魂的净化,是把人的精神境界引向崇高。

主持人不是主持神,主持人首先要"主持"好自己。电视节目主持人最后的较量是人格力量的释放;精神无限,智慧无尽,魅力才会无穷。优秀电视节目主持人白岩松一而再、再而三地强调,把"主持"缩小,把"人"放大。

主持人是聪明人。每一个聪明人都在追求成功,然而,经过尝试,许多人都失败了,只有少数人获得成功,这究竟是什么原因呢?心理学家研究发现:一个人事业上的成功,并不单纯是智力和能力的表现,更重要的是具有一种人格魅力和人格力量。人格对于节目主持人的重要意义就在于,人格魅力是主持人取得进步、获得成功的基石。主持人追求成功需要职业的智力,需要口语的功力,而这种智力和功力又必须建立在人格魅力这座基石上。

人格素质的真诚、自我、博爱、平和、恒常心,构成了主持人的人格魅力。白岩松曾动情地感叹,现在主持人被包装得很厚,而作为人的素质却很单薄。单薄的基石只能使智力显得低弱,使功力变得乏力。

把"人"放大,就是把单薄变得厚实,把浮躁变得扎实,把虚傲变得真实;把"人"放大,就是把狭隘变得大度,把势利变得大气,把低俗变得大雅。把"人"放大了,主持人的人格力量就更大了。

第六节 主持人格与主持理想

主持人格的陶铸和主持理想的树立与实现,是相辅相成的。完善的人格陶铸才能让主持人"立大志",树立远大的职业理想;而主持理想的树立与实现的过程,也是主持人陶铸人格的过程。

如何树立主持理想呢?简单来说,要完成"哲学三问",继而再用"黄金圈法则"创立框架。

哲学三问——我是谁?我从哪里来?我要到哪里去?

"黄金圈法则"创立框架——是什么?为什么?怎么样?

我们梳理了"中国电视节目主持人传播样态的嬗变历程",梳理了"历史上的主要传播方式及现有的传播标准",这很好地回答了"我是谁?我从哪里来?我要到哪里去?"的哲学三问。而主持人规划自己的主持事业,则必须让自己回答这三个问题——

什么样的人才是优秀的节目主持人?

我为什么要成为一名优秀的主持人?

我如何才能成为一名优秀的主持人?

一、主持人格

"人格"这一概念,往往被赋予道德上的意义。在社会学的定义中,人格就是人的个性。这个概念源于希腊语 Persona,原来主要是指演员在舞台上戴的面具,类似于中国京剧中的脸谱,后来心理学借用这个术语用来说明:在人生的大舞台上,人也会根据社会角色的不同来换面具,这些面具就是人格的外在表现。面具后面还有一个实实在在的真我,即真实的自我,它可能和外在的面具截然不同。

主持人格,既包括主持人的个人人格魅力,也包含主持人的职业人格。主持人的职业人格,是主持人的职业权利和职业义务的体现。主持人的职业人格是一定社会的政治制度、物质经济关系、道德文化、价值取向、精神素养、理想情操、行为方式的综合体。

主持人必须有真我的人格魅力、职业人格上的魅力,这才能吸引观众、留住观众,让自己的艺术生命青春常驻。

主持人格的陶铸,离不开四个"情"字:

主持人的情感——真情流露;

主持人的情操——大爱共情;

主持人的情绪——热情稳重;

主持人的情怀——自我革新。

二、主持理想

三百六十行,行行出状元。干一行、爱一行,是我们对自己职业的尊重。

不想当元帅的士兵不是好士兵。选择好自己的职业后,我们必须为自己制定一个远大但具可行性的目标,同时为自己规划出一个实现目标的路径,这就是我们的职业理想。

职业理想,是人们在职业上依据社会要求和个人条件,借想象而确立的奋斗目标,即个人渴望达到的职业境界。

每一位选择播音与主持艺术作为自己专业的大学生,每一位选择主持人作为职业的传媒工作者,每一位在从业过程中希望不断提升自己的主持人,都应具备主持人的职业理想——主持理想。

人们在接受教育的过程中,必须将个人的发展与时代的发展、社会的需要结合起来。职业理想是人们实现个人生活理想、道德理想和社会理想的手段,并受社会理想的制约。

职业理想具有三大特点——差异性、时代性、发展性。

首先是主持理想的差异性。一个人选择什么样的职业,与他的思想品德、知识结构、能力水平、兴趣爱好等都有很大的关系。政治思想觉悟、道德修养水准以及人生观决定着一个人的职业理想方向。知识结构、能力水平决定着一个人的职业理想追求的层次。

个人的兴趣爱好、气质性格等非智力因素以及性别特征、身体状况等生理特征也影响着一个人的职业选择。因此,职业理想具有一定的个体差异性。

从这一特点来说,主持理想的差异性更加突出。它要求主持人有比一般人更高的思想觉悟、更完整的知识结构、更强的专业能力。这是主持人这一职业与其他职业的区别,也是对一名主持人想要成为优秀主持人所提出的更高的要求。

其次是主持理想的时代性。社会的分工、职业的变化,是影响一个人职业理想的决定性因素。生产力发展的水平不同、社会实践的深度和广度不同,人们的职业追求目标也会不同,因为职业理想是一定的生产方式及其所形成的职业地位、职业声望在一个人头脑中的反映。主持人所在的传媒行业是20世纪六七十年代至今发展最快、变化最大的行业之一。在这几十年的时间里,传播介质、传播样态、传播习惯等都发生了巨大的变化,这对主持人的职业要求也发生了变化。在变化当中,唯一不变的是主持人的主持理想。

从播音到主持,从主持到主播,"称谓"在变化,追求不应该变化。那就是通过提升自己的专业能力,适应时代要求、满足观众需求,不断坚持用现场驾驭和现场演播使传播最大化。

最后是主持理想的发展性。一个人的职业理想的内容会因时因地因事的不同而变化。随着年龄的增长、社会阅历的增强、知识水平的提高,一个人的职业理想会由朦胧变得清晰,由不切实际变得理智,由波动变得稳定。因此,职业理想具有一定的发展性。

主持专业的学生在进入专业后会有太多的好奇、憧憬和自信,这是专业学习和职业选择的强大内心驱动力。但随着学习的深入、职业的发展,有人可能会遇到很多的困难和阻碍,主持理想也可能会动摇,不过"不要因为走得太远而忘记为什么出发"[①]。我们应坚持主持"初心",不断调整学习和工作方法,不断提升自己,坚定职业信念。

(一) 主持理想的实现条件

首先要了解自己。播音与主持艺术专业,每年都会吸引全国各地数万名考生参加招生考试,而真正能进入播音与主持艺术专业学习的实属少数。这些考生中,能坚持自己的主持理想,走上工作岗位的,又少之又少;能真正走上主持工作岗位,在职业生涯中不断为理想而努力,最终成为优秀主持人的,更是凤毛麟角。

青年学生容易把自己放在很高的起点去观察周边的环境,思考自己的职业未来,甚至还想将来所从事的工作条件要比别人好一些,付出的劳动比别人少一些。显然,这种失去"自我"的职业憧憬是"空中楼阁",是"水中月亮",永远是可望而不可即的。只有从自身出发,才能够准确定位,瞄准适合自己的岗位去不懈努力。

其次要了解职业。我们必须知道,并非所有的职业都适合你,也并非你能胜任所

---

① 徐泓.不要因为走得太远而忘记为什么出发[M].北京:中国人民大学出版社,2013.

的职业岗位。

每种职业都有与之相适应的职业能力要求。主持人应具备采、写、编、摄、说、评、播等基本技能,除此之外还应针对节目和观众培养一些特殊的专门能力。因此,有选择地、有针对性地培养自己的能力,主动去适应并接受职业岗位的挑战是十分重要的。

最后是了解社会。职业的存在和发展与社会的需求是紧密相关的,主持人这个职业更是如此。普利策有一句名言:"倘若一个国家是一条航行在大海上的船,新闻记者就是船头的瞭望者。"[①]从这个角度来说,主持人除了兼具"瞭望者"的职能,还应该肩负"公告员"的角色,一方面要尽可能地了解社会,另一方面也要如实地反映社会现实,赞美光明、鞭挞黑暗。

(二)主持理想的现实意义

首先是导向作用。理想是前进的方向,是心中的目标。人生发展的目标通过职业理想来确立,并最终通过职业理想来实现。

播音与主持艺术专业的学生在学习过程中,如果只想着光鲜亮丽的舞台形象、优渥富足的物质生活,就一定不会在职业生涯中有很好的发展。要知道,一切荣誉和赞美都是自己坚持理想信念,不断努力付出所带来的"附加值"。

有了明确的、切合实际的职业理想,再经过努力奋斗,人生发展目标必然会实现。渺小的、自私的目标,不管实现与否,都与主持理想、职业理想背道而驰。

列夫·托尔斯泰曾说过:"理想是指路的明灯,没有理想就没有坚定的方向,就没有生活。"

其次是调节作用。职业理想在现实生活中具有参照系的作用,它指导并调整着一个人的职业活动。当一个人在工作中偏离了理想目标时,职业理想就会发挥纠偏作用,尤其是在实践中遇到困难和阻力时,如果没有职业理想的支撑,人就会心灰意冷、丧失斗志。此外,如果一个人只把自己的追求定位在找到"好工作"上,即便将来有实现的可能,也不能算是崇高的职业理想,因为,这样的理想一旦实现,他就会不思进取,甚至虚度年华。总之,一个人只有树立正确的职业理想,无论是在顺境还是在逆境中,都会奋发进取,勇往直前。

最后是激励作用。职业理想源于现实又高于现实,它比现实更美好。为使美好的未来和宏伟的憧憬变成现实,人们会以坚忍不拔的毅力、顽强的拼搏精神和开拓创新的行动去为之努力奋斗。

主持理想作为主持人的职业理想,应该在树立之后的实践过程中,让主持人拥有使命感、责任感、信念感和崇高感。主持人树立一个崇高的人生目标,树立一个崇高的职业目标,然后为实现这个目标坚持不懈、奋斗不止,为人民、为国家做出贡献,这样的人生才

---

① 刘航.助力媒体人想得更深、看得更远:读《城市党报研究》[J].城市党报研究,2020(11):76-77.

有意义。

有这样一则故事,三位砌砖工人在一起工作,有人问他们在做什么。

一个说:"是在砌墙。"一个说:"是在赚工资。"而第三个则自豪地说:"我正在创造世界上最富有特色的房子。"

正是这第三位工匠,有了这样远大的理想,后来他成了一个有名的建筑大师,而前两位则一生默默无闻。

这个故事给我们的启示是——人活着要有远大的理想。这让我们想起了托尔斯泰,他将人生的理想分为:一辈子的理想,一个阶段的理想,一年的理想,一个月的理想,甚至一天、一分钟的理想。[①]

一句话,人生活中时时事事都应该有理想,主持人更是!所以,我们有理由把主持理想作为主持人的职业理想,在主持艺术实践中,以一种文化的自觉使传播成为一种独立的文化而让观众看到真正的主持人文化;让一个个创造性的主持人节目跳荡着独具匠心的艺术境地并凸显着独树一帜的主持理想。

思考题：

1. 为什么说节目主持人的人格魅力要以"真诚"作为第一支点？
2. 请比较节目主持人的"有我""无我""唯我"的关系。
3. 为什么说节目主持人最后的较量是人格力量的释放？

---

① 张继誉.生态德育教材[M].银川:阳光出版社,2017:159.

第七章 主持课程

美国教育理论家欧内斯特·L.博耶提出了"内涵丰富的主修专业"理论。建设一个新学科必须搞清楚三个基本问题：

本学科要考察的历史和传统是什么？

本学科所包含的社会和经济意义是什么？

本学科所面临的伦理和道德是什么？

教育学的根本问题，一是教什么和学什么，二是如何教学和如何学，其中心是学习规律问题。这是主持艺术原理中的原理。

第一节 专业课程与教学流程

我们知道，电视节目主持人是党和人民的传播者，是社会的公众形象，是老百姓常见面的朋友；我们同样知道，主持艺术是传播的艺术，是沟通的艺术，是综合的艺术。

根据培养目标的要求，主持艺术专业的课程设置具有政治性、新闻性、艺术性、综合性等特点。要科学、有序、合理地安排四年教学进程，要架构完整有效的课程体系，主干专业课程就显得尤为重要——四年一贯的专业主干课程是成败的关键，需要我们去构建。

引领课程改革的理念，给我们提出了一个问题：是按照理论知识逻辑来设计主干课程，还是按照职业流程逻辑来设计主干课程？

如果按照理论知识逻辑来设计主干课程，这样设计出来的课程不是这个"学"，就是那个"学"。所谓职业流程逻辑，就是按照职业角色所必需的基本素质构成的训练要求来设计主干课程。

因为某个职业角色的素质构成是基本不变的，所以我们的主干课程必须按照职业流程中必备的职业素质的基本要素来策划课程、设计课程，而不是按照该学科之间的这个"学"与那个"学"有什么内在逻辑联系来安排课程。

高校本科主持艺术专业的生源主要来自高中生。

我国基础教育课程设置一直存在侧重理论、侧重书本、侧重少数几门"主科"的现象。

多年来,我们的教育倾向于重理轻文,偏重于数理学科的知识积累,不重视个人思想观点的表达,导致学生在人文和创造能力方面较薄弱。面对基础教育重理轻文及重文轻语的高中生,面对主持艺术专业本科八个学期教育的大学生,四年一贯的专业主干课程应按职业流程逻辑设置,以当今国际先进理念来引领大学课程改革。主干课程的设计应该是系列化、精细化的,而不该是拼盘型、拼凑型的。

主干课程的设计,一定要有用而且有效,既是技巧性的训练,更注重创造思维的培养,与此同时必须随时总结,按照当前节目主持人创作现实的需要来进行提炼。

边教学边思考、边创新边完善,我们形成了一套主持艺术专业主干系列课程,见表7-1:

表 7-1　主持艺术专业主干课程各学期分配表

学期	课程	主要内容
大一(上)	主持艺术概论、节目比较读解	教师通过对"八论"(概念论、形象论、意识论、类型论、状态论、个性论、节目论、空间论)和"五法"(采、编、播、议、态)的基础性、规范性讲授,给学生启蒙,推动学生入门;在"主持艺术概论"的讲授中,培养属于主持人的专业头脑。 教师运用纵横比较法,对历史的、经典的、现象的三大层面节目进行对比读解,既可看到节目主持人的发展走向,又可感受到同一类主持人的优劣得失,更可领悟到对实际问题的解惑;在"节目比较读解"的讲授中,培养属于主持人的专业眼光。
大一(下)	节目自选评析	师生对一档自选节目"五评"(主评、点评、自评、短评、总评),并在每一次课堂上轮番更换、循环操作,让学生运用建立起来的专业头脑和培养起来的专业眼光,在有备与即兴的评述中,自我实践、相互交流、互动互补,在营造的准演播空间中激发学生的当众讲话欲,培养并体现学生动脑、动眼与动嘴的能力。
大二(上)	演播言语组织	通过主持人的四大职业智力(倾听力、思维力、记忆力、联想力)和四大语言功力(语感、语流、语义、语形)以及言语组织的四大能力(智抓语核、入三段网式、借引义出意、用同义异语)的理论阐述及技能运用,学生做到在不同的语言里表达独特的语言、在相同的语境中表达不同语言,掌握"三抓法"(抓"体"启动、抓"点"互动、抓"核"滚动),培养学生即兴言语组织的动嘴与动情能力。
大二(下)	演播空间处理	面对摄像机,在室内、室外的空间里,通过单人、双人的静态和动态演播的站坐姿、走动姿的演练操作,学生掌握演播空间的适应能力和选择能力,建立起镜头感、对象感、间距感和走动感,获得空间三大表现能力;既让学生掌握的言语组织能力在镜头前的实践中得到提升,又让学生掌握并体现处理空间与驾驭空间的动身与动腿能力。
大三(上)	主持节目创作(综艺)	学生自我创意、撰稿、组织一档 50 分钟的游戏竞技类娱乐综艺节目,在演播室以单人主持样式组织现场同学配合参与并一次性摄录,以培养学生在叙事与议论讲述中的控场能力,培养学生的节目创新意识和创造思维能力。

续表

学期	课程	主要内容
大三(下)	主持节目创作(访谈)	学生自我创意、撰稿、组织一档50分钟的现场带观众的访谈节目,邀请真实嘉宾,当众动态主持。在现场一次性摄录后,主持人讲创作体会,同学观看评论,并根据录像将访谈节目记录成文再写出主持创作感受,与每位同学的千字文评论稿一并汇集成册,以培养学生在提问与答问过程中的交流、沟通能力,同时培养学生动脑、动嘴和动笔的综合能力。
大四(上)	电视数字编辑、主持艺术研究	把50分钟的"综艺"和"访谈"素材剪辑成20分钟的节目,制作片头、片花、宣传片、音乐、字幕、画外音等,成"播出带"后再展播评比,以体现学生的一种成就感,同时培养学生编辑制作节目的动手能力。 组织名主持、名记者、名编导进行专题讲座,让四年级学生见多识广、触类旁通、兼容并蓄、增加底蕴,以提高他们学识与视野的广度和深度。
大四(下)	毕业作品汇报	学生到电视台实习,在感受实践的基础上,注重开题报告,加强论文指导。毕业论文既是学生四年学习的融汇、提升,又要在综合消化前人研究成果的基础上提出自己的论点,并从理论和例证两方面论证论文的独特性和对实践的指导性。创作并排演一台主持艺术综合晚会,进行毕业汇报。

播音与主持艺术专业属于艺术类专业,主干专业课程当然具有较强的实践性,主持专业的学生必然要学会并掌握动脑、动嘴、动眼、动笔、动身、动腿、动手、动情的八大综合能力。

课程跟着流程走,课程总是镶嵌在流程中。在专业主干课程中,在四年教学流程中,我们把大三(下)的展示周作为全教学流程中的一个高潮点。

专业基础的绝大部分课程,采用"分段连线"式的流程,汇聚在大三(下)的高潮中。主持语言课是专业第二主干课程,先后分为"发音与发声"和"表达与表现"两个部分,铺排在大一至大三的六个学期中。

英语情景口语为一条线;嗓音训练、形体训练、表演元素训练为一条线;电视节目教程、网络新闻传播、电视新闻写作、电视新闻采访、广播电视国际视野为一条线;大众传播、人际传播、公共关系、整体形象设计为一条线;中国古典文学经典、现当代文学经典为一条线;新闻学、社会文化学、心理学、艺术概论、美学基础、视觉艺术、音乐作家作品、中外名剧名片赏析为一条线。六条线的各门课程配置在主持艺术与语言艺术两条主干课程的交流中,汇合在大三(下),形成主持专业教学实践展示、登台亮相的高潮点。

电视节目导演、摄像基础、电视节目编辑、数字媒体技能制作的一条线,以及主持艺术研究、教学与毕业实习、学位论文指导的一条线均在大四完成。

安排在大四(上)的综艺与访谈类节目的展播评比是全流程中的一大闪光点。组织全系师生观看,邀请名主持、名编导点评,铺设一条学生实习与求职的渠道。

一个高潮点,再加一个闪光点,使每个学生在四年中能够有自我追求、自我要求的学习自觉性。

基本功贯穿大学四年,同时抓住主持艺术的共性,呈现主持节目的个性,这就是基本功与创造性的关系融合。

当众展示的过程也是学生对主持艺术整体顿悟的过程,因为悟到了才是自己的。

综观世界传媒院校,本科教育都十分强调并重视专业技能锻炼和职业道德的培养。

唐世鼎、黎斌在《世界传媒院校》[①]一书中认为:

全世界第一所新闻学院美国密苏里大学新闻学院有独特的教学方法,对学生强调实践的重要性,告诉学生实践远比纸上谈兵更有效,这也是密苏里大学新闻学院称雄世界各新闻学院的基础。每年密苏里大学新闻学院的学生都会在美国各种竞赛中获奖,每年都有密苏里大学新闻学院的毕业生获得国家或者国际上的奖励,这进一步说明了学院教育的成功,而这些成功都有赖于校友们不断取得的荣誉和成绩。

华盛顿大学传播系注重培养本科学生传播学方面的读写能力,教授其最主要的学习方法、理论和观念,把学生培养成适应激烈竞争社会的复合型人才,培养成负责任、有文化、有创造力、有想象力、见多识广、表达清晰的专业人才。而新闻学课程的目标是培养和提高学生的分析能力与沟通能力,教给学生如何搜集、综合和传播信息。

波士顿大学传播学院的目标是培养学生将来在各自领域成功地解决事件、问题和应对挑战的各种能力。为了完成学院制定的任务,建立严谨而专业的传播技术培训体系,为学生将来就业打下坚实基础,学院一致认为艺术科学的课程与传播学的课程比例设为7∶3是最合理的课程安排,有助于培养出优秀的传播人才。

加拿大卡尔顿大学新闻与传播学院的新闻学专业培养学生快速发现新闻、报道新闻和很好地表达新闻的能力,并注重培养对工作有责任感的记者。学院给学生提供到当地电台、电视台实习的机会。卡尔顿大学新闻与传播学院被公认是加拿大最好的新闻学院。

世界传媒院校,本科教育都设有新闻学、大众传播学、公共关系学这三个核心学科。在史论、概论、采访、写作这些共性的课程设置中我们又看到各校各具特色的课程设置:

美国华盛顿大学传播系的新闻学开设了"人际传播"课程。

美国波士顿大学传播学院在大众传播学与公共关系学系开设了"口语表达"课程、"说服与舆论"课程、"说服原则"课程。

加拿大卡尔顿大学新闻与传播学院的传播学开设了"语言和传播"课程、"媒介建设和社会话题"课程。

加拿大蒙特利尔大学传播系在第三阶段的博士学位课程中设置了"新闻演讲"课程、

---

① 唐世鼎,黎斌.世界传媒院校[M].北京:中国传媒大学出版社,2005.

"新闻与表现艺术"课程、"演讲与表达"课程、"社会演讲分析"课程、"人际传播与组织"课程。

加拿大西蒙弗雷泽大学传播学院的传播系开设了"解读电视"课程、"传播的声学范畴"课程。

英国利兹大学传播研究学院广播电视专业开设了"节目研究"课程。

英国卡地夫大学记者媒体和文化研究学院开设了"游戏研究"课程。

德国莱比锡大学传播和媒介研究学院新闻学研究生开设了"新闻的书面及口头表达"课程、"组织描述及视觉新闻工作"课程。

法国巴黎第八大学行政管理与交流学系开设了"语言学"课程、"普通语言学"课程、"应用语言学"课程。

俄罗斯莫斯科大学新闻系电视方向开设了"口头传播（发声技巧和拼写）"课程、"电视新闻样式"课程、"电视记者的文化素养"课程、"电视演播室工作室"课程、"通过麦克风的传播"课程，研究生还开设了"演讲与写作"课程。

日本大学放送系开设了"放送语言学"课程、"节目编成论"课程、"广播稿和分镜头草图实习"课程、"播音"课程、"声音心理学"课程、"广播表演论"课程、"电视表演论"课程。

澳大利亚皇家墨尔本理工大学的应用传播学院新闻专业开设了"新闻话题"课程、"广播新闻"课程、"电视新闻"课程、"新闻话题和理论"课程、"新闻写作中讲述真实故事的艺术和技巧"课程。

澳大利亚悉尼大学媒介和传播系开设了"语言和形象"课程以及研究生的"媒介实践中的法律和道德话题"课程、"大众传播话题"课程。

新西兰奥克兰理工大学传播研究学院电视广播专业开设了"广播表演"课程。

南非大学传播系本科专业开设了"人际传播"课程、"说服艺术"课程以及为研究生开设了"传播学训练"课程。

符合中国国情的主持艺术专业本科教育于20世纪90年代中期应运而生，"播音与主持艺术"于1999年被教育部正式定为高等院校带"星"（*）字的专业教育目录。时至今日，我国有近300所院校开办了播音与主持艺术专业，以培养适应社会竞争复合型人才。

有报告显示，截至2021年年底，全国共有广播电视播出机构2 542家。[①] 随着中国广播电视事业的迅猛发展，人们对广播电视理念的认识日渐深入，对主持人的认识也不断发展和深化。中央电视台（现中央广播电视总台）多次举办主持人大赛。专家们普遍认为，主持人应具有良好的即兴语言表达能力、现场控制力、形象亲和力以及广博的知识和

---

① 中国有多少家广播电视台？最新数据出炉［EB/OL］.（2022-05-18）［2023-02-07］.https://mp.weixin.qq.com/s?_biz＝MzI5ODYwNTEzNw＝＝&mid＝2247500686&idx＝3&sn＝e7ae9483f386b0db5a60a6ae7bd9d69f&chksm＝eca1ccb0dbd645a692c5daf452fdc1fe490c37834828004dfbc011b69358ea1891aa5c376a9f&scene＝27.

相当的艺术素养。

20世纪90年代末期,通过"全国电视观众调查网"进行的由全国十分之一的主持人参加的关于"您主持节目最难处理的问题是什么"的问卷调查中,调查结果显示,应变能力、语言表达能力、驾驭节目的能力,是主持人感觉最大的难题,而"书到用时方恨少"恰是不少主持人在这次问卷中发出的感叹。

21世纪初,教育部高等学校教学指导委员会向全国大学教师提倡,高等院校的教育科学研究项目,要着眼于推进理论创新和实践问题的研究:基础研究要力求具有原创性、开拓性;应用研究要具有针对性和实践性,力求避免低水平重复研究,要坚持科学发展观,要尊重教育规律。集世界教育理念之大成,合各国精品课程之大雅,迎中国市场发展之大势,行自我融会贯通之大径,这才是出路,这才有出息,这才能出人才。

一位资深的老教授曾说过这样一句话:"好的学生不一定是老师教的,差的学生也不是老师教的,真正起作用的,一个是学生自己,一个是学习氛围,老师就是营造这种学习氛围的人。"全部的课程与流程就是营造一种教育与实践、教学与训练的整体氛围。

教师给学生一个"思维的语法",他就会遣词造句、妙语生花;教师给学生开凿一个"智慧的渠道",他就会在流淌中翻卷出一个又一个的思想浪花。

教师授之以渔,学生才能有所收获。当主持人难,培养主持人更难。

新世纪,新时代,我们将不懈思考、不断追求!

第二节 主持艺术与五个"一"工程

围绕着主持艺术的基础理论及其应用理论,本书进行了五个"一"工程的建设,这也是对主持艺术原理内在规定性的一种探求。这五个"一"具体包括:一个艺术规律、一对专业行为、一条创作流程、一组创作技能、一款创作体式。

一、第一个工程:一个艺术规律

罗宾·乔治·科林伍德在《艺术原理》中指出,艺术是"通过自觉控制和有目标的活动以产生预期结果的能力"[①]。"产生预期结果"是目的,"自觉控制和有目标的活动"是手段。

主持人在节目中要"产生预期结果",就需要懂得主持的艺术规律。

规律,是事物之间内在的必然联系。

节目主持人是以"我"的方式出现在镜头与话筒前,为稳定的受众群准备并驾驭一档

---

① 科林伍德.艺术原理[M].王至元,陈华中,译.北京:中国社会科学出版社,1985:15.

固定节目的演播主人。

节目主持艺术是主持人与节目创造整体融合的个性演播形象表现艺术,节目主持艺术是镜头前、话筒前创作个性演播的语言表达艺术。主持艺术的表现方法是主持人在节目中面对主观与客观的"未知",用讲述与对话的方式在有机、有序的铺排中进行现场驾驭与现场演播的主持创作。

这其中的内在必然联系就是:主持人要建立起演播主人的创作身份,面对主观与客观的"未知",用讲述与对话的方式,在有机、有序的铺排中进行现场驾驭与现场演播的主持创作,从而呈现出整体融合的个性演播形象,去吸引并征服观众。也就是说,主持人以演播主人的创作身份,在现场驾驭与现场演播的主持创作中呈现出整体融合的个性演播形象,去吸引并征服观众。

这就是主持的艺术规律。

二、第二个工程:一对专业行为

专业是指人类在社会科学技术进步、生活生产实践中用来描述职业生涯某一阶段、某一人群长期从事的具体业务作业规范。简言之,专业是指职业人从事具体业务的作业规范。

那么什么是节目主持人的专业?节目由"你"这个人来主持,老百姓就爱看了,这就是会驾驭;节目由"你"这个人来主持,老百姓就爱听了,这就是会演播。驾驭是主持人内部的组织与掌控,演播是主持人外部的表达与沟通。主持艺术创作中的"现场驾驭与现场演播"就是对行为的表现,属于主持人的专业行为。

现场驾驭是主持人在串联,现场演播是主持人在传播,其路径分别为:现场驾驭—串能激活—活灵巧现,现场演播—串必求通—通慧言智。

主持人的现场驾驭就是串能激活,就是活灵巧现;主持人的现场演播就是串必求通、通慧言智。

这一同体共存的行为就是主持人专业的所指。

三、第三个工程:一条创作流程

流程,指各项工序安排的程序。

主持人在创作中的流程为:以鲜明的主持意识,从富有形态感的节目出发,用最佳的演播状态走进整体融合的个性演播形象。

主持人要提高参与节目的自觉程度与把握节目的自主控制,参与得越细、越深,主持得就会越活、越真,这是主持人的主持意识。

主持人要具备编创意识、定位意识、信息意识、团队意识、竞争意识,这才是全方位的主持意识。

　　主持人建立了"意识",便从富有形态感的节目出发了。节目是主持人赖以生存的空间,富有形态感的节目使主持人有了"用武之地"。

　　主持人出发了,走向哪里呢?走进整体融合的个性演播形象;主持人用什么走进整体融合的个性演播形象呢?用最佳的演播状态。

　　演播状态这一创作活动,既要有镜头前的当众状态,又要有演播现场的灵动状态,还要有产生演播"三说"的创造力。新鲜感与注意力、兴奋感与想象力、真诚感与感受力、自信感与表现力,这些支撑起主持人镜头前的当众状态,这是基本的创作状态;心理情感的运动状态——"情中说",态势语言的行动状态——"动中说",现场发挥的能动状态——"听中说",这些是主持人由现场的灵动状态而产生的演播创造力。心态决定状态,状态产生创造力。最佳演播状态的创作活动能吸引人、感染人、打动人。主持人的主持任务就是完成每一档节目每一次选题的主题任务。不管是静态演播节目,还是动态演播节目,在创作流程中,如何完成主持任务,关键在于主持人演播"三说"的创造力。

　　最佳演播状态创作活动的重要性,就在于它对"走进整体融合的个性演播形象"起着决定性的作用。

四、第四个工程:一组创作技能

　　技能是掌握和运用专门技巧的能力。作为现场驾驭与现场演播这一对专业行为表现,主持人必须有扎实的功力来支撑,有超强的能力来操持。

　　十大要素是主持人拥有的基本功力,包括:人事叙事、情理议论、场面娱乐、物件运用、语体风格、语境选释、节奏掌控、镜头感觉、态势语言、空间处理。一套系统而完整的基本功将支撑主持人在现场的驾驭与演播,可谓水到渠成,功到自然成。

　　"非常1+6"的"双专"能力是主持人必须具备的操作能力。双专意识强调的是"专门知识"和"专门技能",两者缺一不可。"非常1+6"的亮相是节目主持艺术高点的一种概括、一种提炼。"非常1+6"的表达是面对知识与技能、艺术与专业的一种整体梳理,是一种符合规律的核心理念。

　　一个"双专并用"是"纲",是主持艺术专业行为表现的能级提升;六个"双管齐下"是"目",是主持艺术专业展现方法的完整呈现。当然,作为一套创作技能,主持技能还包括主持串词的"拉延效应",还有演播言语组织的"八语功力"。

　　具备了这些主持技能,主持人才能在节目中完成主持任务。

五、第五个工程:一款创作体式

　　体式,指体制、格局、规矩、体统等。任何一门综合性与集体性的艺术工作都有着与其相对应的创作体式。戏剧艺术是以演员为中心,影视艺术是以导演为中心。面对着主持艺术的综合性及创作的集体性,节目是以主持人为重心的。想符合新传播环境下主持艺术的规律,就要有合规律的节目创作体式的理念:以编导(制片)为中心,以主持人为重心。

"主持人重心论"的节目创作体式,是在编导(制片)的总体创意组织下,在节目创作群体中,各自工作职责范围的重力方向都应聚集在完成主持人个性演播形象的整体框架里,以形成一种整体合力的作用点而进行相交相融的创作。这个整体合力的作用点是重心,也就是主持人为整个节目的重心。只有当一个优秀的主持人成为某一电视节目的品牌形象时,才能证明这个节目制作群体的成功;也只有当一个电视台所拥有的对各类观众群各具魅力的主持人日益增多时,才能证明这个电视台的成熟度。

"主持人重心论"的节目创作体式,正是出名牌节目、出名牌主持,使创作群体获得成功,使电视台走向成熟的有效而有力的保证。王宁在《吾家吾国》节目中,集制片人、主持人为一身,打响了节目,亮出了风格;陈辰在《闪亮的名字》节目中,集制片人、主持人为一身,做成了品牌,树立了形象。

而今创作体式又出新款——互联网+主持人化。

坦率地说,"互联网+主持人化"是主持人重心制扩容、增质而衍生的新款。"互联网+"的目的在于充分发挥互联网的优势,优化生产要素,更新业务体系,完成转型,以达升级。这就是台网并重,就是要重守主阵地、重用互联网、重推新节目、重视短视频,把网络信息前沿技术运用于新闻传播实践,让正能量节目成为"网红"。

"主持人化"是面对融媒体时代而推出的一个新概念。"主持人化"是一个专业的垂直化的新媒体产品,"品牌工作室"的机制就是鼓励主持人、记者、编辑按兴趣自由组合,按项目组织生产,推出新媒体产品。"主持人化"的"品牌工作室"有利于建立行之有效的创作体式,整合创作群体的整体创作力,从而激励一档档精品节目与一个个精品主持人应运而生。

"主持人重心制"与"互联网+主持人化"的创作体式,一旦被科学运用,终将实现电视媒体传播的最大化。面对"互联网+主持人化"的新团队、新平台,我们的主持人要自觉地拥抱、自觉地拥有。

守正创新,有容乃大。唯创新者进,唯创新者强,唯创新者胜。

五个"一"工程是《主持艺术原理》一书的铺排与逻辑;五个"一"工程构建了主持艺术的基础理论与应用理念。

呼应前言中的一段对话:

问:没有主持人的节目好看不好看?

答:好看!

问:既然没有主持人的节目是好看的,那么要主持人干什么呢?

答:就是要让节目更好看,更有吸引力!

主持人就是要让节目好看、好听。

主持是一门传播的职业,职业主持始终将传播性作为自己的本质特点。

一提到"传播",人们往往都锁定在"大众传播"这一层面上,然而,对于节目主持人来说,仅仅笼统地提出"大众传播"还不够全面。

我们要说,节目主持人的传播是在大众传播中糅合人际传播而表现在口语传播上。正如美国传播学家施拉姆在他的《传播学概论》中所说:"简单地说,大众传播是以广大的群众为受众的传播。具体地说,大众传播是指职业传播者使用机械媒介(如印刷报刊的印刷机、播送电视信号的电讯机械)广泛、迅速而又连续地传播信息,以期在大量的、各种各样的传播对象中唤起传播者预期的意念,试图在各方面影响传播对象的过程。"①

日本学者竹内郁郎在《大众传播社会学》中说:"面对面传播就是指两个或两个以上社会成员之间的传播活动,因而又称人际传播。该传播受空间的限制较大,无论如何,规模不能超过互相看得见面容,听得到声音的范围,这是亲身影响发生最为有效的社会传播形态之一。"②

中国学者祝振华在《口头传播学》中说:"口语传播又称口头传播,就是以诉诸听觉为主、视觉为辅的传播工具表达意念。简单地说,口语传播学就是说话学。"③

在这里需要强调的是,大众传播媒介自第一次世界大战至今经历了三次传播理论的转变,从20世纪30年代的"魔弹论"到四五十年代的"有限效果论",直至五六十年代的"中度效果论"(又称"中介论"),研究传播效果的角度变了,从过去的以传播者为中心转为以受众为中心;"中度效果论"把电视台看作传播的中介,是信息源与受众间的中间环节,传播的价值在于创作意识与接受意识共同作用,因为传播的实质是信息的交流与分享。

主持人是信息与受众之间的中介人。

基于这一点,节目主持人在大众传播中糅进人际传播面对面的直接性,糅进情感交流的信任感,糅进相对自由的平等感,糅进非语言符号的形象性,从而使富有口头性、说话性的口语传播更具表现力和感染力,从而实现个性化的最佳传播效果。

主持是一门艺术,只有艺术的东西才能被称为创作。

要让节目做得好看、好听,节目主持人就必须建立起两种意识:主持意识与吸引意识。主持意识就是主持人参与节目的自觉程度与掌控节目的自主能力。主持人参与得越细、越深,主持得就越活、越真。吸引意识就是以引起受众的注意和兴趣为满足的心理

---

① 施拉姆,波特.传播学概论[M].陈亮,李启,周立方,译.北京:新华出版社,1984:2.
② 竹内郁郎.大众传播社会学[M].张国良,译.上海:复旦大学出版社,1987:4.
③ 祝振华.口头传播学[M].台北:编译馆,1986:自序1.

机制。主持意识将贯穿在整个主持创作中,吸引意识则表现在现场驾驭与现场演播上。

现场驾驭的吸引意识表现在主持人操持节目中:如何选择空间、如何渲染主题、如何营造氛围、如何把握节奏、如何控制场面、如何起承转合、如何纵控有度、如何轻重缓急、如何游刃有余。一切都在主持人的驾驭中得以掌控。

现场演播的吸引意识表现在主持人表达沟通中:既能说准普通话,又能说出生动的话;既能深入浅出地说话,又能浅入深出地说话;既能说出直指人心的话,又能说出让人心服口服的话;既能说出流畅的话,又能说出出智出彩而不出格的话。一切都在主持人的演播中得以沟通。

驾驭是把节目做得好看,演播是把话语说得好听。

语言表述是一种特殊的文化现象。文化学家把文化分为三类:第一类,物质文化。衣、食、住、行是以物质形式呈现的文化。第二类,社会文化。艺术、民俗、宗教、制度、法律等,这是上层建筑中的主体。第三类,哲学文化。包括社会和生活观念、审美观念,这是上层建筑的核心。

文化的三大层次是相互交叉、相互渗透的。

语言学家指出,语言是文化最重要的载体,语言理解就包含着文化理解,语言理解的层次越高,文化理解也就越高。丰富的文化知识为语言表达提供了大量潜在的可能性。

语言学家提出的这种"潜在的可能性"从理论上证实了一种现象:有文化知识的人可能有出色的语言表达能力,也可能没有出色的语言表达能力,而有出色语言表达能力的人必定是有文化知识的人。

语言就是文化。主持人在口语传播中既需要文化知识的储备,更需要语言表达的沟通。主持人会沟通就能吸引观众,主持人会沟通就能征服观众。

沟通是门艺术,沟通就是使彼此达到通联;传播的内涵是信息与思想,传播的目的是信息与思想的交流与分享。

主持艺术是一门综合性很强的艺术,但又不同于其他艺术形式,它有其内在的特点,这就是始终将传播性作为主持艺术的本质特点。传播的实质就是沟通,沟通就是主持人的大文化。为传播而主持,主持使传播更沟通;为沟通而主持,主持让传播更大化。

主持人是人类心灵的沟通使者。主持的艺术,艺术地主持。

思考题:

1. 全媒体时代,如何理解"节目主持人要学会并运用动脑、动嘴、动笔、动腿、动身、动眼、动情的专业综合能力"?
2. 如何理解主持艺术作为一门"创作工程"的含义?
3. 依照主持人职业流程和素质来设计课程,其意义如何?

结 语

守正创新 讲好中国故事

1993年,陈虻为标志性节目《东方时空》提出了一句石破天惊的定位语——"讲述老百姓自己的故事"。

2005年,唐·休伊特在面对中国记者提问《60分钟》节目何以成功时答道:"是什么让我们的节目成功呢?就四个字:'讲个故事'。"

一、讲好中国故事,何以成为"看家本领"?

讲好中国故事,重要的是解决好讲什么、怎么讲和怎样讲好的问题。

讲什么?就是要把握时代脉搏、关注发展大势、聚焦两个一百年奋斗目标和中华民族伟大复兴的中国梦,把当代中国发展进步的主流展示好,把中国人民蓬勃向上的风貌展示好。

怎么讲?就是要真实、生动、鲜活地讲,真实的故事最精彩,百姓的故事最生动,要坚持实事求是,不断改进创新,努力出新出彩,做到见人、见事、见思想、见精神。

怎样讲好?就是要走出办公室、走出高楼大厦,在路上心中才会有时代,在基层心中才会有群众,在现场心中才会有感动,要深化"走转改",多到基层一线,采写接地气、有温度的好新闻。

讲好故事,讲好中国故事,这是时代的号角,这是时代的召唤。

在我国艺术教育领域中发生了两件大事:第一件是将艺术从它以前所归属的文学门类里分离出来而成为一个独立设置的学科。第二件则是国务院学位委员会组织申报一级学科博士点,"艺术学"也在其列。

从这两个事件的背后,我们看到这样一个真相:文字是把思想转化为文本著述,艺术是以图像、音调、姿态、影像等可视可听的媒介表现思想、观念和情感,两者的功能相同,只不过表现形式不同而已。

教育部2012年9月颁布的《普通高等学校本科专业目录》上,在"(13)学科门类:艺术学"下,在"(1303)戏剧与影视学类"中,在"表演戏剧学、电影学、戏剧影视学、广播电视编导、戏剧影视导演、戏剧影视美术设计、录音艺术"专业排位后标出了"(130309)播音与主持艺术"。

也就是说,"播音与主持艺术专业"归属于艺术学学科之门中的"戏剧与影视学"之类;也就是说,在艺术学学科门类中,"戏剧与影视学"为一级学科,而"播音与主持艺术"成了独立的二级学科。这是专业学科的定位,这是教育部的认定。

有了门、类的学科从属定位,再看门、类的学科专业支撑。在"戏剧与影视学"类中,共有14个艺术专业,如果用一个字来概括各艺术专业的特点的话,那么表演艺术要会"演"、导演艺术要会"导"、戏剧艺术要会"写"、美术艺术要会"画"、录音艺术要会"录",而播音与主持艺术要会"说"。

主持艺术是一门综合性很强的艺术,但毕竟又不同于其他艺术形式,它有其内在的特点。这些特点包括独特的艺术性、特定的传播性和特有的沟通性。

具体而言,独特的艺术性主要表现为:形象性是艺术的基本特征、情感性是艺术的血液、技能性是艺术的表现手段、创造性是艺术的生命。

这特定的传播性是指大众传播的导向化和引领力、人际传播的个性化和亲和力、口语传播的语体化和吸引力,这三者的相互关系就是在大众传播中糅合人际传播而表现在口语传播上。

这特有的沟通性就是要有善于发表自己意见的能力,有巧于激发他人热忱的能力,有易于产生受众认同的能力。沟通的所指是能通联双方,是能在有限时间里达到有效传播。

这就是:传而不通则无效,
　　　　传而能通则有效,
　　　　传而直通则高效。

二、播音与主持艺术专业要会说,怎么说?

"语言从来就不仅仅是映衬现实,它还塑造现实、塑造社会、塑造我们群体乃至多个个人的生存。对于一个人、一个政党、一个政权、一个民族来说,语言特别能体现他的质量与品格,你一张口就暴露了你是谁,想瞒都瞒不住。修改政治、改善生存必得从改善语言开始。"李书磊教授著文的题目就是四个大字——再造语言。

李书磊不无遗憾地说:"在这种活跃的社会文化环境的映衬下,主流话语常常显出较为明显的党八股色彩,常常表现出一种自我封闭、自说自话的倾向,未能与纷至沓来的激荡不已的新思潮、新词汇形成充分的交流与碰撞,并在这种交流与碰撞中丰富、壮大自己。各级官员的公开言论常常是四平八稳、面面俱到的官样文章,大报大刊的文字也常常苍白贫乏,欠缺文气文采,常常是空洞的漂亮话而不是真正的漂亮文章。"[①]

主持人在主持节目时也有顽固的"八股"呈现。这就是:常说的老话、正确的废话、漂

---

① 李书磊.再造语言[J].战略与管理,2001(2):110-115.

亮的空话、严谨的套话、违心的假话。

做主播、做主持，都是为了做节目；做串报的、做串联的、做采访的、做专访的、做对话的、做谈话的主播与主持都在节目中承担着传播的任务。

你"这个人"在传播，他"那个人"也在传播，还有"这些个人"在传播，"那些个人"在传播，结果就会有几个人或一些人的"传播"让一群人或一大群人喜欢听、喜欢看，产生这样的效果就是沟通。

再造语言就是要守正创新；再造语言就是战胜"八股"顽症，实现传必求通。

中国传媒事业从纸质媒体到广播媒体，从电视媒体再到网络媒体，新的传媒载体层出不穷，大众传播的相关定义被一再打破，传播方式、传播速度也已打破了原有模式。

我们将中国电视节目主持人传播样态的嬗变历程划出三条线：照稿播读录放的传统线、文本样态创作的基准线和动态纪实直播的标高线。

在从录播时代转向直播时代的过程中，主持人经历着从背稿到腹稿再到即兴的语用进阶期，主持人在直播常态化的创作中面临着现场的未知与现场的生成而掌控着现场的驾驭和现场的演播。

我们在动态纪实直播的标高线上又明晰地看出"两大一新"的新尺度，这就是：重大突发事件的现场直播主持，特大背景空间的多机演播创作，新媒体主阵地的语体形象出新。

这"两大一新"的新标高是对传统照稿播读的颠覆，是对主持人的一个全新挑战。

在《一个人与这个时代》中，白岩松说出了一段段让人深思的话语："在上大学的时候，老师向我们传授主持人知识时，大多传送了这样一个观念，那就是真正的主持人应该采编播合一。十年间，有许多主持人是以此为追求目标的，他们主动采访，主动进机房在编辑台上实现自己的想法，然后回到演播室播出自己的节目。可以肯定的是，这个采编播合一的理念，的确为中国主持人的进步提供了一定的理论参考。但如果从今天的观点来看，这是否就是个无懈可击的金科玉律？"

"'采'的确是主持人的基本技巧，不具备这个素质就如同一个战士不会打枪一样，但问题出在'编'和'播'上。从电视这个大合作的媒体来看，'编'所要求的绝不是亲自上编辑台去编节目，而是主持人应该对整个节目拥有一套完整的编辑思路，在具体的主持和采访中实现这个思路，对于是否要上编辑台，很值得商议。在对实践和专业化要求越来越高的今天，不上编辑台而是拥有编辑思路，似乎更加科学和现实。"

"尤其需要反思的是在'播'这个环节上。前期的中国主持人大多是由播音员转化过来的，他们拥有完美的声音，受过专业的播音训练，这是优点。但是作为主持人来说，这样一种语言方式无疑在自己和观众之间建起了一道无形的墙。"

"到了今天，主持人一个重要的任务就是要用一种人性化的表现方式拆掉这面无形的墙。播音员和主持人是有很大区别的。除去相貌的差别，我们能在播音员身上感受到多少独特的个性魅力和亲切自然的人性状态？而个性魅力与亲切自然恰恰是节目主持人在表现形式上最重要的特征。首先是语言,我们应当学会说话。"①

主持人应该学会说什么话呢?"两大一新"中的"新媒体主阵地的语体形象出新"对主持人提出了更新的标高。

白岩松曾直言不讳地说:"我一直认为,我是'第三种语言系统',它既不是传统的八股文、官话、套话,也一定不是街头巷陌的白话。我觉得要比现实生活中的语言稍微高一点,这才是传媒,尤其是广播电视传媒应该有的东西,人们也才愿意听。否则,连我都听不出有什么深刻的意思,语言本身没有吸引力、没节奏,我听你干吗?"②

白岩松的"第三种语言系统",就是"两大一新"中强调的"语体新形象"。因为节目主持口语体是介于日常生活口语与书面语之间的一种语言,所以又被称为"言说体"。在受众接受的审美需求标准制约下,要把日常生活口语与书面语言这两种形式的优点进行有选择地组合,进而使之有机融合。这就是节目主持口语体所具有的"两合"特征。要把抽象的语言变为形象的,把静止的事物变成活动的,把内在的心理活动变成外观可见的,这就是节目主持口语体所具有的"三变"特征。

主持人"再造语言"就是要拥有"两合三变"的语体用语习惯;主持人"再造语言"就是要能讲实话、短话、新话。

三、何谓"实话"?

"实话"往往与"真话"并列,"真话"又和"实话"并联,也就是人们常说的"要讲真话""要说实话""要实话实说"。

对于主持人而言,何谓实话?又何以实说?让我们来看看"实"这个字的汉字构造。

"實"为"实"的繁体字。"宀"与房屋和家有关;"貫"为古代钱币,一千枚为贯;"實"与"虚"相对,意为家底殷实,故而"實"引申为丰满、充满之意。

"宲"为异体字,"是"与"否"相对,意为一个实在的家,故而"宲"表示符合客观之实。

"实"为简体字。"头"为头脑,一者为家中首领、主人之意,二者为思维,表示精神,故而"实"表明家中被有头脑的主人操持打理,且物质充实、精神充满。

将简体"实"、异体"宲"、繁体"實"三者贯穿起来,"实"就是指有头脑的主人把真事、正事做得充盈而又饱满。

我们常说的实话实说,对于主持人而言,不是任何事都可以拿到荧屏上播,也不是任何话都可以放在话筒前说。

正如白岩松所感受到的:"我觉得永远没有所谓真实的记录……最后还是有选择性的,因此任何记录都达不到百分之百的客观和真实,而且也不是百分之百的真实客观都

---

① 邹煜.一个人与这个时代[M].上海:上海交通大学出版社,2013:343-344.
② 邹煜.一个人与这个时代[M].上海:上海交通大学出版社,2013:66.

是你需求的。……你还是要选择和你有关的东西。"①

"职业主持始终将传播性作为自己的本质特点",并一再阐明主持人的传播是"在大众传播的导向性中糅合人际传播特有的个性",而今我们再三强调主持人的传播"不要把大众传播降低到人际传播的原生态"。

对于主持人而言,实话要实说,关键是要实说什么样的实话?说——话,是内部语言生成外化的过程,让话生成为外化的"说",这便需要有个言语选择的过程。实话——实说,同样是内部语言生成外化的过程,让"实话"的生成到外化的"实说",这更需要有一个话语组织的过程。言语的选择过程、话语的组织过程,就是主持人对实话实说的充实过程。"实话"就是具有最大公约数又能被大多数老百姓所接受的话;"实话",不是干巴巴的话、冷冰冰的话、直白的话;"实话",就应该不放大、不贬低、不缩小;"实话",不是自说自话、自娱自乐、自我宣泄,而应该是言之有物、言之有理、言之有情的话。

实话实说就是要有话好好说,不是一般的好说,而是好了还要好的"好好"说。

实话实说,就是有头脑的主持人在节目中要"实说"充满信息量的话,要"实说"充满含金量的话。这种充实的"实话",才是真正意义上具有真能量和正能量的"实话"。

实话,就是一种让受者受用管用的话,因为,主持人讲实话最能温暖老百姓的心。

四、何谓短话?

主持人的传播行为呈现在节目中的最大特点就是"有限时间的有效传播"。

我们来看看白岩松在《面对面》节目实践中的创作感言:"在《面对面》中,它是在逼迫我有意识地在寻找一种训练。有的时候我也会跟我的同行强调这一点,就是你原来用5分钟才说清楚的事情,现在可不可以用3分钟把它说得更清楚,而且更有吸引力?用3分钟说清楚的这个节奏是什么?语言中浓缩的是什么?而且还不让人觉得累。那么接下来,3分钟说清楚的事情,能不能用1分钟说得更好?我觉得这是一个逐渐浓缩的过程,在这个行当里的人如果不思考语言本身,那我觉得是死路一条。"②

主持人的播讲相对整体节目时长而言一般有20分钟、30分钟、40分钟、50分钟、60分钟以及综艺两小时、晚会4小时;单个主持人的语言在整体节目时长中只占二分之一、三分之一、四分之一乃至五分之一之长;而主持人一次性的表达时长只有5秒钟、10秒钟、30秒钟、60秒之短,最长的要算白岩松《面对面》的3分钟了。

总之,主持人在单位时段里讲的是短提问、短答问、短叙事、短议事的短话。所以,主持人的短话提问应该是大题小问、小中见大;主持人的短话答问应该是言简意赅、丝丝入扣;主持人的短话叙事应该是精练流畅、直指人心;主持人的短话议事应该是画龙点睛、

---

① 邹煜.一个人与这个时代[M].上海:上海交通大学出版社,2013:243.
② 邹煜.一个人与这个时代[M].上海:上海交通大学出版社,2013:66.

令人回味。美国已故的前 NBC 著名主持人法朗克·麦卡奇的广播语句,平均每句由 13 个字组成。短句子用较短的时间表达了意思,使节目时间的利用效率更高。[1]

"请把这句话铭记于心:概括地说,短句子最好,老格言更好。"[2]

"节目要有形,主持要有态,关键怎么说,短评见功夫。"短话,就是大道至简,就是大义微言。要知道地球很大,但可以小说,因为主持人讲"短话"离老百姓最近。

五、何谓"新话"?

主持人在流程中的流畅当属正常表现,主持人在语流中的语智才是非常表达。新话是超越老话、套话之话语。四平八稳、面面俱到、苍白贫乏,是与新话不合拍的。

语言风格独树一帜的白岩松在实战中真切感悟到:"很多人回答问题时,习惯于先说一个放之四海而皆准的真理,很安全很平衡的'标准答案'。其后接着说的,往往才是他个人的看法。"[3]"常用汉字只有几千个,但是每当你要落笔成文时,总会承载着主动或被动的重新发明汉字的可能。"[4]

陈建民指出:"节目主持人以声传情、以情动人,他们要唤起受众热烈的情绪、营造热烈的氛围,尽管他们的语言风格各不相同:有开放型,有潇洒型,有谦恭型,也有活泼型、幽默型、深沉型等,但他们的语言都应具有不同寻常的魅力。"[5]

正如李书磊再三强调的:"多讲些与当下话语体系对接的新话,让话语始终与时代发展同步,与社会节奏合拍,这些新话不只是几个新名词、新概念,如果我们的讲话仍然是搞自我封闭,躲在'城堡'与'围墙'里自说自话、自拉自唱,还一成不变地沿用老一套话语体系,就会与时代脱节,与当下大众话语体系脱钩。久而久之,我们的受众面就会萎缩,听众就会越来越少,就会演变成另类的曲高和寡,最终变成'自娱自乐'。所以,应当学会让我们的话语抹上一层流行色。当今又是个互联网时代,网络语言层出不穷,流行语不胫而走,热词频现,面对这种形式和变化,我们的讲话应该立足于引导而不是一味迎合,但不迎合不等于不契合。"[6]

如此重笔铺排三位专家的精湛论句,就是要证明"新话"之必要、紧要与重要。

白岩松所指出的"重新发明汉字的可能",从某种意义上说,正如郭贵春、胡瑞娜在《自然辩证法研究》中所强调的:"20 世纪的语言学转向实质上也就是语形学转向。"[7]在这里称为主持人四大口语功力之一的语形,就是指"汉语表达的词语、句子或短语的结构

---

[1] 王维林.初识主持人[M].北京:中国广播电视出版社,2003:62.
[2] 鲍登.看懂肢体语言[M].王笑笑,译.北京:中国人民大学出版社,2012:216.
[3] 白岩松.白说[M].武汉:长江文艺出版社,2015:59.
[4] 白岩松.白说[M].武汉:长江文艺出版社,2015:29.
[5] 应天常.节目主持语用学[M].北京:北京广播学院出版社,2001:4.
[6] 李书磊.再造语言[J].战略与管理,2001(2):110-115.
[7] 白岩松.白说[M].武汉:长江文艺出版社,2015:29.

形式,包括句式灵活与同义反复这两个重要组成部分相互之间的形式关系"。

这就是:老百姓想得到的又说得出的话,你主持人说了——白说;
　　　　老百姓想得到的又说不出的话,你主持人说了——会说;
　　　　老百姓想不到的又最想听的话,你主持人说了——善说;
　　　　老百姓想不到又最不想听的话,你主持人说了——瞎说。

正因如此,对于主持人而言,白说的不少,瞎说的存在,会说的不多,善说的更少。

说出老百姓想不到的又是最想听的话,就是主持人最应该追求的新话。新话,让主持人的表达有一种生命的力量。新话直指人心,新话最迷人,因为,主持人讲新话最接地气、最有温度。

六、守正创新,再造语言,守正创新,更要讲好中国故事

在《一个人与这个时代》书中,白岩松同样讲道:"新闻最核心的也在于人,我们之所以关注新闻,是因为关注人,关注我们自己,关注人类的命运,所以人永远是最核心的那一部分。"[①]

白岩松曾推介过美国著名主持人的一句话:"华莱士在退休的时候说,'我很荣幸,我给美国人讲了一辈子故事。'你以为讲故事这么容易,这当然需要语言的锤炼。"

杨澜曾经讲过这样一段话:"新闻不是娱乐,但一定要有'娱乐性',这种'娱乐性'就是引人入胜的本领。"

两位有分量的主持人对"新闻"的独到见解,便自然而然地产生了"人与新闻"—"新闻与故事"—"故事与戏剧"的对应联想。

（一）关于"人与新闻"

新闻是什么？新闻最直白的解释就两个字:消息。消息里的人与消息里的事、消息里的人中事与消息里的事中人及其生老病死之事、喜怒哀乐之情便构成了新闻的全部。

主持人在新闻的传播中要表现出对人性的弘扬、对人生的关注和对人们的关怀,并给予人们生命的感悟、生存的思考和生活的愉悦。要把镜头对准普通的老百姓,要把镜头对准权力在握的政府官员,弘扬真善美,鞭挞假恶丑,把背景放大,把细节放大,把过程放大。

让荧屏上的"人"成为城里人、村里人每天都很关心的人、每天都很重视的事。

人与新闻就是新闻要把"人"放大。

（二）关于新闻与故事

新闻曾经给了我们这样的记忆:"飞机飞没了""轮船沉没了""高铁出轨了""泥石流

[①] 邹煜.一个人与这个时代[M].上海:上海交通大学出版社,2013:31.

爆发了""湖水干涸了""大使馆被炸了""孩子被拐了""洪水就要来了""气温要下降了""哪个总统要下台了""哪个头目又要上台了"……从某种意义上讲,新闻就是正在发生的、已经发生的和即将发生的事情及其事态变故的一种动态过程。主持人就是要讲述这种事故的缘故、起因,主持人就是要讲述这种事故的结果、后果。

如果我们把"事故"二字的顺序变换一下,立马便变成"故事"两个字。这种变动就是一种事态变故的动态过程。职业主持人就是要把"事故"内化为"故事"。

大家都知道,传统新闻报道必须有缺一不可的要素:五个"W"。

主持人(传统版):

有这样一则故事:

从前有座山	何时(when)
山里有座庙	何地(where)
庙中有位小和尚	何人(who)
他每天下山挑水吃	何事(what)
后来来了位小和尚	何人(who)
他俩每天抬水吃	何事(what)
再后来又变成三位和尚时	何人(who)
他们却没有水喝了	何事(what)
这是怎么回事呢?	何故(why)
请看大屏幕	何故(why)

(三个和尚互相推诿谁也不想去挑水的画面)

后来新闻界又出现一种新观念,认为除5个"W"之外,还应该增加一个新闻要素"H"(如何,how),于是提出了新闻六要素的说法。

主持人(升级版):

在今天的嘉宾席上我们请来了水利局的局长和民间文学社的社长,在话题讨论之前,请二位先看大屏幕。[显示如何(how)的画面]

近几年在新闻要素的不断嬗变中又有人提出:"意义"是新闻要素中的第七要素,由五个"W"+"H"+"M"组成。第七个要素的"意义"是被议论出来的。

主持人(再升级版):

看了大屏幕,作为主持人我在想,如果每个人轮流值班挑水或两个人轮流抬水,三个和尚每天就都可以喝上水。为什么在寺庙里会出现赖在床上不起又互相指责、互相推诿的现象呢?他们三个人身体都是棒棒的,为什么就没有一个人敢于担当呢?这现象是不是在我们的团队里似曾相识呢?这问题究竟出在哪里呢?我想我们每个人心中自有答案。[添加了意义(meaning)]

这真是：深入浅出是通俗，
　　　　浅入浅出是庸俗，
　　　　浅入深出是雅俗。

我们可以看出：七个要素的前六个要素是指事物现象，这属于叙事；我们更应该知道：七个要素的最后一个要素是指在发展过程中表现出来的事物本质及这件事的实际意义，这便是"议论"。

新闻与故事就是：议论让叙事有意义。

(三) 关于故事与戏剧

俗话说：人生如戏，戏如人生。

主持人做节目就是让老百姓爱看、爱听；而戏剧手段的运用则让节目更好看，让老百姓更爱听。

成功的主持人总是在节目"总的激变内部"推进着一次又一次的激变。这种推进着一次又一次的激变"行为"，就是主持人在节目中的"现场驾驭"。比如《新闻周刊》《新闻1+1》《面对面》《艺术人生》《我是大医生》《非诚勿扰》《中国好声音》等。

英国戏剧家汉米尔顿认为，"故事"一词，其意义极为显眼。故事是一串为因果律所连接而向着预定的顶点进行的事实之论述。

《现代汉语词典》(第 7 版)中这样解释"故事"："真实的或虚构的用作讲述对象的事情，有连贯性，富吸引力，能感染人。"[①]

成功的主持人都在节目中向着预定的目标，用真实与真情进行论述。这种为"因果律"所连接的"一串""论述"，就是主持人在节目中的"现场演播"。比如白岩松、康辉、撒贝宁、王宁、孟非、汪涵等。主持人要懂得在节目中如何错落有致、如何跌宕有序、如何变化有机、如何张弛有度，主持人要知道在节目的什么时候起承转合、什么时候承上启下、什么时候矛盾冲突、什么时候推进高潮。

戏剧让故事好看、好听；戏剧让故事有戏、有味。

由此可见，作为独立的二级学科的播音与主持艺术，以戏剧影视艺术为一级学科，专业对位、上下通达、学科支撑、互为生辉。

故事与戏剧的关系是：戏剧让主持更精彩。

(四) 富有个性的"再造语言"就是让主持人创造性地"讲好中国故事"

美国评论家赫曼指出："一个故事如何被叙述亦是那个故事的一部分。同样的故事可以说得好也可以说得坏，也可以说得不错或极伟大。这全看是谁在说故事。"

余秋雨在上海戏剧学院的一次会议上指出："电视节目主持人，是古代伟大的思想家

---

① 中国社会科学院语言研究所词典编辑室.现代汉语词典:第 7 版[M].北京:商务印书馆,2016:471.

无法想象的思想角色,是一个没有界定的话题,又是没有界定受众的、汪洋大海般的现实中的掌舵者。要对这件事投入自己的生命,这几乎在人类历史上无法想象,他们不曾遇见过,这是在我们的时代才遇得到的特殊人群。因此,他们经历了一个非常复杂的探索,只有经历了非常复杂的探索,只有那么几个人奇迹般地完成了一个美学原理:以个体的生命扛起了无法想象的集体话语,要成为集体话语的个体承担者,承担后还没有丢掉自己的个人魅力,这是一个戏剧学上的大而难的课题。"

伴随着自媒体时代的来临,微博、微信以及各大网站占据着受众的精力,受众的审美要求越来越高。不管"互联网+"加什么,主持人不靠唱、不靠画、不靠跳,靠把话说得好、把话好好说、把话说得好上再加好,这便是千条万条"+"的头一条。

这就是:主持人与人说废话,这便是无术;

主持人与人说人话,这只是技术;

主持人与人说神话,这才是艺术。

技术和艺术在某种层面上的区别就是,技术是可以量化又是可以统一的,而艺术则是富有个性的,更需要创造的。再造语言是富有个性的;讲好中国故事是需要创造的。

对于老百姓来说,写字是技术,书法是艺术;对于主持人来讲,说话是技术,话说是艺术。是技术就可以速成,是艺术一定要千锤百炼。

主持人既是知性的,又是感性的,更是神性的。人们会从心底感叹一声:"这话,神了!""神话"就是实话、短话、新话,"神话"就是最能温暖人心的话,"神话"就是离老百姓最近的话,"神话"就是最能接上地气的话。"神话"总是在人间。"神话"让人听得进、记得住、传得开、用得上。

主持人要想让自己在节目中的传播与电视文化同步进行,就必须找到一种属于艺术的姿态。

艺者,意也。把有意思的事做得有意义,把有意义的话说得有意思。中国的主持人不缺方向,缺的是方法。主持的艺术要艺术地主持,这就需要内容为王、形态为大、语智为上。

守正创新,讲好中国故事:我们要引人入胜地讲好老百姓自己的故事,我们要引人入趣地讲好平常人的不平常故事,我们要引人入智地讲好老百姓爱听爱看的故事。

一句话:守正创新,讲好中国故事,我们需要引人向上的智性力量!

参考文献

鲍登.看懂肢体语言[M].王笑笑,译.北京:中国人民大学出版社,2012.
波斯彼洛夫.论美和艺术[M].刘宾雁,译.上海:上海译文出版社,1981.
布雷迪.采访技巧[M].范东生,王志兴,译.北京:新华出版社,1986.
蔡帼芬.明星主持与名牌节目[M].北京:北京广播学院出版社,2004.
德波诺.横向思维法[M].钱军,译.北京:生活·读书·新知三联书店,1991.
寒波.中国脱口五人秀[M].广州:广东旅游出版社,2000.
胡钟业,许良.材料议论文写作入门[M].南京:河海大学出版社,1994.
克朗凯特.记者生涯[M].胡凝,刘昕,译.南京:江苏人民出版社,1999.
李德付.节目语体主持[M].北京:中国广播电视出版社,1999.
李树荫.实用口才[M].北京:知识出版社,1995.
洛尔.奥普拉·温弗瑞如是说[M].林达,译.海口:海南出版社,2000.
马图索.美国电视明星[M].楚照明,叶莲,倪垚,译.北京:中国广播电视出版社,1987.
麦克卢汉.传播工具新论[M].叶明德,译.台北:巨流图书公司,1978.
全国电视学研究委员会.话说电视节目主持人[M].北京:文化艺术出版社,1989.
施拉姆,波特.传播学概论[M].何道宽,译.北京:中国人民大学出版社,2010.
孙宝国.中国电视娱乐节目形态学[M].北京:新华出版社,2009.
唐世鼎,黎斌.世界传媒院校[M].北京:中国传媒大学出版社,2005.
王利芬.对话美国电视[M].北京:中信出版社,2006.
王维林.初识主持人[M].北京:中国广播电视出版社,2003.
吴淞.电视术语手册[M].上海:上海科学技术出版社,1991.
吴郁.主持人的语言艺术[M].北京:北京广播学院出版社,1999.
许南明,富澜,崔君衍.电影艺术词典[M].2版.北京:中国电影出版社,2018.
杨博一.美国脱口秀[M].北京:京华出版社,2000.
应天常.节目主持语用学[M].北京:北京广播学院出版社,2001.
曾耀农.艺术与传播[M].北京:清华大学出版社.2007.
张国良.现代大众传播学[M].成都:四川人民出版社,1998.
张锦力.解密中国电视[M].北京:中国城市出版社,1999.
张颂.中国播音学[M].北京:北京广播学院出版社.2003.

张仲年.戏剧导演[M].北京:中国戏剧出版社,2010.

郑可壮,楼世芳,叶惠贤主持艺术论集[M].上海:上海三联书店,1992.

周长行.赵忠祥写真[M].北京:新华出版社,2016.

朱国庆.艺术原理[M].杭州:中国美术学院出版社,1994.

竹内郁郎.大众传播社会学[M].张国良,译.上海:复旦大学出版社,1989.

壮春雨.电视节目学概要[M].杭州:浙江大学出版社,2001.

邹煜.一个人与这个时代[M].上海:上海交通大学出版社,2013.

图书在版编目(CIP)数据

主持艺术原理 / 吴洪林,董冰玉著. -- 北京：中国传媒大学出版社, 2023.6（2024.9重印）
播音与主持艺术专业"十四五"规划教材·实训系列
ISBN 978-7-5657-3103-7

Ⅰ.①主… Ⅱ.①吴… ②董… Ⅲ.①主持人—语言艺术—教材 Ⅳ.①G222.2

中国版本图书馆 CIP 数据核字（2021）第 264476 号

主持艺术原理
ZHUCHI YISHU YUANLI

著　　者	吴洪林　董冰玉
策划编辑	李水仙
责任编辑	李水仙
封面设计	风得信设计·阿东
责任印制	李志鹏
出版发行	中国傳媒大學出版社
社　　址	北京市朝阳区定福庄东街1号　　邮　编　100024
电　　话	86-10-65450528　65450532　　传　真　65779405
网　　址	http://cucp.cuc.edu.cn
经　　销	全国新华书店
印　　刷	艺堂印刷（天津）有限公司
开　　本	787mm×1092mm　1/16
印　　张	13.75
字　　数	277 千字
版　　次	2023 年 6 月第 1 版
印　　次	2024 年 9 月第 2 次印刷
书　　号	ISBN 978-7-5657-3103-7/G·3103　　定　价　56.00 元

本社法律顾问：北京嘉润律师事务所　郭建平